Gestão Contábil

Reflexos na gestão empresarial e tributária da micro e pequena empresa

Organizadores
Alexandre Machado Fernandes
Paulinho Rene Stefanello

Coordenador
Paulinho Rene Stefanello

Coleção Gestão Empresarial, Contábil e Tributária
Volume 01

Alexandre Machado Fernandes
Paulinho Rene Stefanello
(Organizadores)

GESTÃO CONTÁBIL: reflexos na gestão empresarial e tributária da micro e pequena empresa

Coleção Gestão empresarial, contábil e tributária
Volume 1

Editora CRV
Curitiba – Brasil
2021

Copyright © da Editora CRV Ltda.
Editor-chefe: Railson Moura
Diagramação e Capa: Designers da Editora CRV
Imagem da Capa: Shutterstock
Revisão: Analista de Escrita e Artes

CIP-BRASIL. CATALOGAÇÃO NA PUBLICAÇÃO
SINDICATO NACIONAL DOS EDITORES DE LIVROS, RJ
Leandra Felix da Cruz Candido - Bibliotecária - CRB-7/6135

G333

    Gestão contábil : reflexos na gestão empresarial e tributária da micro e pequena empresa / organização Alexandre Machado Fernandes, Paulinho Rene Stefanello; coordenação Paulinho Rene Stefanello. - 1. ed. - Curitiba [PR] : CRV, 2021.
252 p. (Coleção Gestão empresarial, contábil e tributária v. 1)

    Inclui bibliografia
    ISBN Coleção Digital 978-65-5868-461-9
    ISBN Coleção Físico 978-65-5868-460-2
    ISBN Volume Digital 978-65-5868-466-4
    ISBN Volume Físico 978-65-5868-465-7
    DOI 10.24824/978655868465.7

    1. Administração financeira. 2. Pequenas e médias empresas - Administração. I. Fernandes, Alexandre Machado (org.) II. Stefanello, Paulinho Rene (org. e coord.) III. Série.

20-67139
    CDD: 658.152
    CDU: 658.15

ESTA OBRA TAMBÉM ENCONTRA-SE DISPONÍVEL
EM FORMATO DIGITAL.
CONHEÇA E BAIXE NOSSO APLICATIVO!

2021
Foi feito o depósito legal conf. Lei 10.994 de 14/12/2004
Proibida a reprodução parcial ou total desta obra sem autorização da Editora CRV
Todos os direitos desta edição reservados pela: Editora CRV
Tel.: (41) 3039-6418 - E-mail: sac@editoracrv.com.br
Conheça os nossos lançamentos: **www.editoracrv.com.br**

Conselho Editorial:

Aldira Guimarães Duarte Domínguez (UNB)
Andréia da Silva Quintanilha Sousa (UNIR/UFRN)
Anselmo Alencar Colares (UFOPA)
Antônio Pereira Gaio Júnior (UFRRJ)
Carlos Alberto Vilar Estêvão (UMINHO – PT)
Carlos Federico Dominguez Avila (Unieuro)
Carmen Tereza Velanga (UNIR)
Celso Conti (UFSCar)
Cesar Gerónimo Tello (Univer .Nacional Três de Febrero – Argentina)
Eduardo Fernandes Barbosa (UFMG)
Elione Maria Nogueira Diogenes (UFAL)
Elizeu Clementino de Souza (UNEB)
Élsio José Corá (UFFS)
Fernando Antônio Gonçalves Alcoforado (IPB)
Francisco Carlos Duarte (PUC-PR)
Gloria Fariñas León (Universidade de La Havana – Cuba)
Guillermo Arias Beatón (Universidade de La Havana – Cuba)
Helmuth Krüger (UCP)
Jailson Alves dos Santos (UFRJ)
João Adalberto Campato Junior (UNESP)
Josania Portela (UFPI)
Leonel Severo Rocha (UNISINOS)
Lídia de Oliveira Xavier (UNIEURO)
Lourdes Helena da Silva (UFV)
Marcelo Paixão (UFRJ e UTexas – US)
Maria Cristina dos Santos Bezerra (UFSCar)
Maria de Lourdes Pinto de Almeida (UNOESC)
Maria Lília Imbiriba Sousa Colares (UFOPA)
Paulo Romualdo Hernandes (UNIFAL-MG)
Renato Francisco dos Santos Paula (UFG)
Rodrigo Pratte-Santos (UFES)
Sérgio Nunes de Jesus (IFRO)
Simone Rodrigues Pinto (UNB)
Solange Helena Ximenes-Rocha (UFOPA)
Sydione Santos (UEPG)
Tadeu Oliver Gonçalves (UFPA)
Tania Suely Azevedo Brasileiro (UFOPA)

Comitê Científico:

Ana Maria Ferreira Menezes (UNEB)
Ana Monteiro Costa (UPE)
Anderson Catapan (UTFPR)
André Nunes (UnB)
Antonio Isidro da Silva Filho (UNB)
Armando João Dalla Costa (UFPR)
Breno de Paula Andrade Cruz (UFRJ)
Carlos Alberto Ramos (UNB)
Clailton Ataídes de Freitas (UFSM)
Claudio Gontijo (UFSJ)
Daniel Arruda Coronel (UFSM)
Eduardo Armando (FIA)
Jose Carlos de Souza Santos (USP)
Luis Cláudio de Jesus Silva (UFRR)
Maria de Lourdes Rollemberg Mollo (UnB)
Marlete Beatriz Maçaneiro (UNICENTRO)
Mauricio Sardá de Faria (UFRPE)
Renata gomes de Jesus (IFES)
Vanessa de Oliveira Menezes (UNICENTRO)
Walter Bataglia (MACKENZIE)

Este livro passou por avaliação e aprovação às cegas de dois ou mais pareceristas *ad hoc*.

SUMÁRIO

PREFÁCIO 9
Cássia Cristina Moretto da Silva
Janaína Seguin

O RESGATE DA MEMÓRIA COLETIVA DO TRABALHO DOS PROFESSORES DOS CURSOS DE CONTABILIDADE DO IFPR – CAMPUS CURITIBA.. 11
Ester dos Santos Oliveira Régis
Crislaine de Fátima Gonçalves de Miranda
Maria Eliza Casagrande Lazzaretti

A BOLSA DE VALORES COMO OPÇÃO DE INVESTIMENTO AS EMPRESAS OPTANTES PELO SIMPLES NACIONAL............................ 21
Carlos Alberto Jungles de Camargo
Paulinho Rene Stefanello

DESAFIOS DA SIMPLIFICAÇÃO NA REFORMA TRIBUTÁRIA............... 41
Marcelo Segale Carvalheiro
Aline Cristina Coleto

A PROPOSTA DE REFORMA TRIBUTÁRIA E O IMPOSTO DO PECADO: uma análise do princípio da seletividade........................... 61
Ricardo Shigueru Fujiwara
Cícero José Albano

AS DIVERGÊNCIAS NA COBRANÇA DO ICMS "POR DENTRO": uma perspectiva dos profissionais de contabilidade 81
Luiz Henrique Ribas Izar
Divane Dias dos Santos Nascimento

PLANEJAMENTO TRIBUTÁRIO: um estudo comparativo da tributação na locação de bens imóveis entre holding familiar versus pessoa física 103
Elisangela Fischer
Eduardo Joakinson

A ECONOMIA TRIBUTÁRIA NA LOGÍSTICA COMO FATOR DE COMPETITIVIDADE 123
Clarisse Gonçalves da Rocha
Thiago André Guimarães

A APURAÇÃO DA RENDA DO MEI NA PESSOA JURÍDICA E A
DECLARAÇÃO DO IMPOSTO DE RENDA PESSOA FÍSICA.................. 137
Giovanni Andreoli Neto
Paulinho Rene Stefanello

EMPREGADOS VERSUS AUTÔNOMOS: uma análise quanto a
contração no Brasil pós-reforma trabalhista...157
Danielle Castegnaro dos Santos
Cleverson Pereira Leal

MODELO DINÂMICO DE FLEURIET E MODELO TRADICIONAL DE
ANÁLISE FINANCEIRA APLICADOS ÀS CONCESSIONÁRIAS DE
RODOVIAS NO ESTADO DO PARANÁ.. 177
Maira Farias Carneiro
Divane Dias dos Santos Nascimento

CERTIFICAÇÃO CEBAS – REGULAMENTAÇÕES DA PORTARIA
DO MEC Nº 15/2017 NA CONCESSÃO DE BOLSAS ESTUDOS NA
EDUCAÇÃO BÁSICA 199
Deolmira Oliveira Barboza
Eduardo Joakinson

VALUATION DE MICROEMPRESAS E EMPRESAS DE PEQUENO
PORTE BRASILEIRAS: análise da produção científica
no período 2009-2018 213
Luiz Antônio Ribeiro
Cleverson Pereira Leal

A VOLATILIDADE DO PREÇO DA *COMMODITY* MILHO E A
PRODUÇÃO NACIONAL: uma análise empírica entre 2013 a 2018..........229
Fábio do Amaral Calegari
Frederico Fonseca da Silva

ÍNDICE REMISSIVO...247

PREFÁCIO

"Feliz aquele que transfere o que sabe e aprende o que ensina"
Cora Coralina

Caro leitor, iniciamos este prefácio com a frase da poetisa Cora Coralina que guarda perfeita sintonia com esta obra, fruto de um trabalho belíssimo de lapidação e enriquecimento intelectual, tanto por parte de discentes quanto de docentes, pós-graduandos na modalidade *lato sensu* em Gestão Empresarial, Contábil e Tributária pelo Instituto Federal do Paraná – IFPR, Campus Curitiba, turma de 2018.

O projeto de curso da especialização acima mencionada contempla um esforço de professores advindos de diferentes áreas do conhecimento científico – contabilidade, administração, economia, direito, psicologia, pedagogia, geografia, filosofia, sociologia entre outras – todos plenamente focados na construção de uma formação interdisciplinar, pautada na ética e no compromisso com o processo de ensino-aprendizagem coerente com os cenários social, político e econômico em que vivemos.

Sob a liderança do Professor Msc. Paulinho Rene Stefanello, grande mestre e artífice deste curso, cuja experiência profissional somada ao engajamento extensionista junto ao Curso de Bacharelado em Ciências Contábeis inspirou-o a buscar, com afinco, o envolvimento de docentes na criação de um curso de Pós-Graduação que congregasse, de forma integrada, os conhecimentos científicos advindos de diferentes saberes, aplicados à prática empresarial. Desta forma, foi forjado o Curso de Pós-Graduação em Gestão Empresarial, Contábil e Tributária no Campus Curitiba deste IFPR, com a missão de ofertar para a comunidade uma importante ferramenta de aprimoramento profissional e acadêmico.

Assim, contando com a participação de professores pesquisadores atentos e comprometidos com a oferta de um conhecimento técnico, científico, público e de qualidade, ponto característico do Instituto Federal do Paraná – IFPR, os alunos ao longo de todo o Curso de Pós-Graduação em Gestão Empresarial, Contábil e Tributária, foram instigados a se debruçar sobre diferentes temas e realidades, a partir de um acurado processo de atualização e refinamento de suas formações profissionais.

Logo, os trabalhos de conclusão do curso produzidos pela turma de 2018 foram concebidos a partir de um processo que exigiu dedicação intensa por parte dos discentes, a partir da lógica e coerente orientação pelo corpo do docente deste IFPR/Campus Curitiba, o que propiciou o desenvolvimento de um acurado processo de construção teórica, realizado, paulatinamente, de modo que das análises e dos estudos realizados a partir desta lógica, sobressaem-se a clareza e o compromisso científico.

Traço característico dos artigos que formam os capítulos desta obra é a riqueza e a diversidade de saberes que de forma muito acertadamente articulados, demonstram o alto grau de envolvimento e compromisso científico por parte dos orientadores e dos agora já especialistas que escolheram, com muito esmero, assuntos de imensa relevância técnica, normativa e empresarial de forma a nortear suas produções científicas, cujo resultado você poderá contemplar nas páginas que se seguem.

Ao longo dos capítulos o leitor navegará, não apenas por artigos com ampla robustez teórica e diversidade metodológica, mas perceberá o olhar de cada pesquisador sobre a realidade empresarial do Brasil na atualidade.

Mesmo com diferentes nuances, pulsam questionamentos sobre os impactos dos tributos no desempenho e na competitividade das organizações brasileiras. O Brasil, além de ser um importante *player* no cenário mundial, demonstra potencial produtivo, tecnológico e de inovação capaz de diferenciar-se no mercado. Os artigos aqui apresentados analisam, ancorados na legislação vigente, desafios que o governo e as organizações possuem frente a estrutura tributária brasileira, desde as diferentes interpretações acerca de impostos, o impacto desses no microempreendedor, no resultado financeiro de concessionárias de rodovias, nas despesas trabalhistas das empresas, na competitividades das atividades logísticas das organizações, até na influência direta na elaboração de políticas de saúde pública.

Este livro, portanto, não pretende ser um fim, mas um meio onde se possam avançar estudos e debates sobre a complexidade da gestão empresarial e tributária nas micro e pequenas empresas, buscando a imprescindível aproximação entre teoria e prática em uma relação que possa trazer ganhos acadêmicos, gerenciais, políticos e econômicos para a sociedade brasileira.

Dra. Cássia Cristina Moretto da Silva
Dra. Janaína Seguin

O RESGATE DA MEMÓRIA COLETIVA DO TRABALHO DOS PROFESSORES DOS CURSOS DE CONTABILIDADE DO IFPR – CAMPUS CURITIBA

Ester dos Santos Oliveira Régis[1]
Crislaine de Fátima Gonçalves de Miranda[2]
Maria Eliza Casagrande Lazzaretti[3]

> "Sendo o presente resultado de um processo histórico e os acontecimentos do passado reconstruídos nesse presente e nele ancorados, a História vai ao encontro da memória na busca da verdade" Silveira[4]

Esse texto tem o objetivo de apresentar a organização dos artigos da primeira turma do Curso de pós-graduação "Especialização em Gestão Empresarial, Contábil e Tributária' do Instituto Federal do Paraná – IFPR, Campus Curitiba.

Ciavatta (2004)[5] considera que a memória do trabalho e da educação é pouco cultivada nas instituições de ensino, e sinaliza quatro hipóteses que possam trazer luz a este fenômeno. A primeira hipótese é a de que as instituições de ensino têm poucos registros de sua história, os documentos encontrados são normalmente dos registros acadêmicos, tais como, documento de matrícula, frequência, aprovação, reprovação, histórico de conclusão entre outros. A segunda tem relação direta com seus atores principais "os professores" uma vez que entre esses, predomina a cultura oral. A terceira hipótese levantada pela autora é falta de tempo, de espaço, de recursos financeiros e pessoal qualificado para o registro histórico dessas memórias. A última hipótese é a de uma geração sem história, geração das memórias apagadas.

---

1 Professora dos Cursos do Eixo Gestão e negócio do Instituto Federal do Paraná – IFPR, Campus Curitiba.
2 Aluna egressa da turma 2016-2019 do Curso Bacharelado em Ciências Contábeis do IFPR, Campus Curitiba.
3 Aluna egressa da turma 2014-2016 do Curso Técnico em Contabilidade Integrado ao Ensino Médio do IFPR, Campus Curitiba.
4 SILVEIRA, Zuleide. Algumas iniciativas em torno do resgate e preservação da memória do Cefet Celso Suckow da Fonseca. **Revista Trabalho Necessário**, [S. l.], v. 7, n. 9, jun. 2018. ISSN 1808-799X. Disponível em: https://periodicos.uff.br/trabalhonecessario/article/view/6102. Acesso em: 1ºsep. 2020. DOI: https://doi.org/10.22409/tn.7i9.p6102.
5 CIAVATTA, Maria. Projeto "Memória e temporalidades da formação do cidadão produtivo emancipado – Do ensino médio técnico à educação integrada profissional e tecnológica". FAPERJ, 2004.

Neste sentido o professor Wilson Lemos Junior, idealizador do Centro de Memórias do IFPR[6], destaca a importância da preservação da documentação histórica de cada instituição, como fonte permanente de pesquisa. O professor e as alunas participantes do projeto do Centro de Memórias, ainda destacam que "por vezes tais documentações são relevadas ao segundo plano e descartadas por falta de espaço, cuidados, ou mesmo por serem considerados como 'papel velho' isentos de rigor científico (LEMOS JUNIOR; KRUGEL; LIMA, 2017, p. 2050)".[7]

Para Nora (1993)[8] as lembranças sobre acontecimentos e fatos históricos se fortalecem em virtude de narrações coletivas, ou ainda, da celebração resultante do trabalho de um grupo de pessoas, a chamada memória coletiva, ou lugares de memória. Desta forma, o texto de abertura, pretende trazer, a memória, o trabalho coletivo dos professores de contabilidade do IFPR – Campus Curitiba, que comemora com este livro, a concretização de um projeto de formação continuada dos profissionais da área. Esse capítulo de abertura pretende, resgatar um pouco dessa trajetória histórica, iniciando com a nossa origem institucional, passando pelo ensino da contabilidade, e finalizando com uma breve reflexão sobre a verticalização.

IFPR nossa origem

O Instituto Federal do Paraná (IFPR), teve sua origem na Escola Técnica da Universidade Federal do Paraná (ETUFPR), a qual teve sua trajetória iniciada ainda no século XIX no ano de 1869 como Escola Alemã "Deutsche Schule", formada por imigrantes alemães fixados na cidade de Curitiba. A Deutsche Schule manteve suas portas abertas durante a Primeira Guerra Mundial, mas em 1919, adotou o nome brasileiro de Colégio Progresso. Na década de 1930, durante o Governo de Getúlio Vargas, as escolas de imigrantes passaram a sofrer mais com o incentivo a nacionalização por parte do governo. O Colégio Progresso (antiga Deutsche Schule) resistiu até meados de 1938, quando teve suas atividades paralisadas. O Colégio Progresso acabou se transformando em Academia de Comércio Progresso, porém em 1942 o colégio foi fechado, e todo o seu patrimônio foi cedido a Universidade Federal do Paraná

---

6   O Centro de Memórias do IFPR foi criado no ano de 2016 com o objetivo principal de localizar, catalogar, preservar e organizar os arquivos históricos das instituições que deram origem ao IFPR.

7   Lemos Júnior, W.; Krugel, V. C.; Lima, A. F. S (2017, agosto). *Centro de memória do IFPR – Campus Curitiba e o curso de comércio do Colégio Progresso (1936 – 1941). In:* XIII EDUCERE e IV Seminário Internacional de Representações Sociais, Subjetividade e Educação – SIRSSE e o VI Seminário Internacional sobre Profissionalização Docente (SIPD/CÁTEDRA UNESCO), tema. Formação de professores: contextos, sentidos e práticas, Curitiba, Paraná, Brasil, ISSN 2176-1396.

8   NORA, Pierre. Entre memória e história: a problemática dos lugares. **Revista do Programa de Estudos Pós-Graduados em História e do Departamento de História**, São Paulo, Projeto História, n. 10, dez. 1993.

(UFPR), e passou a funcionar, como Escola Técnica de Comércio anexa à Faculdade de Direito da Universidade Federal do Paraná (SOUZA, 2012).[9]

Somente no de 1974, o Conselho Superior da UFPR, resolveu incorporar a Escola Técnica de Comércio em seus quadros. Seguramente, a Escola passou a receber maior destaque dentro da Universidade, porém ainda assim, havia a discriminação do ensino técnico dentro da Universidade, já que o ensino superior sempre foi o objetivo maior e revelado da UFPR. Em 1986, a Escola passa a se chamar apenas de Escola Técnica de Comércio da Universidade Federal do Paraná. No ano de 1990, a Escola passa a denominação de Escola Técnica da Universidade Federal do Paraná (ETUFPR), sendo elevada a Setor (LEMOS JUNIOR et al., 2017).

Lemos Junior (2016) [10]com a Lei nº 11.872/2008 que criou a Rede Federal de Educação Profissional, Científica e Tecnológica e os Institutos Federais no país, houve o desmembramento da Escola Técnica em 2009. Os professores e técnicos administrativos puderam optar por permanecer na UFPR, ou integrar a equipe da nova instituição. Desta forma, um remanescente continuou atuando no Setor de Educação Profissional e Tecnológico, o SEPT e os demais membros da equipe deram origem ao Instituto Federal do Paraná – IFPR. O autor ressalta que houve apoio do Conselho Superior da UFPR para a criação do IFPR, a partir da estrutura da Escola Técnica.

A criação da Rede Federal de Educação Profissional, Científica e Tecnológica, também conhecida por Rede Federal, constituiu-se em um marco na ampliação, interiorização e diversificação da educação profissional e tecnológica no país. A Rede Federal é reconhecida pela qualidade do ensino ofertado, pela diversidade de cursos e por sua relevante atuação junto à população e às empresas locais, atua no sentido de potencializar o que cada região oferece de melhor em termos de trabalho, cultura e lazer. Em 2019, a Rede Federal estava composta por 38 Institutos Federais (IFs), 2 Centros Federais de Educação Tecnológica (Cefet), a Universidade Tecnológica Federal do Paraná (UTFPR), 22 escolas técnicas vinculadas às universidades federais e o Colégio Pedro II. Considerando os respectivos campi associados a estas instituições federais, sendo ao todo 661 unidades distribuídas entre as 27 unidades federadas do país. As instituições da Rede Federal possuem autonomia administrativa, patrimonial, financeira, didático-pedagógica e disciplinar. No âmbito do Ministério da Educação (MEC), compete à Secretaria de Educação Profissional e Tecnológica (SETEC/MEC) o planejamento e o desenvolvimento da Rede Federal de Educação Profissional, Científica e Tecnológica, incluindo a garantia de adequada disponibilidade orçamentária e financeira (BRASIL, 2019).

---

9 SOUZA, R. S. **A estrada do poente**. Curitiba: Máquina de escrever, 2012.
10 LEMOS JR, W. A História da Educação Profissional no Brasil e as Origens do IFPR. **Revista Mundi sociais e Humanidades**, Curitiba, PR, v. 1, n. 1, p. 1-15, jan./jun., 2016.

O Instituto Federal de Educação, Ciência e Tecnologia do Paraná (IFPR) é uma instituição de ensino voltada à educação, básica e profissional, especializada na oferta gratuita de educação profissional e tecnológica nas diferentes modalidades e níveis de ensino. Atua no ensino em modalidade presencial e na Educação a Distância. Organizado para atuar na modalidade multicampi, possui atualmente 26 (vinte e seis) campi distribuídos nos municípios de Assis Chateaubriand, Astorga, Barracão, Campo Largo, Capanema, Cascavel, Colombo, Coronel Vivida, Curitiba, Foz do Iguaçu, Goioerê, Irati, Ivaiporã, Jacarezinho, Jaguariaíva, Londrina, Palmas, Paranaguá, Paranavaí, Pinhais, Pitanga, Quedas do Iguaçu, Telêmaco Borba, Umuarama, União da Vitória e o Centro de Referência. Além do ensino, projetos e programas de pesquisa e extensão são desenvolvidos com diferentes setores da sociedade, envolvendo docentes e discentes dos diversos níveis e modalidades de educação no atendimento às demandas locais, regionais e institucionais (IFPR, 2020).

Nas informações extraídas dos dados da Plataforma Nilo Peçanha (PNP, 2020) iniciada em 2017 pela Secretaria de Educação Profissional e Tecnológica do Ministério da Educação (Setec/MEC), destinada a coleta, tratamento e publicização de dados oficiais da Rede Federal, em 2019, o IFPR ofertou em suas unidades 317 cursos e teve 29.840 alunos matriculados. Ele conta com um corpo docente de 1.392 e 945 técnicos administrativos. Quanto a titulação dos docentes do IFPR, 54% são mestres e 33% são doutores. A unidade do campus Curitiba, conta com 40 cursos e 3.606 matrículas em 2019. O Campus oferta atualmente 8 cursos técnicos integrados ao ensino médio, 19 cursos subsequentes, sendo 4 deles na modalidade a distância. Dentre os 6 cursos superiores ofertados – 4 de tecnologia, 1 bacharelado e 1 licenciatura. O campus oferta, na pós-graduação – 5 especializações e 1 mestrado profissional. Quanto a titulação dos docentes do Campus Curitiba, 52% são mestres e 37,5% são doutores (Régis, 2020).[11]

A contabilidade no IFPR

A trajetória do Ensino da Contabilidade no Instituto Federal do Paraná (IFPR)[12] caminha lado a lado com a história da instituição. Durante o ano de 1936 até o ano de 1941, o Colégio Progresso, advindo da antiga Escola

---

11 Informações extraídas do projeto de pesquisa do Mestrado Profissional em Administração, Gestão, internacionalização e logística da Univali- SC, em andamento da professora Ester dos S. Oliveira Régis.
12 Trabalho apresentado VIII Jornada de Produção Científica da Educação Profissional e Tecnológica e VI Feira de Inovação Tecnológica do IFPR Campus Curitiba. In. Anais (2018, p. 49) "Regaste Histórico do Ensino da Contabilidade no IFPR – Campus Curitiba: da origem a atual configuração", pesquisa realizada pela alunas Crislaine de Fátima Gonçalves de Miranda e Maria Eliza Casagrande Lazzaretti, sob orientação da professora Ester dos Santos Oliveira, nos documentos do Centro de Memória do IFPR e nos livros/atas da secretária acadêmica do Campus Curitiba.

Alemã (1869) e mais tarde, instituição da qual se originaria o IFPR em Curitiba, começou ofertar o primeiro curso relacionado a ciência contábil.

Com sete módulos e ministrado no período noturno, o Curso Comercial a época, contava com disciplinas técnicas e concedia aos discentes a possibilidade da formação em carreiras como: Guarda Livros, Perito Contador, Auxiliar de Comércio, Admissão e Datilografia.

Porém, em meados do ano 1942, o colégio teve o seu patrimônio todo cedido a Universidade Federal do Paraná (UFPR), e assim o Curso Comercial deixou de ser ministrado na instituição. No entanto, a oferta do ensino voltado a ciência contábil não deixaria de existir na instituição, um ano mais tarde 1943, a Escola Técnica de Comércio da Universidade Federal do Paraná, criou o curso técnico em Contabilidade, que pendurou até 1990, ano em que a instituição passou a se chamar Escola Técnica da Universidade Federal do Paraná (ETUFPR).

A Lei Federal nº 11.892 de 2008 que criou no país, os Institutos Federais de Educação, Ciência e Tecnologia, transformando em Curitiba a até então ETUFPR em IFPR, com diversos cursos da modalidade técnica, entre esses cursos, o de Técnico em Contabilidade.

Em 2010, o instituto deixou de ofertar apenas os cursos técnicos para possibilitar também cursos de graduação para a comunidade, criando assim neste mesmo ano, o curso Bacharelado em Ciências Contábeis, que teve sua primeira turma no ano de 2011.

Além desse avanço na história do ensino da contabilidade no IFPR, em 2017, é aprovada a primeira pós-graduação (latu sensu) em contabilidade, a qual em 2018, possibilitou aos graduados da área se especializarem em Gestão Empresarial, Contábil e Tributária.

Pode se observar com essa trajetória a verticalidade do ensino na instituição, a qual possibilitou ao longo da história a ampliação da tecnicidade profissional dos indivíduos, desde a Educação Básica até a Superior, promovendo a continuidade e aperfeiçoamento dos seus egressos.

Figura 1 – Linha Temporal do Ensino da Contabilidade no IFPR

Fonte: Os autores, 2018.

Figura 2 – Linha dos Marcos Temporais do Ensino da Contabilidade no IFPR

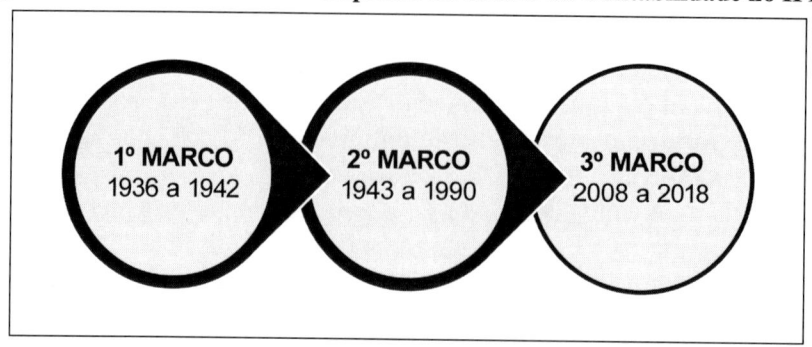

Fonte: Os autores, 2018.

Primeiro Marco: Surge com a criação do Curso Comercial da Escola Alemã/Colégio Progresso entre os anos de 1936 até 1942, ano em que a instituição teve seu patrimônio cedido a Universidade Federal do Paraná.

Segundo Marco: Perdura de 1943 até 1990, período em que o curso técnico em Contabilidade foi continuamente ofertado pela Escola Técnica de Comércio da Universidade Federal do Paraná. No ano de 1990 a instituição passou a ser chamada Escola Técnica da Universidade Federal do Paraná, que posteriormente deu origem ao Instituto Federal do Paraná.

Terceiro Marco: Durante os anos de 2009 a 2018 período da oferta dos cursos no âmbito do Instituto Federal do Paraná – campus Curitiba a partir da lei de criação dos Institutos Federais em 2008.

Nessa trajetória histórica, destaca-se o protagonismo dos professores de contabilidade do IFPR. Com a transformação da ETUFPR em IFPR, em dezembro de 2008, a nova instituição o IFPR, contava com poucos profissionais da área a saber: Professores Luiz Gonzaga Alves de Araújo, Cristina Maria Ayroza Freitas, Claudir Schmidlin[13], Ciro Bachtold, Sergio de Jesus Vieira e Carlos Alberto de Ávila. Sendo assim em 2009, o IFPR inicia o ensino na área, para os alunos oriundos da ETUFPR, para continuidade e conclusão de sua formação, alunos esses do curso técnico integrado ao ensino médio e do técnico subsequente. Em 2009, o IFPR promove o seu primeiro teste seletivo para esses cursos. O professor Luiz Gonzaga Alves de Araújo na função de Reitor Substituto do IFPR em 2010 e primeiro diretor do campus Curitiba, lança o edital para contratação de professores para a criação do Curso Bacharelado em Ciências Contábeis do Campus Curitiba. Neste concurso foram aprovados e selecionados os seguintes professores(as), Divane Dias

---

13 Os professores Luiz Gonzaga Alves de Araújo, Cristina Maria Ayroza e Claudir Schmidlin, advindos da ETUFPR, nos brindaram com seu excelente trabalho e relevantes contribuições. Esse capítulo de abertura, aproveita o momento para homenageá-los, uma vez que esse trio maravilhoso, se encontra aposentado.

dos Santos Nascimento, Paulinho Rene Stefanello, Elcio Martens, Ester dos Santos Oliveira e Alexandre Machado Fernandes.

A professora Divane Dias dos Santos Nascimento, foi a primeira a ser nomeada e iniciou os trabalhos para criação do curso e elaboração do plano pedagógico desse. Na sequência foram nomeados os demais professores e o professor Cleverson Pereira Leal, veio transferido do Campus Palmas em 2011, onde havia sido nomeado por concurso em 2010. Desta forma, a primeira turma do Bacharelado em Ciências Contábeis teve início em 2011. O curso recebeu conceito 4 do MEC e a validação do curso ocorreu em 2014, sendo assim, a primeira turma já concluiu o curso com esse conceito.

Atuaram na coordenação do Bacharelado deste então, os professores Élcio Martens, Cleverson Pereira Leal, Cristina Maria Ayroza Freitas, Sergio de Jesus Vieira e atualmente a coordenação está a cargo do professor Cleverson Pereira Leal. Vale também ressaltar a contribuição dos professores na coordenação dos cursos técnicos em contabilidade do campus, dos seguintes professores(as): Ciro Bachtold, Divane Dias dos Santos Nascimento, Cristina Maria Ayroza Freitas, Ester dos Santos Oliveira e atualmente coordena o curso integrado o professor Carlos Alberto de Ávila.

E finalmente destacamos a proposta de criação da pós-graduação latu sensu em contabilidade, a Especialização em Gestão Empresarial, Contábil e Tributária, pelo proponente e coordenador professor Paulinho Rene Stefanello. A especialização compreende as linhas de pesquisa de Gestão de Empresas, Finanças Públicas, Gestão Tributária, Gestão de Pessoas. O curso oferta 30 vagas e tem como público-alvo, Administradores, Contadores, Economistas, Gestores Públicos, Micros e Pequenos Empresários Graduados. A proposta visa a ampliação e a tecnicidade dos profissionais bacharéis dos cursos de graduação ofertados pelo IFPR, promovendo a continuidade e aperfeiçoamento dos egressos gratuitamente. O curso visa ainda, promover o profissional atuante nos segmentos empresariais de médio e pequeno porte, sendo atribuído a cientificidade dos grandes setores da economia.

O curso de Pós-Graduação em Gestão Empresarial, Contábil e Tributária visa abarcar empresários com formação superior, bacharéis em Contabilidade, Administração, Economia e Gestores Públicos com o objetivo de proporcionar aprofundamento teórico e prático acerca da atuação no meio social como indivíduo, como profissional e como empresário, cientificando das responsabilidades com a sociedade e o melhor aproveitamento dos arranjos produtivos, sejam eles humanos e materiais aplicados nas mais diversas atividades operadas pelas pequenas e médias empresas (IFPR, Resolução nº 18/2017).

Para a classificação dos candidatos são consideradas as análises das experiências profissionais nas Áreas de Gestão Empresarial e Áreas correlatas das Ciências Contábeis entregues no ato da inscrição, e validação da documentação comprobatória a elas anexadas. A documentação comprobatória das experiências profissionais ocorre por meia da (cópia simples) da carteira de trabalho, contrato de prestação de serviços validados pelo ordenamento jurídico, contrato social de empresas onde conste como sócio administrador, alvará de funcionamento profissional emitido pela prefeitura municipal do município onde atua, microempreendedor individual nas modalidades MEI ou EIRELI. A nota final do candidato obedece ao seguinte critério de pontuação: maior tempo de experiência profissional nas Áreas de Gestão Empresarial e áreas correlatas das Ciências Contábeis (IFPR, Campus Curitiba – Edital nº 23/2017).

O ano de 2017, também foi marcado pela criação do I Seminário Acadêmico de Contabilidade do IFPR – Campus Curitiba, pela professora Divane Dias dos Santos Nascimento, e já está na sua terceira edição. Em 2018, o curso Bacharelado em Ciências Contábeis, recebeu três estrelas na avaliação de cursos superiores realizada pelo Guia do Estudante (GE), da editora Abril.

Pacheco (2015)[14] destaca como um dos fundamentos dos Institutos Federais a sua organização pedagógica verticalizada, da educação básica a superior. Essa organização permite que os docentes atuem em diferentes níveis de ensino e que os discentes compartilhem os espaços de aprendizagem, incluindo os laboratórios, possibilitando o delineamento de trajetórias de formação que podem ir do curso técnico ao doutorado. Neste sentido, podemos concluir que o IFPR, campus Curitiba, por meio dos Cursos da área de contabilidade têm contribuído para a verticalização da educação, uma vez que promovem a integração e a verticalização da educação básica à educação profissional educação superior até a pós-graduação otimizando a infraestrutura física, os quadros de pessoal e os recursos de gestão.

Não podemos deixar de destacar também a participação dos diversos professores das demais áreas que contribuem para os cursos de contabilidade em todos os níveis de educação ofertados pelo IFPR, campus Curitiba, desde os professores da formação geral aos professores das disciplinas específicas como, administração, comunicação, direto e economia, estatística, informática, psicologia entre outras. Em especial, esse livro conta com artigos orientados pelos professores (as), Aline Cristina Coleto, Cícero José Albano, Frederico Fonseca da Silva, Thiago André Guimarães, e os professores da área, Cleverson Pereira Leal, Dias dos Santos Nascimento Eduardo Joakinson, Divane, Paulinho Rene Stefanello. E "eu" professora Ester dos Santos Oliveira Régis que juntamente com as alunas egressas do curso técnico e da graduação,

---

14 PACHECO, Elieser. **Fundamentos políticos-pedagógicos dos institutos federais**: diretrizes para uma educação profissional e tecnológica transformadora. Natal: IFRN Editora, 2015.

tivemos o privilégio de fazer a abertura desse livro, a partir das memórias dos professores do IFPR, campus Curitiba, e de documentos históricos preservados pelos que nos antecederam.

Sendo assim, esse livro vem coroar o trabalho dos professores e alunos da primeira turma da especialização (2018-2019) e incentivar os próximos trabalhos, uma vez que a "Especialização em Gestão Empresarial, Contábil e Tributária", tem a sua segunda turma (2019-2020) em andamento. No ano em que o IFPR completa 12 anos da sua criação os professores e alunos da pós-graduação presenteiam a toda comunidade interna e externa com 12 excelentes trabalhos.

Excelentes lembranças e leituras a todos!!!

Organizadores e Autores.

A BOLSA DE VALORES COMO OPÇÃO DE INVESTIMENTO AS EMPRESAS OPTANTES PELO SIMPLES NACIONAL

Carlos Alberto Jungles de Camargo[15]
Paulinho Rene Stefanello[16]

Introdução

As micro e pequenas empresas, se tornaram expressivas no cenário nacional, representando cerca de 98% do total de empresas privadas no Brasil, bem como contribuem com quase 30% do valor do PIB, conforme projeções efetuadas pelo SEBRAE (2017). Tendo em vista que a gestão financeira é imprescindível para a sobrevivência de qualquer atividade empresarial, assim como a manutenção do capital de giro. O empresário deve estar atento a oportunidades de investimento no curto prazo para fins de alavancagem patrimonial, de modo a evitar o congelamento de recursos em caixa.

No entanto a Lei Complementar nº 123/2006, em seu artigo 3º, §4º, inciso VII, dispõe que não poderá enquadrar-se na condição de Microempresa (ME) e Empresa de Pequeno Porte (EPP) a empresa que participe no capital de outra pessoa jurídica, ressalvando tão somente quando se tratar de participação no capital de cooperativas de crédito, centrais de compras, bolsas de subcontratação, consórcio referido no art. 50 desta Lei Complementar, sociedade de propósito específico prevista no art. 56 desta Lei Complementar, associações assemelhadas, sociedades de interesse econômico, sociedades de garantia solidária, e outros tipos de sociedade, que tenham como objetivo social a defesa exclusiva dos interesses econômicos das microempresas e empresas de pequeno porte.

Porém, a norma legal não menciona quanto à possibilidade de participação no capital de empresas por meio de aplicações realizadas em bolsa de valores, que não visem o investimento de longo prazo, em vista disso, este estudo buscou embasar a possibilidade de aplicação financeira sem que ocorra o desenquadramento do Simples Nacional.

---

15   Consultor Tributário da Econet Editora Empresarial, e estudante da especialização em Gestão Empresarial, Contábil e Tributária no Instituto Federal do Paraná – IFPR, Campus Curitiba.

16   Professor do Curso de Especialização em Gestão Empresarial, Contábil e Tributária do Instituto Federal do Paraná – IFPR, Campus Curitiba.

A falta de esclarecimento legal no referido dispositivo suscita no pequeno empresário enumeras dúvidas e receios no momento de adentrar no mercado de capitais que lhe possibilitaria alavancar seu capital de giro decorrente de aplicações. Gerando o seguinte problema de pesquisa: as empresas optantes pelo Simples Nacional podem adquirir ações de empresas listadas na Bolsa de Valores, a título de aplicações financeiras de curto prazo, sem o risco de exclusão do regime simplificado de tributação?

O presente estudo tem como objetivo geral demonstrar que as empresas optantes pelo Simples Nacional podem investir em ações de outras empresas sem o risco de exclusão do regime especial de tributação, por meio da bolsa de valores, e como objetivos específicos diferenciar aplicações financeiras em ações listadas na Bolsa de Valores, conceituar as vedações da participação no capital de outra pessoa jurídica e verificar a possibilidade de investimento em ações de outras empresas.

Fundamentação teórica

No presente capítulo será apresentada a literatura utilizada para a formulação deste artigo, que abarcam o conceito de micro e pequenas empresas optantes pelo Simples Nacional e sobre o mercado de capitais.

Enquadramento de porte

De acordo com o Art. 3º, da Lei Complementar nº 123/2006, considera-se Microempresa – ME, as pessoas jurídicas que possuam Receita Bruta anual não superior à R$ 360.000,00 (trezentos e sessenta mil reais), assim como, considera-se Empresa de Pequeno Porte – EPP, as pessoas jurídicas que possuam Receita Bruta anual não superior à R$ 4.800.000,00 (quatro milhões e oitocentos mil reais).

De igual forma Santiago (2013, p. 59) determina que o conceito de Microempresa – ME ou de Empresa de Pequeno Porte, poderia ser obtido tanto pelo critério constitutivo quanto pelo critério econômico.

Critério estes definidos tanto no caput do artigo 3º (constitutivo) quanto em seus incisos I e II (econômico), transcritos na Lei Complementar nº 123/2006:

> **Art. 3º** Para os efeitos desta Lei Complementar consideram-se microempresas ou empresas de pequeno porte, a sociedade empresária, a sociedade simples, a empresa individual de responsabilidade limitada e o empresário a que se refere o art. 966 da Lei no 10.406, de 10 de janeiro de 2002 (Código Civil), devidamente registrados no Registro de Empresas Mercantis ou no Registro Civil de Pessoas Jurídicas, conforme o caso, desde que:
> I – no caso da microempresa aufira, em cada ano-calendário, receita bruta igual ou inferior a R$ 360.000,00 (trezentos e sessenta mil reais); e

II – no caso de empresa de pequeno porte aufira, em cada ano-calendário, receita bruta superior a R$ 360.000,00 (trezentos e sessenta mil reais) e igual ou inferior a R$ 4.800.000,00 (quatro milhões e oitocentos mil reais).

No entanto ao se falar de porte de empresas, há que se observar o disposto no parágrafo único, do Art. 3º, da Lei nº 11.638/2007, o qual define as empresas consideradas como de grande porte:

> **Art. 3º** [...]
> Parágrafo único. Considera-se de grande porte, [...], a sociedade ou conjunto de sociedades sob controle comum que tiver, no exercício social anterior, ativo total superior a R$ 240.000.000,00 (duzentos e quarenta milhões de reais) ou receita bruta anual superior a R$ 300.000.000,00 (trezentos milhões de reais).

Por sua vez a Norma Brasileira de Contabilidade (NBC) TG 1000 – Contabilidade para Pequenas e Médias Empresas[17], em seus itens P6 e P7, abstrai-se o conceito de empresa de pequeno e médio porte:

> **P6** [...] conjunto esse composto por sociedades fechadas e sociedades que não sejam requeridas a fazer prestação pública de suas contas. [...].
> **P7** O termo empresas de pequeno e médio porte adotado nesta Norma não inclui: (i) as companhias abertas, reguladas pela Comissão de Valores Mobiliários – CVM; (ii) as sociedades de grande porte, como definido na Lei nº 11.638/07; (iii) as sociedades reguladas pelo Banco Central do Brasil, pela Superintendência de Seguros Privados e outras sociedades cuja prática contábil é ditada pelo correspondente órgão regulador com poder legal para tanto.

Ainda, a NBC TG 1000, delimita a abrangência do conceito de entidade de pequeno e médio porte em seu item 1.3 (p. 6-7):

> Portanto, no Brasil as sociedades por ações, fechadas (sem negociação de suas ações ou outros instrumentos patrimoniais ou de dívida no mercado e que não possuam ativos em condição fiduciária perante um amplo grupo de terceiros), mesmo que obrigadas à publicação de suas demonstrações contábeis, são tidas, para fins desta Norma, **como pequenas e médias empresas**, desde que não enquadradas pela Lei nº 11.638/07 como sociedades de grande porte.
> As sociedades limitadas e demais sociedades comerciais, desde que não enquadradas pela Lei nº 11.638/07 como sociedades de grande porte, também são tidas, para fins desta Norma, como pequenas e médias empresas.

---

17 NBC TG 1000: Norma Contábil que visa atender a contabilidade para Pequenas e Médias Empresas, aprovada pela Resolução CFC nº 1.255/2009

Simples nacional

Conforme dispõe o Art. 13, da Lei Complementar nº 123/2006, o Simples Nacional, é um regime especial de tributação destinado a Microempresas e Empresas de Pequeno Porte, que visa à simplificação de obrigações acessórias e a unificação da apuração e recolhimento de tributos tais como IRPJ, CSLL, PIS, COFIS, ICMS, ISS, IPI, CPP (Contribuição Previdenciária Patronal).

Para Santiago (2013, p. 36), o Simples Nacional possui a seguinte definição:

> [...] é um instrumento de política econômico-tributária determinado constitucionalmente, visando favorecer a microempresa e a empresa de pequeno porte pela instituição de um regime diferenciado e unificado de arrecadação, fiscalização e cobrança de tributos dos três níveis de Governo – União, Estado e Municípios.

Da mesma forma, Santos (2018, p. 33), relata a seguinte definição para o Simples Nacional:

> O Regime Especial Unificado de Arrecadação de Tributos e Contribuições devidos pelas Microempresas e Empresas de Pequeno Porte (Simples Nacional) é um regime tributário diferenciado, aplicável as pessoas jurídicas consideradas como microempresas (ME) e empresas de pequeno porte (EPP), nos termos da Lei Complementar nº 123/2006.
> Esse sistema constitui-se em uma forma simplificada e unificada de recolhimento de tributos, por meio da aplicação de percentuais favorecidos, incidentes sobre uma única base de cálculo, a receita bruta.

Vedações quanto à participação do capital de outra empresa

Segundo Santiago (2013, p. 65), o §4º, do artigo 3º da Lei Complementar nº 123/2006, traz restrições de ordem jurídica, para fins de gozar de benefícios previstos para esta lei, com base no critério da composição societária.

Logo, abstrai-se do Art. 3º, §4º, da Lei Complementar nº 123/2006 a seguinte redação:

> § 4º Não poderá se beneficiar do tratamento jurídico diferenciado previsto nesta Lei Complementar, incluído o regime de que trata o art. 12 desta Lei Complementar, para nenhum efeito legal, a pessoa jurídica:
> I – de cujo capital participe outra pessoa jurídica;
> II – que seja filial, sucursal, agência ou representação, no País, de pessoa jurídica com sede no exterior;

III – de cujo capital participe pessoa física que seja inscrita como empresário ou seja sócia de outra empresa que receba tratamento jurídico diferenciado nos termos desta Lei Complementar, desde que a receita bruta global ultrapasse o limite de que trata o inciso II do caput deste artigo;
IV – cujo titular ou sócio participe com mais de 10% (dez por cento) do capital de outra empresa não beneficiada por esta Lei Complementar, desde que a receita bruta global ultrapasse o limite de que trata o inciso II do caput deste artigo;
V – cujo sócio ou titular seja administrador ou equiparado de outra pessoa jurídica com fins lucrativos, desde que a receita bruta global ultrapasse o limite de que trata o inciso II do caput deste artigo;
VI – constituída sob a forma de cooperativas, salvo as de consumo;
VII – que participe do capital de outra pessoa jurídica;
VIII – que exerça atividade de banco comercial, de investimentos e de desenvolvimento, de caixa econômica, de sociedade de crédito, financiamento e investimento ou de crédito imobiliário, de corretora ou de distribuidora de títulos, valores mobiliários e câmbio, de empresa de arrendamento mercantil, de seguros privados e de capitalização ou de previdência complementar;
IX – resultante ou remanescente de cisão ou qualquer outra forma de desmembramento de pessoa jurídica que tenha ocorrido em um dos 5 (cinco) anos-calendário anteriores;
X – constituída sob a forma de sociedade por ações.
XI – cujos titulares ou sócios guardem, cumulativamente, com o contratante do serviço, relação de pessoalidade, subordinação e habitualidade.

Em complemento Santiago (2013, p. 66) menciona "Os incisos I e VII determinam que a ME ou a EPP não pode ter em seu quadro societário outra pessoa jurídica e da mesma forma não pode participar da formação de outra pessoa jurídica"

Ainda, dentre os impedimentos à opção pelo Simples Nacional, a Resolução CGSN[18] nº 140, de 22 de maio de 2018 retrata em seu artigo 15, inciso VIII, com relação à participação societária, a seguinte disposição:

> Art. 15. Não poderá recolher os tributos pelo Simples Nacional a pessoa jurídica ou entidade equiparada:
> [...]
> VIII – que participe do capital de outra pessoa jurídica ou de sociedade em conta de participação; [...]

---

18 Comitê Gestor do Simples Nacional (CGSN) criado para normatizar questões tributárias relacionadas as Microempresas e Empresas de Pequeno Porte, nos termos do Art. 2º, inciso I, da Lei Complementar nº 123/2006 – *Regulamento da Lei Complementar nº 123/2006.*

Em comento Santiago (2013, p. 123) discorre acerca da opção ao Simples Nacional:

> [...] para optar pelo Simples Nacional é preciso:
>
> a) Estar na condição de microempresa ou de empresa pequeno porte – caput e incisos do art. 3º da LC n. 123/2006;
> b) Não se enquadrar nas situações de impedimento à obtenção dos benefícios gerais previstos em todos os capítulos da LC n. 123/2006 – §4º, do art. 3º da LC n. 123/2006;
> c) Não enquadrar nas vedações específicas para opção pelo Simples Nacional – art. 17 da LC n. 123/2006;

Bolsa de valores

Conforme determina a Lei nº 6.385 de 1976, em seu Artigo 1º, inciso IV, compete a CVM[19] disciplinar e regulamentar sobre a organização, o funcionamento e as operações das Bolsas de Valores, reproduzida abaixo:

> Art. 1º Serão disciplinadas e fiscalizadas de acordo com esta Lei as seguintes atividades:
> [...]
> IV – a organização, o funcionamento e as operações das Bolsas de Valores;

Desta forma, a Instrução Normativa da CVM nº 461 de 2007, em seu Artigo 65, discorre sobre o conceito de Bolsa de Valores:

> Art. 65. Consideram-se mercados de bolsa aqueles que:
> I – funcionam regularmente como sistemas centralizados e multilaterais de negociação e que possibilitam o encontro e a interação de ofertas de compra e de venda de valores mobiliários; ou
> II – permitem a execução de negócios, sujeitos ou não à interferência de outras pessoas autorizadas a operar no mercado, tendo como contraparte formador de mercado que assuma a obrigação de colocar ofertas firmes de compra e de venda, desde que:
> a) a atuação do formador de mercado seja regulada pela bolsa, nos termos da regulamentação específica da CVM para formadores de mercado, e fiscalizada pelo Departamento de Auto-Regulação;
> b) a regulação da bolsa preveja limites máximos para a diferença entre os preços de compra e de venda ofertados pelo formador de mercado; e

---

19 Comissão de Valores Mobiliários (CVM), criada pela Lei nº 6.385, de 7 de dezembro de 1976;

c) seja admitida a interferência de outras pessoas autorizadas a operar no intervalo entre as ofertas de compra e de venda, desde que para a quantidade total daquele negócio.
Parágrafo único. Considera-se sistema centralizado e multilateral aquele em que todas as ofertas relativas a um mesmo valor mobiliário são direcionadas a um mesmo canal de negociação, ficando expostas a aceitação e concorrência por todas as partes autorizadas a negociar no sistema.

Participação no Capital de Pessoas Jurídicas listadas em Bolsa de Valores

Na bolsa de valores são realizadas operações com valores mobiliários, sendo estes definidos conforme o Artigo 2º, da Lei nº 6.385/1976:

> **Art. 2º** São valores mobiliários sujeitos ao regime desta Lei:
> I – as ações, debêntures e bônus de subscrição
> II – os cupons, direitos, recibos de subscrição e certificados de desdobramento relativos aos valores mobiliários referidos no inciso II;
> III – os certificados de depósito de valores mobiliários;
> IV – as cédulas de debêntures;
> V – as cotas de fundos de investimento em valores mobiliários ou de clubes de investimento em quaisquer ativos;
> VI – as notas comerciais;
> VII – os contratos futuros, de opções e outros derivativos, cujos ativos subjacentes sejam valores mobiliários;
> VIII – outros contratos derivativos, independentemente dos ativos subjacentes; e
> IX – quando ofertados publicamente, quaisquer outros títulos ou contratos de investimento coletivo, que gerem direito de participação, de parceria ou de remuneração, inclusive resultante de prestação de serviços, cujos rendimentos advêm do esforço do empreendedor ou de terceiros.

Dentre os valores mobiliários negociados em bolsa de valores, encontram-se as ações[20] emitidas por Sociedades Anônimas de capital aberto[21]. Para Cavalcante (2009, p. 110):

> A ação é indivisível e representa a menor parcela do capital social de uma empresa (sociedade anônima, sociedade por ações ou companhia).

---

20 Conforme determina o Artigo 1º, da Lei nº 6.404 de 1976, o capital social das Sociedades Anônimas (S/A) será dividido em ações.
21 De acordo com o Art. 4º da Lei nº 6.404 de 1976, a Sociedade Anônima é aberta ou fechada, conforme os valores mobiliários de sua emissão estejam ou não admitidos à negociação no mercado de valores mobiliários.

A ação é o título de propriedade característico da companhia e confere a seu proprietário o status de sócio, ou acionista.

Ainda conforme Lagioia (2011, p. 122):

> A ação é a menor fração do capital social da sociedade anônima (ou companhia aberta), denominação deste tipo de empresa na legislação brasileira. As ações representam títulos de renda variável, nominativos e negociáveis. Uma ação não tem prazo de resgate, podendo ser negociada a qualquer tempo no mercado de bolsa ou no mercado de balcão.

As ações podem ser de diferentes modalidades, conforme determina o Art. 15, da Lei nº 6.404 de 1976 "As ações, conforme a natureza dos direitos ou vantagens que confiram a seus titulares, são ordinárias, preferenciais, ou de fruição. [...]"

De acordo com Toledo Filho (1997, p. 52), "As ações podem ser ordinárias ou preferenciais. As primeiras têm poder de voto nas Assembleias Gerais. As segundas não possuem este direito, porém, tem prioridade no recebimento de dividendos e no reembolso do capital no caso de liquidação ou dissolução da sociedade".

Ações Ordinárias

Para Lagioia (2011, p. 122), as ações ordinárias proporcionam a participação nos resultados da empresa e conferem aos acionistas o direito a voto nas assembleias gerais.

No mesmo sentido Di Agustini (2009, p. 62) conceitua as ações ordinárias:

> São aquelas que conferem ao acionista direito a voto nas assembleias, ou seja, poder de mando nas decisões acerca dos rumos dos negócios da Cia., sendo o peso do seu voto proporcional a quantidade de ações que possui. [...] Em termos gerais, o acionista que detém ação ordinária, esta via de regra interessado em:
>
> - participar das decisões e dos rumos da Cia.;
> - eleger dirigentes (conselhos, presidente e até diretores);
> - autorizar venda de ativos, fusões e aquisições, alterar a relação percentual de ações que compõe o capital; e
> - autorizar a Cia. A emitir títulos de debêntures, ADR's etc.

Ações Preferenciais

A Lei nº 6.404/1976, em seu Artigo 17, dispõe sobre a preferências e vantagens das ações preferenciais:

Art. 17. As preferências ou vantagens das ações preferenciais podem consistir:
I – em prioridade na distribuição de dividendo, fixo ou mínimo;
II – em prioridade no reembolso do capital, com prêmio ou sem ele; ou
III – na acumulação das preferências e vantagens de que tratam os incisos I e II.

Ainda conforme Lagioia (2011, p. 122), quando se refere às ações preferenciais, dispõe que estas "Garantem ao acionista a prioridade na distribuição de dividendos (geralmente um percentual mais elevado do que o das ações ordinárias) e no reembolso do capital (no caso de liquidação da sociedade)".

Na mesma linha de pensamento, Di Agustini (2009, p. 63) conceitua as ações preferenciais da seguinte forma:

> São aquelas que têm prioridade sobre as ações ordinárias no recebimento de dividendos e de receber parte de direito, a título de reembolso do capital em caso de dissolução da companhia. Por isso os acionistas detentores de ações preferenciais não participam das decisões em assembleias. [...] as ações preferenciais têm as seguintes vantagens sobre as ordinárias:
>
> - prioridade na distribuição de dividendo;
> - prioridade do reembolso de capital;
> - direito de receber dividendo mínimo de 25% do lucro líquido do exercício, correspondente a no mínimo, 3% do valor do patrimônio líquido da ação (VPA); e
> - direito ao recebimento de dividendo, por ação preferencial, pelo menos 10% maior do que o atribuído a cada ação ordinária.

A Lei das Sociedades Anônimas (1976), assim como, os autores Lagioia (2011) e Di Agustini (2009), dispõem em comum que as ações preferenciais têm por finalidade a percepção de dividendos e da garantia do reembolso do capital.

Ações de fruição

Segundo Lagioia (2011, p. 124), as ações de gozo ou fruição são "[...] formas acionárias que interessam apenas aos fundadores das companhias e não são objeto de negociação nos mercados regulamentados pela CVM".

Mercado de negociação

As ações de companhias abertas, quando objeto de negociação pública, são levadas para negociação no mercado de capitais, conforme determina a Lei nº 6.385 de 1976, e de acordo com a regulamentação expedida pela CVM por meio da Instrução Normativa nº 400 de 2003[22], de modo que tanto na oferta primária de ações "IPO[23]" quando na oferta secundária destas ações, as negociações ocorreram em um sistema organizado de Bolsa de Valores, o qual reúne um conjunto de compradores e vendedores interessados em realizar operações financeiras.

Segundo a Comissão de Valores Mobiliários (2014, p. 239), as negociações de ações podem ser realizadas de forma a vista ou a prazo:

> As negociações de ações no mercado podem ser realizadas de duas formas: à vista e a prazo. As operações à vista são aquelas em que os negócios são realizados e liquidados à vista. As operações a prazo são aquelas realizadas para liquidação em data futura. As operações a prazo podem ser realizadas em três diferentes mercados: mercado a termo, futuro e de opções, conforme características específicas de cada um deles.

Ou seja, as ações podem ser negociadas nos mercados à Vista, Futuro, a Termo ou de Opções.

Mercado a Vista

Para a Comissão de Valores Mobiliários (2014, p. 240) "no mercado à vista, o comprador realiza o pagamento e o vendedor entrega as ações objeto da transação em D+3, ou seja, no terceiro dia útil após a realização do negócio".

Mercado Futuro

Conforme publicação da Comissão de Valores Mobiliários (2014, p. 240):

> [...] no mercado futuro são negociados contratos para liquidação em data futura, a preço fixado. O preço é função do valor do ativo no mercado à vista e da taxa de juros esperada para o período. Porém, os dois mercados diferem em aspectos operacionais, especialmente no que diz respeito à garantia e à liquidação.

Para Toledo Filho (1997, p. 54):

> [...] é um mercado a termo com características próprias tais como, datas fixas de vencimento estabelecidas pela bolsa e lotes padrão, ou seja, não se pode negociar quantias quebradas nem estabelecer qualquer data de vencimento.

---

22 Dispõe sobre as ofertas públicas de distribuição de valores mobiliários, nos mercados primário ou secundário.
23 Sigla em inglês para se referir ao termo "Initial Public Ofert" que em conceitos financeiros é traduzido para Oferta Publica Inicial, em referência a primeira divulgação no mercado de capitais de um determinado instrumento financeiro, conforme determina a IN CVM nº 400/2003.

Ainda para Toledo Filho (1997, p. 101):

> Um contrato futuro é um compromisso de entregar ou receber uma commodity ou outro ativo, dentro de prazos e condições estabelecidas pela bolsa. Os contratos são padronizados, o que permite uma saída de posição a qualquer tempo. [...]

Mercado a termo

Para a Comissão de Valores Mobiliários (2014, p. 241):

> No mercado a termo são negociados contratos para compra ou venda de quantidade específica de ações, para liquidação em uma data futura, em prazo determinado, a um preço fixado. Geralmente, os prazos dos contratos a termo podem variar entre 16 e 999 dias corridos.

Mercado de opções

De acordo com a Comissão de Valores Mobiliários (2014, p. 241) "No mercado de opções são negociados contratos que garantem o direito de compra ou de venda de uma determinada ação dentro de um prazo estipulado, a um valor prefixado".

Para Toledo Filho (1997, p. 58), "Uma opção de compra é um contrato que garante ao seu titular o direito de comprar um lote de ações a um preço pré-fixado, durante um prazo predeterminado".

Normas Brasileiras de Contabilidade

De acordo com a NBC TG 48 – Instrumentos Financeiros, item BA.6, tem-se com relação ao reconhecimento contábil de aplicações no mercado de capitais em instrumentos patrimoniais e ativos financeiros, o reconhecimento como aplicações financeiras quando mantidas para negociação:

> **BA.6** A negociação, de modo geral, reflete a compra e a venda ativa e frequente, e os instrumentos financeiros mantidos para negociação, de modo geral, são usados com o objetivo de gerar lucro de flutuações de curto prazo no preço ou na margem do revendedor.

Por outro lado, a Lei das Sociedades Anônimas no que tange a mensuração dos ativos, condiciona o reconhecimento como um investimento no capital social de outras empresas, conforme expresso no Art. 183, inciso III, da Lei nº 6.404/1976:

> Art. 183. No balanço, os elementos do ativo serão avaliados segundo os seguintes critérios:
> [...]
> III – os investimentos em participação no capital social de outras sociedades, ressalvado o disposto nos artigos 248 a 250, pelo custo de aquisição, deduzido de provisão para perdas prováveis na realização do seu valor, quando essa perda estiver comprovada como permanente, e que não será modificado em razão do recebimento, sem custo para a companhia, de ações ou quotas bonificadas.

Por sua vez a NBC TG 3 – Demonstração dos Fluxos de Caixa, em seu item 6 define como equivalentes de caixa as "aplicações financeiras de curto prazo, de alta liquidez, que são prontamente conversíveis em montante conhecido de caixa e que estão sujeitas a um insignificante risco de mudança de valor".

Ainda conforme a NBC TG 3 – Demonstração dos Fluxos de Caixa, em seu item 8, menciona que os investimentos em instrumentos patrimoniais (ações) serão classificados como equivalentes de caixa, quando atenderem o conceito de equivalentes de caixa, classificadas como ações preferenciais, com prazo de resgate definido em até 3 meses.

> [...] Para que um investimento seja qualificado como equivalente de caixa, ele precisa ter conversibilidade imediata em montante conhecido de caixa e estar sujeito a um insignificante risco de mudança de valor. Portanto, um investimento normalmente qualifica-se como equivalente de caixa somente quando tem vencimento de curto prazo, por exemplo, três meses ou menos, a contar da data da aquisição. Os investimentos em instrumentos patrimoniais (de patrimônio líquido) não estão contemplados no conceito de equivalentes de caixa, a menos que eles sejam, substancialmente, equivalentes de caixa, como, por exemplo, no caso de ações preferenciais resgatáveis que tenham prazo definido de resgate e cujo prazo atenda à definição de curto prazo.

Metodologia

O presente estudo foi contemplado por pesquisa bibliográfica e documental por meio de coletânea de informações em livros, legislações e periódicos disponibilizados na internet, bem como por meio de pesquisa exploratória, tendo em vista a inexistência de publicações e artigos relacionados ao tema, sendo a técnica de pesquisa qualitativa, cujo objetivo é analisar o processo em profundidade dentro do contexto estudado, assim como se enquadra como uma pesquisa descritiva, onde não haverá manipulação das informações.

Gil (1998, p. 19) define pesquisa como "[...] o procedimento racional e sistemático que tem como objetivo proporcionar as respostas aos problemas que são propostos".

Barros (2007, p. 95), ao abordar sobre a pesquisa descritiva, dispõe:

> Neste tipo de pesquisa não há interferência do pesquisador, isto é, ele descreve o objeto da pesquisa. Procura descobrir a frequência com que o fenômeno ocorre, sua natureza, características, causas, relações e conexões com outros fenômenos.

A pesquisa bibliográfica segundo Watanabe (2011, p. 32):

> A pesquisa Bibliográfica é desenvolvida a partir de material já elaborado, obtido na imprensa escrita (jornais e revistas), nos meios audiovisuais (rádio e televisão), em materiais cartográficos (mapas e gráficos) e, principalmente, em publicações (livros, teses, artigos, revistas científicas e outros).

Por meio da pesquisa documental foi possível verificar as vedações quanto à participação no capital de outras empresas por empresas optantes do Simples Nacional.

Destarte, análise documental obtida pela pesquisa exploratória constitui uma técnica importante na pesquisa qualitativa, seja complementando informações obtidas por outras técnicas, seja desvelando aspectos novos de um tema ou problema (LUDKE; ANDRE, 1986).

Pesquisa Documental segundo Watanabe (2011, p. 31):

> A principal característica da pesquisa documental é a utilização de documentos (ou fontes primárias) para a coleta de dados. Os documentos (escritos ou não) podem ser obtidos de arquivos particulares, arquivos públicos, órgãos estatísticos como, por exemplo, o Instituto Brasileiro de Geografia e Estatística (IBGE).

Para Cardano (2017, p. 25) a "pesquisa qualitativa segue o caminho da extensão do domínio observado, a focalização sobre os poucos casos, dos quais se propõe a individuar e representar os mínimos detalhes".

Os dados foram extraídos de fontes secundárias tais como relatórios publicados pelo SEBRAE (2017), e de outras instituições de pesquisas, legislações, regulamentos, e matérias publicadas pelo governo federal e outras entidades regulamentadoras.

A população objeto deste estudo são as empresas com enquadramento de porte de Microempresa (ME) e Empresa de Pequeno Porte (EPP), optantes pelo Simples Nacional, que realizem aplicações financeiras por meio da bolsa de valores.

Resultados e discussões

Tomando por base o referencial teórico apresentado, bem como em conformidade com os objetos da pesquisa, será apresentado neste capítulo, o resultado encontrado.

Impedimento à participação no capital social de pessoas jurídicas

Nos termos do Art. 15, da Resolução CGSN nº 140/2018, dentre outras vedações, estão sujeitos ao desenquadramento do Simples Nacional as microempresas (ME) e as empresas de pequeno porte (EPP) que participem do capital social de outras pessoas jurídicas.

Considera-se investimento em outra pessoa jurídica a aquisição de ações, parcela do capital social, de companhias abertas listadas em bolsa de valores, conforme determina Lagioia (2012, p. 122), assim como para Di Agustini (2009) que descreve que as ações podem ser classificadas em Ordinárias (com direito a voto) ou Preferenciais (sem direito a voto, mas com preferência nos dividendos) de modo que pode se observar uma segregação entre os investimentos, um com o intuito de participar efetivamente no capital da companhia aberta enquanto que para a segunda modalidade o intuito do investimento relaciona-se com a percepção de rendimentos, tais como dividendos, juros sobre capital próprio etc..

Negociação com Ações por Empresas do Simples Nacional

Conforme Santiago (2013) tem-se algumas vedações para o ingresso e permanência no Simples Nacional, tanto para que o sócio participe no capital de outra empresa quanto para que a empresa optante pelo Simples Nacional participe do capital de outra empresa ou vice-versa.

No entanto, para o presente estudo destaca-se a vedação imposta às empresas do Simples Nacional, no tocante a participar no capital de outra pessoa jurídica, contudo quando esta transação ocorrer por meio da bolsa de valores, seja no mercado a vista, no mercado de opções, no mercado a termo ou por meio de mercado futuro, tem-se que as negociações com ações nestes segmentos, não seriam objeto de desenquadramento do porte e do regime simplificado do Simples Nacional, quando não constatada a efetiva participação societária, ou seja, a liquidação dos instrumentos financeiros ou ainda evidenciação de fato que trata-se de participação societária e não de uma aplicação financeira.

De acordo com o item 7 da Resolução CFC nº 1.296/2010 que aprovou a NBC TG 3 – Demonstração dos Fluxos de Caixa, tem-se que a aplicação realizada em instrumentos patrimoniais (ações de empresas) não se qualificam como equivalentes de caixa, salvo se tiverem por objetivo a geração de caixa no curto prazo, como no caso de ações preferenciais resgatáveis que tenham prazo definido de resgate de curto prazo.

Em suma tão disposição conceitua que à aplicação em ações preferências (PN) no mercado à vista, será tratada como uma operação *equivalente de caixa*, desconsiderando os efeitos da participação societária, desde que atendida os seguintes requisitos: 1) O ativo patrimonial (ações) seja classifica como preferencial, ou seja, sem a finalidade de participar do gerenciamento da empresa que se está investindo; 2) Que tenha prazo de resgate previamente definido; e 3) Prazo de resgate previsto para três meses, para atender o critério de equivalente de caixa e ser classificada no curto-prazo;

Logo, quando da liquidação das ações (escriturais) em bolsa de valores, a instituição depositária (contrata pela companhia emissora das ações) deverá registrar eletronicamente a operação em conta de valores mobiliários, aberta em nome do investidor, titular da ação, denominado acionista que possuir de parcela do capital social daquela pessoa jurídica, nos termos do Art. 100, §2º, da Lei nº 6.404 de 1976, registro este que substitui a necessidade do Registro de Ações Nominativas e do Livro de Transferência de Ações Nominativas.

Cabe salientar que a negociação no mercado a vista de ações, por meio de operações *day-trade*, operações de compra e venda iniciadas e encerradas no mesmo dia, não estão sujeitas a liquidação, ou seja, ao final do dia o investidor não terá em sua conta de custódia, mantida em uma instituição financeira (corretora), o registro dos ativos patrimoniais negociados, de modo que esta modalidade de operação, não será considerada como participação societária, uma vez que sequer o investidor chegou a possuir de fato o ativo mobiliário.

Diante disso, a aplicação em ativos patrimoniais (ações) por meio da Bolsa de Valores, por empresas optantes pelo Simples Nacional poderá ser negociada:

1. No mercado a vista, quando se tratar de operação *day-trade* ou quando se tratar de aquisição de ações preferenciais cuja liquidação deverá ocorrer em até três meses, para se classificar como equivalente de caixa.
2. No mercado de opções, por meio de operações day-trade, ou por meio de operações comuns, sem o exercício da opção, ou quando do exercício que estas sejam preferenciais resgatáveis em até três meses, para se classificar como equivalente de caixa.
3. No mercado a termo, por meio de operações day-trade, ou por meio de operações comuns, sem encerramento do contrato, ou quando do encerramento que as ações adquiridas sejam preferenciais resgatáveis em até três meses, para se classificar como equivalente de caixa.
4. No mercado futuro, por meio de operações day-trade, ou por meio de operações comuns, em índices de ações negociadas em bolsa de valores.

Considerações finais

Conclui-se que as Microempresas (ME) e as Empresas de Pequeno Porte (EPP), enquadradas no regime especial de tributação do Simples Nacional, podem efetuar aplicações financeiras em ações por meio da bolsa de valores, como uma alternativa de capitalização.

Dessa forma, para que a empresa permaneça enquadrada no Simples Nacional, as ações devem ser resgatáveis no curto prazo e qualificadas como preferenciais, para se caracterizarem como uma aplicação financeira equivalente de caixa, nos termos da Resolução CFC nº 1.296/2010.

Outrossim, salienta-se que não representa participação no capital de pessoas jurídicas, as operações de compra e venda no mesmo dia de ações no mercado a vista (operações day-trade), bem como no caso de negociações com opções e contratos a termo, ou seja, para tais operações não á risco de desenquadramento, considerando não ser esta a atividade fim da pessoa jurídica.

No entanto, a aplicação financeira em ações na bolsa de valores deve ser realizada com atenção, para se evitar a exclusão do Simples Nacional, nos termos do Art. 3º, §4º da Lei Complementar nº 123/2006.

Quanto as limitações encontradas, por se tratar de pesquisa exploratória, como não há indicadores publicados pela Comissão de Valores Mobiliários (CVM), pelo Banco Central do Brasil (Bacen) e pela Bolsa de Valores (B3 – Brasil, Bolsa, Balcão) não foi possível enumerar a quantidade de empresas optantes pelo Simples Nacional que atualmente aplicam na Bolsa de Valores.

Tendo em vista a importância da temática para as empresas enquadradas no Simples Nacional, e para aquelas que possuem porte de Microempresas e Empresas de Pequeno Porte, sugere-se abordar em pesquisas futuras um levantamento quantitativo de empresas do Simples Nacional que alocam seus recursos em Bolsa de Valores, bem como a evidenciação contábil e tributária decorrente de tais aplicações.

REFERÊNCIAS

ALVARENGA, Darlan. Em meio a recordes, número de brasileiros que investem na Bolsa chega a 858 mil. **G1**. Disponível em: https://g1.globo.com/economia/noticia/2019/02/06/em-meio-a-recordes-numero-de-brasileiros-que-investem-na-bolsa-chega-a-858-mil.ghtml. Acesso em: 20 jun. 2019.

BARROS, A. D. S.; LEHFELD, N. A. S. **Fundamentos da Metodologia Científica**. São Paulo: Pearson Prentice Hall, 2007.

BRASIL. Decreto nº 9.580 de 22 de novembro de 2018 – Regulamento do Imposto de Renda. Brasília: **Diário Oficial da União**, 2018.

BRASIL. Instrução Normativa CVM nº 400 de 29 de dezembro de 2003. Brasília: **Diário Oficial da União**, 2003.

BRASIL. Instrução Normativa CVM nº 461 de 23 de outubro de 2007. Brasília: **Diário Oficial da União**, 2007.

BRASIL. Instrução Normativa RFB nº 1.585 de 31 de agosto de 2015. Brasília: **Diário Oficial da União**, 2015.

BRASIL. Lei Complementar nº 123 de 14 de dezembro de 2006. Brasília: **Diário Oficial da União**, 2006.

BRASIL. Lei nº 6.385 de 07 de dezembro de 1976. Brasília: **Diário Oficial da União**, 1976.

BRASIL. Lei nº 6.404 de 15 de dezembro de 1976. Brasília: **Diário Oficial da União**, 1976.

BRASIL. Lei nº 11.638 de 28 de dezembro de 2007. Brasília: **Diário Oficial da União**, 2007.

BRASIL. Resolução CGSN nº 140 de 22 de maio de 2018. Brasília: **Diário Oficial da União**, 2018.

CARDANO, Mario. **Manual de Pesquisa Qualitativa**: a contribuição da teoria da argumentação. Tradução de Elizabeth da Rosa Conill. Rio de Janeiro: Vozes, 2017.

CAVALCANTE, Francisco; MISUMI, Jorge Iushio; RUDGE, Luiz Fernando. **Mercado de Capitais**: o que é, como funciona. Rio de Janeiro: Elsevier, 2009.

CFC. NBC TG 1000 de 17 de dezembro de 2009: Contabilidade para Pequenas e Médias Empresas. Brasília: **Diário Oficial da União**, 2009.

CFC. NBC TG 3 de 22 de dezembro de 2016: Demonstração dos Fluxos de Caixa. Brasília: **Diário Oficial da União**, 2016.

CFC. NBC TG 48 de 22 de dezembro de 2016: Instrumentos Financeiros. Brasília: **Diário Oficial da União**, 2016.

COMISSÃO DE VALORES MOBILIÁRIOS. **Mercado de Valores Mobiliários Brasileiros**. Rio de Janeiro: Comissão de Valores Mobiliários, 2014. Disponível em: http://www.investidor.gov.br/portaldoinvestidor/export/sites/portaldoinvestidor/publicacao/Livro/LivroTOP-CVM.pdf. Acesso em: 28 maio 2019.

DI AGUSTINI, Carlos Alberto. **Mercado de capitais e análise de ações**: fundamentos e avaliação. São Paulo: Globus, 2009.

GIL, Antônio Carlos. **Como elaborar projetos de pesquisa**. São Paulo: Atlas, 1988.

LAGIOIA, Umbelina Cravo Teixeira. **Fundamentos do mercado de capitais**. São Paulo: Atlas, 2011.

LÜDKE, M.; ANDRÉ, M. E. D. A. **Pesquisa em educação**: abordagens qualitativas. São Paulo, EPU, 1986.

MARCELINO, Danilo. **Aplicação financeira no Simples Nacional – regras de tributação**. São Paulo: CPA Informações Empresariais, 2017. Disponível em: http://www.netcpa.com.br/noticias/ver-noticia.asp?Codigo=39875#. Acesso em: 23 nov. 2018.

PAES, Nelson Leitão. Simples Nacional no Brasil: o difícil balanço entre estímulos às pequenas empresas e gastos tributários. **Nova Economia**, v. 24, n. 3, p. 541-554, set./dez. 2014.

SANTIAGO, Silas. **Simples Nacional**: o exemplo do federalismo fiscal brasileiro. São Paulo: Saraiva, 2013.

SANTOS, Cleônimo dos. **Simples Nacional**. Rio de Janeiro: Freitas Bastos, 2018.

SEGALA, Mariana. Número de companhias listadas em Bolsa volta para o patamar de 2005. **Estadão**. Disponível em: https://economia.estadao.com.br/noticias/seu-dinheiro,numero-de-companhias-listadas-em-bolsa-volta-para-o-patamar-de-2005,70002194495. Acesso em: 20 jun. 2019.

TOLEDO FILHO, Jorge Ribeiro de. **Introdução ao mercado de capitais brasileiro**. São Paulo: Lucre, 1997.

WATANABE, Carmen Ballão. **Ciência e Conhecimento Científico: Metodologia da Pesquisa Científica**. Curitiba: Instituto Federal do Paraná, 2011.

DESAFIOS DA SIMPLIFICAÇÃO NA REFORMA TRIBUTÁRIA

Marcelo Segale Carvalheiro[24]
Aline Cristina Coleto[25]

Introdução

O Estado possui finalidades essenciais e não essenciais que devem ser providas à população como, por exemplo, saúde, segurança e educação. Para tanto necessita de recursos financeiros para custear suas despesas. A principal fonte destes recursos é a receita tributária resultante dos tributos cobrados pelo Estado (SILVA *et al.*, 2016).

Os serviços públicos oferecidos à sociedade são suportados financeiramente principalmente pela arrecadação tributária, então, não há como negar a importância do sistema tributário, mas a sua existência não pode colocar em jogo fatores como a produtividade e competitividade do país (CNI, 2018).

A complexidade dos tributos brasileiros gera um alto custo para cumprimento de obrigações acessórias, além de elevar o grau de litígio entre os contribuintes, e isso resulta em aumento da insegurança jurídica e a redução de investimentos (CCiF, 2019).

Uma simplificação tributária, conforme o CCiF (2019), proporciona a redução dos chamados custos de conformidade, que são os valores que as empresas gastam com a entrega de obrigações acessórias, atendimento às auditorias e acompanhamento das frequentes mudanças nas legislações.

Silveira (2018) afirma que muito se vem debatendo sobre a necessidade de se corrigir as distorções que são geradas pelo atual sistema tributário nacional.

Os contribuintes de diferentes classes reivindicam mudanças que possam simplificar o sistema tributário nacional, um exemplo disso é a Confederação Nacional das Indústrias – CNI, que como representante da classe industrial, apresentou no dia 4 de julho de 2018, para os candidatos à presidência da república, um documento chamado "Propostas da Indústria para as Eleições 2018" que contém, entre outras, sugestões de alterações na legislação tributária, objetivando a modernização e o aumento da competitividade no Brasil (CNI, 2018).

---

24 Aluno do Curso de Especialização em Gestão Empresarial, Tributária e Contábil do Instituto Federal do Paraná. E-mail: marcelosegale@yahoo.com.br
25 Orientadora, Professora do Instituto Federal do Paraná. Graduada em Direito, Especialista em Direito Administrativo, Mestre e Doutora em Gestão Ambiental. E-mail: aline.coleto@ifpr.edu.br

O Centro de Cidadania Fiscal – CCiF considera que precisam ser corrigidas as distorções existentes no sistema tributário nacional, pois elas refletem negativamente sobre a produtividade, investimentos e negócios do Brasil (CCiF, 2019).

Neste contexto, onde principalmente os empresários esperam por mudanças no sistema tributário nacional, surge o seguinte questionamento: Quais são os desafios para simplificação na reforma tributária?

Este trabalho tem como objetivo geral investigar os desafios que os próximos governos enfrentarão em relação à Simplificação Tributária. E tem como objetivos específicos a) analisar propostas e discussões voltadas para a redução da complexidade tributária b) avaliar se os dois projetos atuais estão em convergência com a simplificação tributária.

O tema é relevante uma vez que as apurações dos tributos são complexas, pois impõem à classe empresarial obrigações excessivas e, muitas vezes, burocráticas demais, sendo necessária uma simplificação dos processos vigentes.

Assim esta pesquisa se justifica pelo fato de que o resultado poderá demonstrar se os projetos atuais estão caminhando no mesmo sentido da simplificação tributária.

Revisão de literatura

O sistema tributário no Brasil

Conforme Alves *et al.* (2012), entende-se como Sistema Tributário um conjunto composto pelos tributos definidos para um país ou determinada região independente, e pelos princípios e normas que norteiam tais tributos.

Gondin Filho (2017) considera que um Sistema Tributário é equilibrado e de qualidade quando explora três tipos de bases de arrecadação, que são a renda, o consumo e a propriedade. O mesmo autor acrescenta que a carga tributária no Brasil não é tão alta, mas que há um desequilíbrio onde a renda e os ganhos de capital sofrem menos tributação que o consumo.

Para Junqueira (2015), o Brasil já teve um dos mais modernos sistemas tributários do mundo e acrescenta que, na época do regime militar, houve uma reforma tributária que foi uma das primeiras do mundo a introduzir imposto sobre valor agregado, mas que depois, por conta da necessidade de aumentos de arrecadação e a má condução dos tributos sobre o consumo, o sistema tributário brasileiro perdeu sua qualidade.

Entre as dificuldades do sistema tributário Brasileiro, Junqueira (2015) enfatiza 4 delas, que são o excesso de burocracia, a regressividade, a tributação sobre setores estratégicos e a concessão de benefícios tributários que causam a guerra fiscal entre os estados.

Para a Confederação Nacional da Indústria (CNI) no Brasil as empresas acabam convivendo com um sistema tributário bastante complexo, burocrático e cheio de distorções, e isso reflete negativamente sobre os investimentos e exportações, o que resulta em custo alto, insegurança jurídica e, como consequência disso, pouco investimento e pouco crescimento.

O custo de pagar tributos vai além do valor do próprio tributo, pois estão ainda contempladas todas as formalizações e burocracias com relação às quais os contribuintes precisam se atentar por serem obrigatórias (BERTOLUCCI; NASCIMENTO, 2002).

Bertolucci e Nascimento (2002) citam como sendo formalizações e burocracias as declarações relativas a impostos, envio de informações aos fiscos federal, estadual e municipal, alterações nas legislações, autuações fiscais e outras mais e questionam qual o custo da realização de todas estas obrigações tributárias.

Conforme Silva Filho e Silva Filho (2016) no Brasil é garantido pelo Sistema Tributário Nacional a autonomia para estados e municípios tomarem suas decisões e instituírem seus tributos e, além disso, estes mesmos entes são os responsáveis por desenvolverem ferramentas de administração e acompanhamento dos tributos, que são as chamadas obrigações acessórias. Tais obrigações devem ser cumpridas pelos contribuintes pelo fato de serem obrigatórias.

Martins *et al.* (2018) explicam que uma obrigação acessória não está única e exclusivamente relacionada ao pagamento de um tributo, mas também possui a finalidade de controlar os métodos a partir dos quais é realizado o cálculo de um determinado tributo.

A Confederação Nacional das Indústrias (CNI) considera que o sistema tributário é de suma importância para a competitividade, mas que no Brasil as empresas se deparam com a complexidade, burocracia e distorções oriundas deste sistema, o que resulta em aumento dos custos e da insegurança, o que contribui para a redução dos investimentos e atrapalha o crescimento do país (CNI, 2018).

O fato de a Constituição Federal ter autorizado uma tributação de bens e serviços fragmentada, onde os diferentes tributos existentes são de competência de diferentes entes federativos, tornou o processo de tributação no Brasil altamente complexo (ORAIR; GOBETTI, 2018).

Conceito de tributo

O art. 3º do CTN – Código Tributário Nacional define tributo como sendo "toda prestação pecuniária compulsória, em moeda ou cujo valor nela se possa exprimir, que não constitua sanção de ato ilícito, instituída em lei e cobrada mediante atividade administrativa plenamente vinculada" (BRASIL, 1966).

Cassone (2006) simplifica o conceito afirmando que tributo é o valor em dinheiro que pessoas ou empresas precisam pagar ao estado ao praticarem os chamados fatos geradores previstos nas leis tributárias.

Tributação indireta

Tributos indiretos, conforme Rezende *et al.* (2010), são aqueles cuja incidência se dá sobre a produção e circulação de bens ou serviços. O autor explica que, uma vez que os tributos são embutidos nos valores dos bens e produtos, eles afetam indiretamente o consumidor final. Como exemplos deste tipo de tributo o autor cita o Imposto sobre a Circulação de Mercadorias e Serviços (ICMS), o Imposto sobre Produtos Industrializados (IPI) e a Contribuição Social para Financiamento da Seguridade Social (COFINS).

Neste mesmo sentido, Fabretti (2009) explica os Tributos indiretos como sendo aqueles que são agregados aos preços finais dos produtos, mercadorias e serviços conforme vão ocorrendo cada uma das etapas econômicas e reforça que se trata de uma transferência do ônus tributário para o consumidor final, embutindo o valor dos tributos ao preço de venda ou preço do serviço.

Lukic (2018) afirma que na maioria dos países a tributação de bens e serviços, ou seja, a tributação indireta, é realizada por meio de apenas um tributo.

Mas no Brasil, conforme a OCDE (2018), existem seis tributos incidentes sobre o consumo de bens e serviços e, além do fato de serem vários tributos, eles acabam sendo cobrados em parte pelo governo federal e em parte pelos estados, o que torna o processo de apuração mais oneroso e complexo.

A CNI (2018) enfatiza que as empresas brasileiras gastam muito tempo para apurar seus tributos, e isso é evidenciado pela OCDE (2018) ao divulgar em seu relatório de dados econômicos sobre o Brasil um gráfico comparativo entre países, com a quantidade de horas necessárias para a apuração dos tributos.

GESTÃO CONTÁBIL:
reflexos na gestão empresarial e tributária da micro e pequena empresa

**Figura 1 – horas necessárias para preparar impostos
Para uma empresa industrial de referência, 2017**

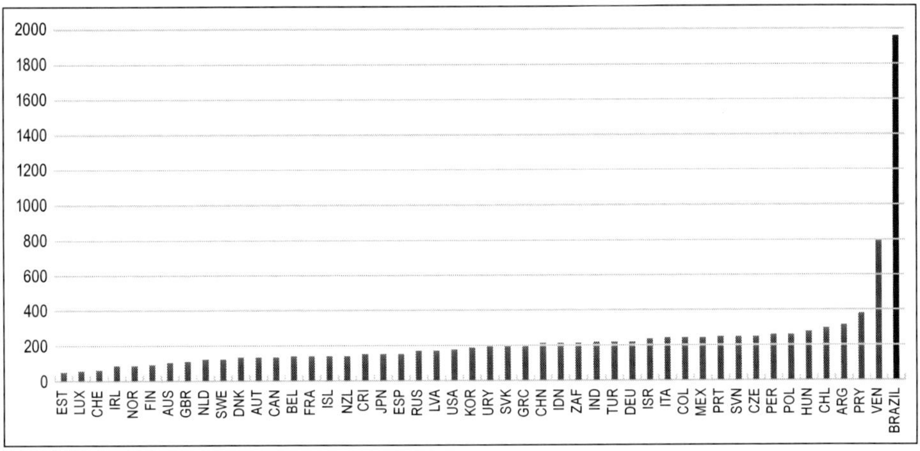

Fonte: OCDE (2018) *apud* Banco Mundial (2017).

No gráfico a OCDE (2018) destaca que no Brasil são necessárias em média 1958 horas por ano para que uma empresa do ramo industrial consiga fazer todo o seu processo de fechamento e apuração dos tributos.

Nesse contexto de um sistema tributário complexo e que demanda por muitas horas de trabalho para preparação e acompanhamento dos tributos, também merece destaque o fato de que a quantidade de legislações existentes no Brasil é muito grande (CNI, 2018).

É o que demonstra o IBPT (2017) em tabela onde divulga a quantidade de normas tributárias editadas desde a Constituição Federal de 1988 até a data base de 30/09/2016.

Figura 2 – Total de normas editadas no Brasil em 28 anos

TOTAL DE NORMAS EDITADAS	GERAIS	TRIBUTÁRIAS
FEDERAL	163.129	31.221
ESTADUAL	1.460.985	110.610
MUNICIPAL	3.847.866	221.948
	5.471.980	363.779

Fonte: IBPT (2018).

A tabela apresenta a quantidade total de legislações gerais criadas no período abrangido pelo estudo, separando-as por competência federal, estadual e municipal, e também faz a separação daquelas que são legislações especificamente tributárias.

Com o estudo onde foi divulgada esta tabela, o IBPT (2018) identificou que dos 5,4 milhões de normas gerais editadas, cerca de 6,65% são referentes a matéria tributária. Do total de 363.779 normas tributarias, 31.221 são federais, o que representa 8,58%. Já as estaduais, que somam uma quantidade de 110.610, representam 30,41%. Os municípios foram os que mais criaram normas tributárias, chegando a uma quantidade 221.948, o que representa 61,01% do total de normas tributárias editadas.

Progressividade e regressividade

Um sistema tributário ideal deve promover a progressividade, com o objetivo de que aqueles que possuem maior capacidade contributiva sejam onerados proporcionalmente a sua capacidade (ORAIR; GOBETTI, 2018).

Castro e Bugarin (2017) explicam que um tributo é dito como progressivo se a sua alíquota efetiva, quando atribuída a uma unidade tributável, aumenta proporcionalmente ao aumento da renda.

Por outro lado, um sistema tributário é considerado como regressivo quando o aumento de pagamento de tributos não ocorre de forma proporcional à renda dos contribuintes (CASTRO; BUGARIN, 2017).

Junqueira (2015) afirma que no Brasil há uma carga elevada de tributos indiretos, o que classifica a tributação sobre o consumo como altamente regressiva. O autor acrescenta ainda que nos estados mais pobres a tributação se torna ainda mais regressiva.

A promoção de uma tributação redistributiva, voltada à maior progressividade do sistema tributário, na opinião de Gondim Filho (2017), é uma condição essencial para que realmente ocorra a redução das desigualdades no Brasil.

Em um contexto onde se verifica uma grande concentração de renda no país, uma ampliação da tributação progressiva, de forma que alcance as altas rendas de capital, proporciona a evolução para um sistema tributário mais justo e eficiente (GOBETTI, 2018).

Gobetti e Orair (2016) afirmam que por conta de obstáculos políticos e falta de transparência de dados que demonstrassem as distorções do sistema tributário, o tema progressividade foi sempre deixado em segundo plano nas sucessivas tentativas de reforma tributária das últimas décadas.

Neste mesmo sentido, Junqueira (2015) afirma que propostas de reforma tributária voltadas para o aumento da progressividade tributária não foram tratadas com a merecida importância, pois sempre tiveram papel marginal nas reformas.

Mas conforme reforça Silveira *et al.* (2018), se por um lado as análises voltadas para a eficiência da arrecadação apontam para a necessidade de aumentar a tributação sobre bens e serviços, o que aumenta a regressividade dos tributos, por outro lado, se as análises forem relacionadas às questões de melhor distribuição da renda, é necessário implantar algum tipo de progressividade na tributação sobre bens e serviços.

Metodologia

A presente pesquisa se caracteriza como descritiva, onde foi montado um referencial teórico a partir do estudo de documentos, legislações e artigos científicos.

Uma pesquisa descritiva, conforme Beuren (2013), é o mesmo que identificar algo, fazer um relato sobre alguma coisa ou fazer comparativos entre fatos, assim, o presente trabalho é descritivo, pois nele estão sendo expostas algumas situações de complexidade tributária e as mesmas são analisadas frente às principais sugestões de simplificação.

Quanto aos procedimentos, o trabalho foi realizado na modalidade de pesquisa bibliográfica.

Conforme Medeiros (2012), uma pesquisa bibliográfica consiste em reunir obras literárias referentes ao assunto objeto do estudo, então, no presente trabalho, após a escolha do assunto, foi realizada uma pesquisa para localização de obras literárias que já tivessem abordado direta ou indiretamente questões relacionadas à reforma tributária, simplificação tributária ou assuntos correlatos.

Foi dada preferência na busca por artigos publicados por revistas científicas, legislações disponibilizadas nos portais do governo e documentos elaborados por instituições representantes das indústrias ou que realizam estudos na área tributária.

No que diz respeito à abordagem do problema, se classifica em uma pesquisa qualitativa.

Richardson (1999) orienta que os estudos que utilizam a metodologia qualitativa possibilitam melhor compreensão da complexidade de um determinado problema, e é justamente o ponto central deste trabalho, pois visa expor o quão complexo é o sistema tributário e como estão caminhando as sugestões para simplificá-lo.

Na introdução procurou-se apresentar o contexto atual onde muito se discute sobre a necessidade de simplificação do sistema tributário, bem como apresentar a questão de pesquisa, os objetivos gerais e específicos que se pretende atingir, e o motivo pelo qual o assunto foi escolhido.

Em seguida foi explanado na revisão de literatura, com base nas obras e legislações selecionadas, o que é o Sistema Tributário Nacional e seu complexo contexto atual.

Por fim, foram colocados em discussão alguns dos problemas de complexidade frente à algumas das sugestões e propostas que se apresentam atualmente voltadas a diminuir tal complexidade.

Cabe ainda salientar que propostas de simplificação ou reforma tributária abordam várias situações, envolvem muitos detalhes e particularidades, e então não foi objeto deste trabalho estudar cada ponto das propostas, até porque é muito provável que, se isoladas, cada uma das situações abordadas em uma proposta de reforma tributária renderia um trabalho de pesquisa individual.

Portanto, para a análise realizada no presente trabalho foi levado em consideração somente a ideia central de duas propostas de reforma tributária discutidas atualmente, sem se aprofundar em seus detalhes.

Discussão

Propostas para simplificação diante da complexidade tributária no Brasil sob a ótica empresarial

Giambiagi e Além (2016) consideram que um fluxo de tributação deve acontecer de forma simplificada e compreensível, tanto no que diz respeito à arrecadação por parte do governo quanto no que diz respeito ao recolhimento dos tributos por parte do contribuinte.

O Centro de Cidadania Fiscal afirma que o Sistema Tributário Brasileiro precisa ser simplificado e que nele há distorções que precisam ser corrigidas, pois elas impactam negativamente sobre a produção, investimentos e negócios do Brasil (CCiF, 2019).

Os representantes da indústria brasileira também visualizam a necessidade de simplificação do sistema tributário, tanto que a Confederação Nacional das Indústrias – CNI apresentou no dia 4 de julho de 2018, para os candidatos à presidência da república, um documento chamado "Propostas da Indústria para as Eleições 2018" que contém, entre outras, algumas sugestões de alterações na legislação tributária objetivando a modernização e o aumento da competitividade no Brasil (CNI, 2018).

Frente às necessidades e anseios o governo tem buscado melhorar o sistema tributário. Um exemplo disso é o Sistema Público de Escrituração Digital – SPED, que foi implantado no ano de 2007 por meio do decreto nº 6.022 e que tem como objetivo a modernização da sistemática de cumprimento das obrigações acessórias, que precisam ser transmitidas pelos contribuintes às administrações tributárias (SPED).

No decreto 6.022 de 22/01/19, em seu artigo 2º, o Sistema Público de Escrituração Digital está descrito como sendo um instrumento cujo objetivo é a unificação das atividades que envolvem a recepção, validação, armazenamento e autenticação de livros e documentos que compõe a escrituração contábil e fiscal dos contribuintes (BRASIL, 2007).

O Sistema Público de Escrituração Digital tem, entre outros, o objetivo de promover a integração dos fiscos, por meio da padronização e compartilhamento de informações contábeis e fiscais, e também foi implantado visando uniformizar diferentes obrigações acessórias, destinadas a diferentes órgãos fiscalizadores, que são enviadas por meio de transmissão única (SPED)

Porém, mesmo com a implantação do Sistema Público de Escrituração Digital, onde se transmite eletronicamente uma grande quantidade de informações fiscais para os fiscos estaduais e federais, ainda assim os estados continuam solicitando o envio de algumas informações acessórias em duplicidade (CNI, 2018).

Muitos estados ainda não utilizam o SPED fiscal como a principal fonte de prestação de informações fiscais e isso faz com que sejam mantidas outras obrigações acessórias como, por exemplo, a GIA e a GIA-ST, onde são enviadas informações que também são transmitidas pelo SPED Fiscal (RFB, 2018).

Neste mesmo sentido, Reis (2015) observa que muitas vezes as informações de um tributo são entregues em mais de uma obrigação acessória e cita como exemplo o tributo federal IPI que, além do SPED fiscal, precisa compor também a obrigação acessória chamada DCTF.

O CCiF (2019) afirma que os tributos brasileiros sobre bens e serviços são complexos, o que gera um alto custo de cumprimento das obrigações acessórias. Um sistema tributário complexo gera também um alto grau de litígios entre os contribuintes e o fisco, o que além de aumentar os custos, causa a insegurança jurídica, o que prejudica os investimentos.

Com toda a complexidade existente, aumentam as chances de erros e ocorrem as não conformidade, que geram a necessidade de pagamento retroativo de tributos, sobre os quais incidem pesadas multas e correções de valores. Isso resulta em maior insegurança jurídica para os contribuintes, maiores gastos e, consequentemente, menos investimentos (CNI, 2018).

Os custos com recolhimento de tributos e fiscalização tributária no Brasil são extremamente altos e com isso os contribuintes gastam muito com planejamento tributário na tentativa de diminuir seus custos e os riscos de autuações (CNI, 2018).

O fato de existir um número muito grande de tributos, legislações que mudam com frequência e apresentam inúmeras exceções, além da exigência de várias obrigações acessórias faz com que os contribuintes estejam diante de uma grande complexidade (CNI, 2018).

O Instituto Brasileiro de Planejamento e Tributação, em estudo realizado no ano de 2017, onde usou como base a data de 30/09/2016, apontou que em 28 anos da Constituição Federal foram editadas no Brasil mais de 5,4 milhões de normas, o que dá uma média de 769 por dia (IBPT, 2017).

Ainda conforme o IBPT (2017), nesse período de 28 anos de Constituição ocorreram 16 emendas constitucionais e foram criados inúmeros tributos, onde praticamente todos sofreram algum tipo de majoração, além de quase todas as legislações terem passado por algum tipo de alteração.

Como solução para resolver este problema da complexidade tributária a CNI (2018) sugere a diminuição de obrigações acessórias, e que os esforços precisam ser concentrados em eliminar aquelas que são redundantes.

Giambiagi e Além (2016) orientam que o Brasil deve caminhar para a eficiência, buscando simplificar, diminuir a burocracia e facilitar a arrecadação e a fiscalização.

Motivado por situações como estas expostas anteriormente, o CCiF (2019) elaborou sugestões para uma reforma do sistema tributário brasileiro que foram apresentadas à câmara dos deputados em 3/04/2019 por meio de uma Proposta de Emenda Constitucional, a PEC 45/2019, que tem como objetivo principal contribuir para melhorar e simplificar o sistema tributário brasileiro.

Na proposta que deu origem a PEC 45/2019 o CCiF (2019) propõe uma reforma baseada na substituição progressiva dos tributos incidentes sobre os bens e serviços (Pis, Cofins, IPI, ICMS e ISS) por um imposto único denominado Imposto sobre Bens e Serviços – IBS, cuja receita seria dividida entre a união, os estados e os municípios.

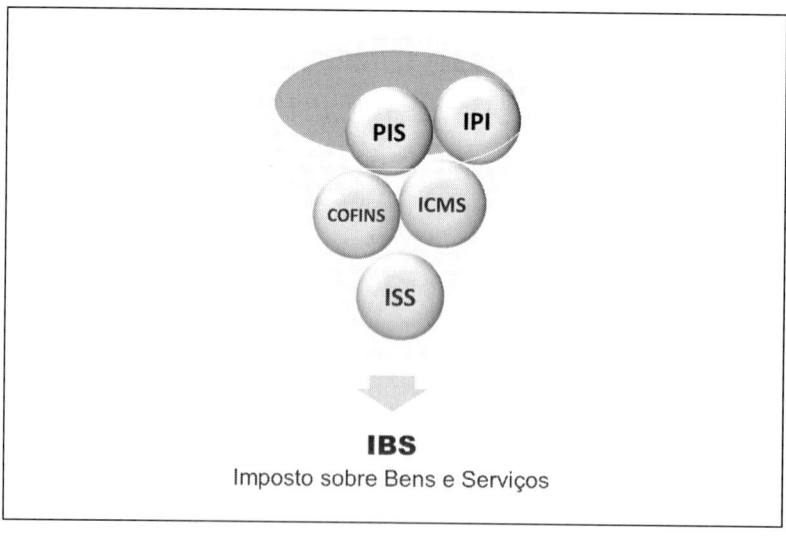

Figura 3 – Ilustração da unificação de tributos da PEC 45/2019

Fonte: o autor

O modelo de tributação proposto na PEC 45/2019 busca simplificar o sistema tributário brasileiro sem diminuir a autonomia dos Estados e Municípios, que continuarão podendo administrar suas receitas através da alteração de alíquota do novo tributo, o IBS.

Conforme a PEC 45/2019 o tributo IBS será um imposto único para os contribuintes, a ser recolhido de forma centralizada, e que possuirá legislação uniforme, mas para os entes federativos será como se cada um tivesse seu imposto próprio, pois continuarão com autonomia para fixação de alíquota.

Apesar dos entes federativos continuarem com autonomia para fixação de alíquotas, mesmo assim haverá uma simplificação, pois a base de cálculo será uniforme em todo o país e as alíquotas não poderão variar entre os diferentes tipos de bens e serviços, ou seja, um estado até poderá aumentar ou diminuir a sua alíquota, mas ela será aplicada em todas as operações (PEC 45/2019).

Isso vem de encontro com a expectativa de Botelho e Abrantes (2018) que consideram muito relevante que se avaliem nas propostas a possibilidade de unificação de tributos em alíquota única, pois assim o sistema tributário ficaria mais simples e seria mais fácil interpretá-lo.

Na prática, conforme consta na PEC 45/2019, serão definidas três alíquotas para o IBS, sendo uma federal, uma estadual e uma municipal, que serão calculadas pelo Tribunal de Contas da União, de forma que possam repor a perda de receita dos tributos que serão substituídos pelo IBS.

Para o contribuinte, independentemente das três alíquotas que serão criadas, importará somente a alíquota total, e não haverá qualquer diferenciação entre os entes federativos para cumprimento das obrigações tributárias, ou seja, após apuração dos débitos e créditos o contribuinte fará o recolhimento por meio de um processo unificado, com geração de guia única (PEC 45/2019).

Até este ponto desta discussão, mesmo com as análises e comparativos sendo realizadas apenas com base na ideia global da PEC 45/2019, sem aprofundamento em cada um dos pontos, já é possível visualizar que está havendo sintonia entre o que se reivindica e o que se apresentam de propostas e projetos.

Porém, conforme salienta Silveira *et al.* (2018), realmente se faz necessária uma reformulação do sistema de tributação, mas não é só isso que está em discussão, uma reformulação precisa ser realizada de uma forma que tenha o mínimo possível de impacto sobre a arrecadação dos entes federados, então é importante que seja feita de uma forma gradual, com a definição de objetivos de curto, médio e longo prazo.

Junqueira (2015), em estudo onde analisou propostas de reforma tributária anteriores às atuais, observou que houve a rejeição por parte dos estados às propostas que, apesar de serem voltadas para a simplificação, pois o ICMS passaria a ter legislação única e não mais 27, faziam com que os estados perdessem a autonomia de legislar sobre o ICMS.

Para os estados não estava em jogo somente a questão da autonomia, mas principalmente os recursos que porventura seriam reduzidos por conta de não poder mais legislar sobre o ICMS (JUNQUEIRA, 2015).

Não se pode descartar então a possibilidade de que as propostas atuais sejam novamente rejeitadas pelos estados.

A própria PEC 45/2019 leva em consideração que no modelo tributário brasileiro não será fácil uma transição para o modelo que se pretende implantar, pois muito se foi investido no sistema atual, mesmo com todas as suas distorções, e então uma alteração muito rápida poderia prejudicar a competitividade de algumas empresas.

Também há várias questões federativas envolvidas, que podem gerar resistência com relação à proposta como, por exemplo, a autonomia e forma federativa dos estados serem uma das cláusulas pétreas da Constituição, a implantação da tributação no destino do ponto de vista dos estados que vão perder receita por conta desta mudança, e a guerra fiscal que ainda é vista por alguns estados como um instrumento de desenvolvimento (PEC 45/2019).

Ainda neste contexto de análise das reivindicações frente às propostas voltadas à simplificação, Junqueira (2015) destaca que, conforme previsto nas legislações relacionadas, as operações de exportação deveriam ser totalmente desoneradas, mas que isso não acontece justamente pela complexidade do sistema tributário.

Uma forma de fazer com que as exportações sejam realmente desoneradas, na opinião da CNI, seria a de passar a tributar o ICMS no destino e não mais na origem conforme atualmente. Esta alteração teria reflexo também no que diz respeito às disputas existentes entre os estados que, consequentemente, seriam solucionadas (CNI, 2018).

Lukic (2018) compartilha da mesma ideia e enfatiza que nas diversas propostas já apresentadas com o intuito de pôr fim à guerra fiscal sempre está presente uma que envolve modificar o regime de arrecadação do ICMS que, mesmo sendo de forma parcial, é realizado de acordo com o princípio da origem, onde neste caso é arrecadado no momento da venda dos produtos e pelo próprio estado onde ocorreu a produção. A sugestão da autora para esta situação é que haja uma inversão, ou seja, que se adote o princípio do destino, onde a arrecadação passe a ser feita no estado de consumo.

Na opinião do CCiF (2019), a adoção do princípio do destino é uma característica essencial que um sistema tributário precisa ter quando se pretende praticar uma tributação sobre o consumo e não sobre a produção.

Esse é um ponto que também está previsto na PEC 45/2019, a qual explica que, pelo fato do IBS ser um imposto sobre o consumo, nas operações entre os entes federativos deverá ser aplicado o princípio do destino, onde o imposto passará a pertencer ao Estado e ao Município destino da operação.

Contudo na própria PEC 45/2019 está prevista a necessidade de se criar um período de transição para implantação do princípio do destino, e que haveria uma redistribuição da arrecadação entre estados e municípios, o que pode prejudicar no curto prazo alguns estados.

Mas por outro lado, no projeto também foram pensadas formas de transição que visam reduzir o máximo possível a perda de receita por parte de alguns estados, por meio de mecanismos de reposição das perdas nos primeiros 20 anos contados do início da transição (PEC 45/2019).

Com base nas situações analisadas até este ponto, percebe-se que o princípio constitucional federativo e a autonomia dos entes federados pesam muito na elaboração das propostas de reforma tributária, e podem até ser os impeditivos para a aceitação delas.

É neste sentido que Gondin Filho (2017) se preocupa quando afirma que uma reforma fundamentada somente com o propósito de simplificação, sob a justificativa de que essa é a única solução para o país, pode acabar afetando o princípio constitucional federativo e a autonomia dos entes federados.

Apesar então da PEC 45/2019 se mostrar voltada para a simplificação dos tributos e do sistema tributário propriamente dito, resta saber e acompanhar como será a aceitação por parte dos entes federados, frente aos seus interesses e frente ao que lhes é permitido constitucionalmente.

O Senado Federal também tem uma proposta de emenda constitucional, a PEC 110/2019, que foi apresentada em julho de 2019, cujo ponto central consiste na extinção dos tributos IPI, IOF, CSLL, PIS, COFINS, Salário Educação, Cide Combustíveis, além do ICMS e do ISS.

Em substituição a estes tributos seria criado o Imposto sobre Operações com Bens e Serviços – IBS, de competência estadual e com tributação sobre o valor agregado, e o Imposto Seletivo – IS, de competência federal, a ser aplicado sobre bens e serviços específicos (PEC 110/2019).

A PEC 110/2019 tem como objetivo, entre outros, a simplificação do sistema tributário brasileiro, a partir da unificação de tributos incidentes sobre o consumo.

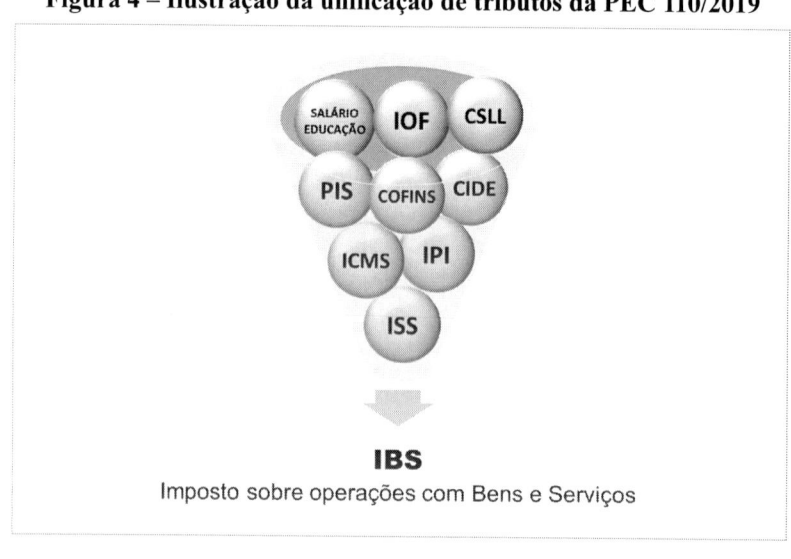

Figura 4 – Ilustração da unificação de tributos da PEC 110/2019

(SALÁRIO EDUCAÇÃO, IOF, CSLL, PIS, COFINS, CIDE, ICMS, IPI, ISS)

↓

IBS
Imposto sobre operações com Bens e Serviços

Fonte: o autor.

Botelho e Abrantes (2018) chegaram à conclusão que seria uma grande evolução no sentido de simplificação do sistema tributário se houvesse a unificação dos tributos em alíquota única, o que vem ao encontro da PEC 110/2019 onde está prevista tal unificação.

Conforme a PEC 110/2019 a ideia é criar o IBS usando como referência tributos com as mesmas características existentes em outros países industrializados.

O IBS será de competência estadual, mas possuirá uma única legislação federal, onde a arrecadação será administrada por uma associação de fiscos estaduais (PEC 110/2019).

Bertolucci e Nascimento (2002) afirmam que as empresas são penalizadas pelos chamados custos de conformidade que são, entre outros, os recursos necessários para preparação e entrega de declarações relativas a tributos, o envio de informações ao fisco, o acompanhamento das frequentes mudanças nas legislações e o atendimento às auditorias, e que por ano são desperdiçados bilhões de Reais para atendimento destas determinações.

Para Orair e Gobetti (2018), a criação de um tributo simples, que tenha uma base ampla, com poucas alíquotas e isenções, e que possa ser totalmente aproveitado como crédito, resultará em menor complexidade e, consequentemente, menos gastos com os custos de conformidade.

A criação deste "tributo simples" é justamente o que propõe a PEC 110/2019, da mesma forma que ocorre com a PEC 45/2019, ou seja, ao analisá-las somente pela proposta central, sem se ater às diferentes particularidades que cada uma possui em relação à outra, é possível concluir que ambas são voltadas para a redução da quantidade de tributos, centralização de legislações e, consequentemente, a redução da quantidade de obrigações acessórias.

Então, em suma, do ponto de vista da necessidade de simplificação, é possível afirmar que as duas PEC's que atualmente estão tramitando respectivamente na Câmara dos Deputados Federais e no Senado Federal, são voltados para a simplificação e a consequente redução dos custos de conformidade.

Conforme já reforçado anteriormente, neste trabalho não se tem o propósito de aprofundamento em cada ponto das propostas, mas com este estudo ficou visível que elas são muito complexas e abrangentes, e vão além do objetivo de simplificação, elas tratam também de alterações que geram impacto principalmente para os entes federativos.

Junqueira (2015) afirma que é muito raro acontecer a aprovação de propostas complexas e abrangentes e que talvez as reformas tributárias poderiam ser mais bem-sucedidas se tramitassem de uma forma menos complexa. O autor acrescenta ainda que a multidimensionalidade de uma proposta de reforma tributária pode ser o impeditivo para a mudança da situação atual que se encontra o sistema tributário nacional.

Como há um grande descontentamento com o sistema tributário, o Governo acaba propondo reformas muito amplas, e isso gera os conflitos multidimensionais, ou seja, ocorre uma desagregação política, surgem várias ideias de diferentes pontos de vista, o que impede uma concordância mínima para aprovação de uma proposta (JUNQUEIRA, 2015).

Eis aqui então um grande desafio para o governo: continuar defendendo as ideias atuais de simplificação, mas apresentá-las em propostas que não sejam multidimensionais, pois conforme Junqueira (2015), a opção por uma reforma "fatiada" talvez não seja uma escolha e sim a única opção para se atingir uma aprovação.

Considerações finais

Este trabalho foi realizado com o intuito de verificar quais são os desafios a serem enfrentados pelo atual governo, ou pelos próximos, com o fim de verificar se o escopo global dos projetos estudados é voltado ou não para a simplificação tributária.

Conclui-se que a essência das duas PEC's analisadas é a mesma, ou seja, ambas apresentam um modelo onde está prevista a unificação de tributos.

Unificar tributos e legislações resulta em desburocratização do sistema tributário, foi o que afirmou Junqueira (2015) quando estava analisando propostas anteriores de Reforma Tributária e se referindo ao ICMS, que ao ter as 27 legislações transformadas em somente uma, proporcionaria às empresas uma redução de gastos com assessoria tributária e entrega de obrigações acessórias.

Tributos confusos e legislação complexa, conforme Silveira (2018), tornam o sistema tributário brasileiro ineficiente, custoso e de difícil compreensão, problemas estes que podem ser minimizados com a unificação de tributos e legislações conforme previstos nas propostas analisadas.

O estudo também demonstrou que, apesar de cada uma da PEC's apresentarem propostas de transição diferentes, nas duas está prevista a migração para a modalidade de tributação no destino.

Com a tributação ocorrendo no destino, ou seja, o tributo sendo de responsabilidade do estado ou município onde ocorrer o consumo, proporciona o fim da guerra fiscal entre os entes federativos e também desonera as exportações, algo que se mostrou bastante almejado nas discussões estudadas.

Ficou evidente a necessidade de uma simplificação tributária, e as propostas caminham neste sentido, ou seja, está havendo a sintonia entre os projetos, o que confirma de forma positiva aquilo que foi proposto como objetivo específico deste trabalho.

Mas para colocar em prática esse processo de simplificação o governo é desafiado a encontrar soluções para outros entraves que normalmente o impedem de seguir com propostas de reforma tributária, como, por exemplo, os interesses e pontos de vista particulares de cada Estado ou Município.

Conclui-se também que as duas propostas de reforma tributária, apesar serem voltadas para a simplificação, o que as coloca no mesmo sentido das reivindicações que são feitas principalmente da classe empresarial, por outro lado, do ponto de vista social, ainda deixam a desejar, pois continuam não tratando com ênfase da questão da progressividade dos tributos, ou seja, vem se prezando muito pela melhora no desenvolvimento econômico, mas pouco se pretende fazer no sentido de melhorar a distribuição de renda no país.

REFERÊNCIAS

ALVES, N.; PETRI, L. R. F.; PETRI, S. M. A proposta de simplificar as obrigações do contribuinte e as mudanças do sistema tributário vigente. **Navus – Revista de Gestão e Tecnologia**, Florianópolis, v. 2, n. 2, p. 40-52, 2012.

ANDRADE, J. Reforma tributária no brasil e seus impactos na redução da desigualdade: uma análise das propostas de emenda à constituição sob a perspectiva da justiça fiscal. **Revista Eletrônica Gestão & Sociedade**, Belo Horizonte, v. 9, n. 22, p. 832-852, jan./abr. 2015.

BERTOLUCCI, A. V.; NASCIMENTO, D. T. do. Quanto custa pagar tributos? **Revista Contabilidade & Finanças**, São Paulo, v. 13, n. 29, p. 55-67, maio/ago. 2002.

BEUREN, I. M. **Como elaborar trabalhos monográficos em Contabilidade**. São Paulo: Atlas, 2013.

BOTELHO, L. H. F.; ABRANTES, L. A. Reflexões sobre as incidências tributárias no Brasil e suas relações com o desenvolvimento socioeconômico nacional. **Revista Ciências Sociais Unisinos**, São Leopoldo, v. 54, n. 1. p. 126-133, jan./abr. 2018.

BRASIL. **Decreto nº 6.022, de 22 de janeiro de 2007**. Institui o Sistema Público de Escrituração Digital – Sped. Disponível em: http://www.planalto.gov.br/ccivil_03/_ato2007-2010/2007/Decreto/D6022.htm. Acesso em: 7 set. 2019.

CÂMARA DOS DEPUTADOS. **Proposta de Emenda à Constituição nº 45, de 2019 [PEC nº 45/2019]** do Sr. Baleia Rossi e outros, que "altera o Sistema Tributário Nacional e dá outras providências". Disponível em: https://www.camara.leg.br/proposicoesWeb/fichadetramitacao?idProposicao=2196833. Acesso em: 8 set. 2019.

CASSONE, V. **Direito Tributário**. São Paulo: Atlas, 2006.

CASTRO, F. A. de.; BUGARIN, M. S. A progressividade do imposto de renda da pessoa física no Brasil. **Revista Estudos Econômicos**, São Paulo, v. 47, n. 2, p. 259-293, abr./jun. 2017.

CENTRO DE CIDADANIA FISCAL (CCiF). Reforma do Modelo Brasileiro de Tributação de Bens e Serviços. Nota Técnica I. São Paulo, 2019. Disponível em: http://ccif.com.br/notas-tecnicas/. Acesso em: 24 ago. 2019.

CONFEDERAÇÃO NACIONAL DA INDÚSTRIA (CNI). Modernizar a Tributação Indireta para garantir a competitividade do Brasil. **Confederação Nacional da Indústria**. Brasília: CNI, 2018.

FABRETTI, L. C. **Contabilidade tributária**. São Paulo: Atlas, 2009.

GIAMBIAGI, F.; ALÉM, A. **Finanças públicas**: teoria e prática no Brasil. Rio de Janeiro: Elsevier, 2016.

GOBETTI, S. W. Tributação do capital no Brasil e no mundo. Texto para discussão/Instituto de pesquisa econômica aplicada. Brasília: IPEA, 2018. Disponível em: http://www.ipea.gov.br/portal/index.php?option=com_content&view=article&id=33106. Acesso em: 7 de nov. 2019.

GOBETTI, S. W.; ORAIR, R. O. **Progressividade tributária**: a agenda negligenciada. Rio de Janeiro: IPEA, 2016. Disponível em: http://www.ipea.gov.br/portal/index.php?option=com_content&view=article&id=2754. Acesso em: 7 de nov. 2019.

GONDIN FILHO, J. O momento para a reforma tributária no Brasil. **Revista Controle**, Fortaleza, v. 15, n. 2, p. 41-72, jul./dez. 2017.

INSTITUTO BRASILEIRO DE PLANEJAMENTO E TRIBUTAÇÃO (IBPT). **Quantidade de normas editadas no Brasil**: 28 anos da Constituição Federal de 1988. Disponível em: https://ibpt.com.br/noticia/2603/Brasil-edita-cerca-de-800-normas-por-dia-somando-5-4-milhoes-desde-a-Constituicao-de-1988. Acesso em: 31 ago. 2019.

JUNQUEIRA, M. de O. O nó da reforma tributária no Brasil (1995-2008). **Revista Brasileira de Ciências Sociais**, São Paulo, v. 30, n. 89, p. 93-113, out. 2015.

LUKIC, M. R. Tributação sobre bens e serviços no Brasil: Problemas atuais e propostas de reformas. **Desafios da nação: artigos de apoio**, Brasília, v. 2, p. 99-126, 2018.

MARTINS, K. *et al*. Sistema público de escrituração digital (SPED): como as principais universidades da grande Florianópolis estão preparando os acadêmicos para a era digital da contabilidade? **Revista Unemat de Contabilidade**, Nova Mutum, v. 7, n. 13, p. 22-36, 2018.

MEDEIROS, J. B. **Redação Científica**: a prática de fichamentos, resumos, resenhas. São Paulo: Atlas, 2012.

OLIVEIRA, L. et al. **Manual de contabilidade tributária**: textos e testes com as respostas. São Paulo: Atlas, 2011.

ORAIR, R.; GOBETTI, S. Reforma tributária no Brasil: Princípios norteadores e propostas em debate. **Revista Novos Estudos**, São Paulo, v. 37, n. 2, p. 213-244, maio/ago. 2018.

RECEITA FEDERAL DO BRASIL (RFB). Balanço das Ações de Simplificação, 2018. Disponível em: http://receita.economia.gov.br/arquivos-e-imagens/pagina-inicial/balanco-das-acoes-de-simplificacao-rfb-2018.pdf/view. Acesso em: 7 set. 2019.

RECEITA FEDERAL DO BRASIL. Apresentação do SPED-Sistema Público de Escrituração Digital. Disponível em: http://sped.rfb.gov.br/pagina/show/964. Acesso em: 7 set. 2019.

REIS, R. T. O custo das obrigações acessórias nas empresas tributadas pelo lucro real da Grande São Paulo. **Revista Pensamento e Realidade**, São Paulo, v. 30, n. 3, p. 75-86, 2015.

RICHARDSON, R. J. **Pesquisa Social**: métodos e técnicas. São Paulo: Atlas, 1999.

SENADO FEDERAL. **Proposta de Emenda à Constituição nº 110, de 2019 [PEC nº 110/2019]** do Sr. Davi Alcolumbre e outros, que "altera o Sistema Tributário Nacional e dá outras providências". Disponível em: https://www25.senado.leg.br/web/atividade/materias/-/materia/137699. Acesso em: 8 set. 2019.

SILVA FILHO, G. M. da; SILVA FILHO, P. A. M. da. Nível de conhecimento dos contadores em relação ao SPED: um estudo exploratório por meio da teoria de resposta ao Item. **Revista Pensar Contábil**, Rio de Janeiro, v. 18, n. 65, p. 28-39, jan./abr. 2016.

SILVA, E. S.; NUNES, D. M. S.; SANTANA, C. M. Carga tributária no Brasil: Percepção de alunos de Ciências Contábeis no Distrito Federal. **Revista Pensar Contábil**, Rio de Janeiro, v. 18, n. 66, p. 4-13, maio/ago. 2016.

SILVEIRA, F. G.; PASSOS, L.; GUEDES, D. R. Reforma tributária no Brasil: por onde começar? **Revista Saúde Debate.** Rio de Janeiro, v. 42, n. especial 3, p. 212-225, nov. 2018.

SPED. **Sistema Público de Escrituração Digital**. Disponível em: http://sped.rfb.gov.br/. Acesso em: 8 set. 2019.

A PROPOSTA DE REFORMA TRIBUTÁRIA E O IMPOSTO DO PECADO: uma análise do princípio da seletividade

Ricardo Shigueru Fujiwara[26]
Cícero José Albano[27]

Introdução

A Organização Mundial de Saúde – OMS apresentou um relatório fruto de reunião técnica realizada em maio de 2015, em Genebra, indicando que políticas fiscais são uma das formas de prevenção de doenças não transmissíveis (WHO, 2015a). Estas intervenções políticas são fundamentais para que a população reduza o consumo de alimentos ricos em calorias que ocasionam doenças como obesidade e diabetes.

Um exemplo de política fiscal é a voltada ao tributo não com fins meramente arrecadatórios, mas como uma finalidade disciplinadora e de manipulação econômica (MARQUES, 2012). Um grupo de impostos demonstra historicamente sua finalidade extrafiscal, ou seja, com natureza de controlar a economia, são os denominados impostos do pecado. Ribas (2015) estudando a tese do professor português Sérgio Vasques ressalta que "por um longo tempo a tributação do álcool, do tabaco e do jogo se pautou por razões puramente financeiras", mas a verdadeira finalidade era de castigar o vício do consumidor.

Liu (2018) descreve os impostos do pecado como instrumentos que os governos possuem para desencorajar comportamentos individuais prejudiciais a sua saúde e simultaneamente arrecadar sobre estes. Antes eram incidentes somente sobre bebidas alcoólicas e produtos à base de tabaco, mas nos últimos anos ampliou-se a sua aplicação sobre novos "pecados" ditos não tradicionais, como refrigerantes e os *junkfood*[28].

---

26   Aluno do Curso de Especialização em Gestão Empresarial, Tributária e Contábil do Instituto Federal do Paraná, Graduado em Engenharia Civil pela Universidade Federal do Paraná e em Ciências Contábeis pelo Instituto Federal do Paraná;

27   Orientador. Professor do Instituto Federal do Paraná. Doutor e Mestre em Gestão Ambiental pela Universidade Positivo, Graduado em Direito pela Universidade Federal do Paraná;

28   Produtos específicos ou classe de produtos identificados com os termos porcaria, besteira ou bobagem. Associados a alimentos com baixo valor nutritivo e possíveis malefícios à saúde, de caráter supérfluo, ou seja, ligados a sensação de prazer e diversão, e não a um hábito alimentar cotidiano (LOPES; BARROS; COSTA; GOUVEIA, 2013).

As cidades da Filadélfia e de Berkeley, nos Estados Unidos utilizaram a sobretaxação sobre bebidas açucaradas com forma de diminuir o consumo destes produtos que, além disso, provoca um aumento nas receitas (LIU, 2018; KANE; MALIK, 2019). O México possui o IEPS – Imposto Especial sobre Produção e Serviço, que possui alíquotas diferenciadas para bebidas alcoólicas, tabaco, bebidas energéticas, bebidas aromatizadas e alimentos com densidade calórica (AGUILAR; GUTIERREZ; SEIRA, 2018).

A Hungria introduziu ferramentas fiscais com o intuito de combater a crise da saúde pública, principalmente no que se refere ao comportamento nutricional inadequado, e conforme levantamento realizado em 2014 entre 59% e 73% da população declarou a diminuição do consumo dos produtos não saudáveis, substituindo por alternativas como: água mineral, frutas e vegetais frescos (WHO, 2015b).

Outros países seguem estas políticas de intervenção estatal como forma de preservar a saúde e a dignidade humana, legitima este paternalismo mesmo contrariando a vontade pessoal. A aplicação de uma educação paternalista cria a figura de um ser superior que determina o que podemos e o que não podemos fazer. Por ela, somos conduzidos como pequenas crianças sem vontade própria, cerceando sua autonomia, porém protegendo o indivíduo de ações lesivas (CARVALHO, 2015; MIGUEL, 2015; DIAS; GERVASONI, 2013).

No Brasil, a Constituição Federal, no seu artigo 196, coloca a saúde como "direito de todos e dever do Estado, garantido mediante políticas sociais e econômicas que visem à redução do risco de doença e de outros agravos" (BRASIL, 1988).

O tema proposto envolve as doenças não transmissíveis originadas no consumo de certos produtos e nos hábitos alimentares inadequados, que consequentemente provocam um aumento nos gastos públicos em saúde e como o governo, através de políticas públicas, pode diminuir estes gastos. O estudo busca avaliar o imposto do pecado na proposta de reforma tributária brasileira e o reflexo nas políticas de saúde. Os objetivos específicos são: explicar o impacto da sobretaxação no consumo de produtos e comparar a condição atual com as propostas de alteração.

A pesquisa apresenta primeiramente uma revisão de literatura com a compreensão de termos como justiça fiscal, Estado do bem-estar social, princípios constitucionais de igualdade e diferenciação, e a reforma tributária. Na sequência apresenta-se os procedimentos metodológicos, os resultados obtidos e uma análise dos dados e informações. Finalizando com as considerações finais e a sugestão de trabalhos futuros.

Revisão da literatura

Construir uma sociedade justa constitui é um dos objetivos fundamentais constantes no artigo 3º da Constituição Federal; já na seara do direito tributário, entra-se no contexto de justiça fiscal que abarca os princípios da isonomia e da capacidade contributiva (JARDIM; SILVA; ESCHER, 2019).

O Estado na sua atividade de tributar entra na esfera do particular retirando parcela de sua riqueza, que deve respeitar os princípios e regras constitucionais para não ocorrer abusos (JARDIM; SILVA; ESCHER, 2019). Porém esta forma de coletar impostos para devolver para a população não faz mais sentido nos tempos atuais, sendo que pagar o tributo deixa de ter o aspecto de submissão ao Estado, mas se torna um instrumento da sociedade para atingir seus próprios objetivos (PAULSEN, 2018).

Quando a finalidade da tributação ultrapassa a ação arrecadatória, passando para a esfera social, política ou econômica, denominamos o tributo como extrafiscal. Alguns dos dispositivos constitucionais extrafiscais relacionam-se aos impostos e outros a benefícios e tratamentos diferenciados, exemplo disso identificamos:

- nas exceções às anterioridades de exercício e/ou nonagesimal mínima e nas atenuações à legalidade relativamente a impostos capazes de atuar como reguladores da produção de bens (IPI), do comércio internacional (II e IE) e da demanda monetária (IOF), atribuindo-se ao Executivo prerrogativas para a ágil alteração da legislação respectiva;
- na previsão de que os impostos sobre a propriedade predial e territorial urbana (IPTU) e territorial rural (ITR) sejam utilizados de modo a induzir o cumprimento da função social da propriedade (arts. 170, III, e 182, § 4º, II);
- na previsão de benefícios fiscais de incentivo regional (art. 151, I);
- na determinação de estímulo ao cooperativismo (arts. 146, III, c, e 174, § 2º);
- na determinação de tratamento diferenciado e favorecido às microempresas e às empresas de pequeno porte (art. 146, III, d) (PAULSEN, 2018).

Os objetivos vinculados a fiscalidade e a extra-fiscalidade convivem lado a lado, não podendo conceber a existência de uma entidade tributária isolada. Os fins extrafiscais carregam a função arrecadatória do tributo, sendo que esta atividade não pode incorrer em excesso de exação tributária (CARVALHO, 2011).

Selecionar bens, produtos ou mercadorias de modo a criar tratamentos diferenciados é uma das técnicas tributárias que podem ser utilizadas de modo a distinguir as pessoas de acordo sua capacidade contributiva. Além da capacidade contributiva, a seletividade abarca a essencialidade de bens ou operações e as consequências nos custos das atividades estatais, e critérios que abordam a ética, estética, questões sanitárias, humanitárias ou econômicas. Caracterizar um produto ou mercadoria como essencial relaciona-se com as finalidades constitucionais, como no com o bem-estar, igualdade, justiça e dignidade humana (PAULSEN, 2018).

Estado do bem-estar social

A Constituição Federal tem como escopo o desenvolvimento de políticas sociais, apontando para um estado de bem-estar social, desta forma a tributação surge como uma importante fonte de recursos para subsidiar a proteção social e a dignidade da pessoa humana. Desta forma a tributação abarca o papel de indutor do bem-estar social, contribuindo na redução de desigualdades e realização de inclusão social (NUNES; RIBEIRO; ALMEIDA, 2018).

As políticas sociais brasileiras estiveram uma relação de dependência dos projetos de desenvolvimento econômico, onde estratégias de melhoria das condições de vida e de igualdade social ficavam em segundo plano. A pauta de acesso a direitos sociais dependia da inserção no mercado formal de trabalho (LOBATO, 2016).

Ocorreu o negligenciamento dos direitos sociais constantes na Constituição, "fontes de mudanças profundas na estrutura social e de ganhos econômicos, eram a possibilidade de mercados de trabalho mais equilibrados, com maiores perspectivas de realização pessoal", que permitiria um desenvolvimento econômico socialmente mais justo (KERSTENETZKY, 2017).

As estratégicas futuras envolvendo estudos de política social necessitam ser pautados na compreensão de demandas coletivas, e fundamentados na solidariedade social. A noção constitucional da responsabilidade do Estado em fornecer serviços públicos como saúde e educação, apesar da essência de coletividade antes de tudo remete a um direito individual (LOBATO, 2016).

Atingir e garantir todos os direitos sociais de cidadania presentes na Constituição Federal é impossibilidade, considerando "os elevados custos de uma estrutura de oportunidades efetivamente universal exigiriam equação financeira que incluísse arrecadação progressiva" (KERSTENETZKY, 2017). Desta maneira, as ações governamentais se pautam na seleção de prioridades, considerando um processo de planejamento político, administrativo e orçamentários que tenha como finalidade a eficiências das políticas públicas (NUNES; RIBEIRO; ALMEIDA, 2018).

Princípios constitucionais: igualdade e diferenciação

Os princípios remetem a promoção de valores, identificando a devida conduta aplicada em um caso concreto e de acordo com circunstâncias peculiares, diferenciando-se das regras que determinam ou proíbem que se faça algo concreto, isto é, são simples normas de conduta (PAULSEN, 2018).

Os princípios surgem como linhas diretivas que guiam a compreensão das normas jurídicas, algumas vezes aparecem de forma expressa, sendo enunciados de forma clara e determinativa pelo legislador constitucional, em outras os princípios são implícitos necessitando um esforço indutivo para a sua identificação (CARVALHO, 2011).

No foco da igualdade e diferenciação dos princípios aplicados ao direito tributário pinçamos os de maiores relevância ao presente estudo. O princípio da igualdade, que advém do caput do artigo 5º da Constituição Federal, que dispõe a igualdade de todos perante a lei, afeta diretamente ao legislador, impondo-lhe restrições no que tange a aplicação das regras jurídicas (CARVALHO, 2011).

Também denominada como princípio da isonomia, a igualdade não precisa ser justificada, pois está explicita nas condições de submissão de todos à lei e o tratamento legal igualitário. Salienta-se que, no intuito de promover a igualdade, no que tange a matéria tributária, o legislador pode aplicar cobranças com alíquotas diferenciadas de tributos de acordo com a riqueza do contribuinte, isto é, conforme a sua capacidade contributiva (PAULSEN, 2018).

Mensurar a capacidade contributiva é um dos grandes desafios dos legisladores, que se fundamenta na dificuldade de definição da relação entre possibilidade econômica e contribuição para o erário com o pagamento de tributos, objetivando a distribuição de forma equitativa da carga tributária (CARVALHO, 2011).

Não apenas pela justiça fiscal o princípio da capacidade contributiva, configura-se como orientador de toda a tributação, bem como dos legisladores e dos aplicadores das normas tributária. A aplicação do princípio surge nas formas de: imunidade, quando se afasta a tributação; isenção, dispensando o pagamento do tributo; progressividade, aumentando o ônus tributário de acordo com o crescimento da base de cálculo; e a seletividade (PAULSEN, 2018).

A Constituição Federal remete ao princípio da capacidade contributiva, no que tange a seletividade para dois impostos, no artigo 153, § 3º, I, quanto ao IPI – Imposto sobre Produtos Industrializados e no artigo 155, §2º, III, quando tratar-se do ICMS – Imposto sobre Operações relativas à Circulação de Mercadorias e Prestação de Serviços de Transporte Interestadual e Intermunicipal e de Comunicação.

No caso do IPI, o mencionado dispositivo prescreve que "será seletivo, em função da essencialidade do produto" e no caso do ICMS o disposto no artigo 155, §2º, III, que "poderá ser seletivo, em função da essencialidade das mercadorias e dos serviços". Enquanto para o IPI ocorre a obrigatoriedade, para o ICMS o dispositivo constitucional indica a faculdade do Princípio da Seletividade.

Reforma tributária

Pontos difusos no sistema tributário brasileiro apontam sua ineficiência, devido em grande parte a complexidade e confusão da legislação e dos próprios tributos, e na oneração das empresas, principalmente como consequência de um sistema pouco eficiente, custoso e de difícil compreensão. Além disso, o atual sistema se baseia na tributação maior de bens e serviços e da folha de pagamentos, situações que provocam efeitos diretos no ciclo econômico (SILVEIRA; PASSOS; GUEDES, 2018).

A estrutura desconexa que norteia o atual sistema tributário brasileiro não apresenta uma coerência lógica, se antigamente alimentava-se em único ponto, a carga tributária elevada, ao longo do tempo se deteriorou em termos de qualidade, com o crescimento de benefícios tributários e regimes especiais abarcados em pequenas reformas. Uma economia moderna, tem no seu sistema tributário sua ferramenta principal para o crescimento econômico, competividade e distribuição de renda, que fornecem importante recurso para o financiamento das atividades estatais (ORAIR; GOBETTI, 2018).

A necessidade de uma reforma vai além do pensamento focado na redução da carga tributária nacional, direciona para um sistema tributário que seja mais simplificado de modo a unificar, alterar ou substituir os tributos. O favorecimento ao crescimento econômico é o que se objetiva, mas além de tudo a diminuição do custo das empresas e a diminuição da guerra fiscal, mas cabe ainda lembrar que alterações no sistema existente tem influência no financiamentos das políticas públicas da União, Estados e Municípios (SILVEIRA; PASSOS; GUEDES, 2018).

Atuais propostas de reforma tributária

A Proposta de Emenda Constituição nº 48/2019 em tramitação na Câmara dos Deputados tem como origem a proposta de reforma tributária desenvolvida pelo Centro de Cidadania Fiscal e sua essência visa substituir cinco tributos por um único. Na proposta seria criado o IBS – imposto sobre bens e serviços em substituição ao IPI – imposto sobre produtos industrializados, ICMS – imposto sobre as operações relativas a Circulação de Mercadorias e sobre Prestações de Serviços, ISS – imposto sobre serviços de qualquer natureza, COFINS – contribuição para o financiamento da seguridade social, e PIS – programa de integração social (CÂMARA DOS DEPUTADOS, 2019).

A alíquota do IBS será composta pela soma das alíquotas definidas por cada ente federativo, podendo sofrer variação entre eles, mas terão quer ser uniformes para que todos os bens, sejam tangíveis ou intangíveis (CÂMARA DOS DEPUTADOS, 2019). Quanto a seletividade do imposto, tem-se a alteração do artigo 154 da Constituição Federal, atualmente define a possibilidade da União na instituição de novos impostos:

> Art. 154. A União poderá instituir:
> I – mediante lei complementar, impostos não previstos no artigo anterior, desde que sejam não-cumulativos e não tenham fato gerador ou base de cálculo próprios dos discriminados nesta Constituição;
> II – na iminência ou no caso de guerra externa, impostos extraordinários, compreendidos ou não em sua competência tributária, os quais serão suprimidos, gradativamente, cessadas as causas de sua criação.

A proposta da PEC nº 45/2019 inclui o inciso III no artigo 154, "impostos seletivos, com finalidade extrafiscal, destinados a desestimular o consumo de determinados bens, serviços ou direitos" (CÂMARA DOS DEPUTADOS, 2019). Lembrando que atualmente a seletividade tem previsão constitucional no artigo 153, referindo-se ao IPI de competência da União, e no artigo 155, referindo-se ao ICMS de competência estadual, desta forma a proposta retira a competência estadual, restando somente a competência da União na instituição do imposto seletivo.

Conforme justificativa constante na proposta da PEC nº 45/2019, o imposto seletivo federal incidirá sobre bens e serviços em que se deseja o desestímulo do consumo, como bebidas alcoólicas e cigarros. A sua incidência será monofásica, isto é, a tributação será apenas uma etapa do processo de produção (saída da fábrica) e nas importações (CÂMARA DOS DEPUTADOS, 2019).

No Senado Federal, tramita a Proposta de Emenda Constitucional nº 110/2019 que apresenta alterações no Sistema Tributário Brasileiro de forma similar a proposta que tramita na Câmara de Deputados. Esta reforma também é baseada na simplificação da estrutura tributária, com a extinção de nove tributos e a criação de um imposto sobre valor agregado, chamado de IBS – imposto sobre operações com bens e serviços, que seria de competência estadual, além do Imposto Seletivo – imposto sobre bens e serviços específicos, de competência federal (SENADO FEDERAL, 2019).

Ambas as propostas criam um imposto seletivo de competência federal, porém na do Senado Federal, a incidência abrangeria produtos como petróleo e derivados, combustíveis, lubrificantes, cigarros, energia elétrica e telecomunicações. Porém, nesta proposta do Senado, a alteração se dá no artigo 153 e não no artigo 154, sendo assim, já constituindo a obrigatoriedade da instituição do imposto, com a inclusão do inciso VIII (SENADO FEDERAL, 2019).

> VIII- operações com petróleo e seus derivados, combustíveis e lubrificantes de qualquer origem, gás natural, cigarros e outros produtos do fumo, energia elétrica, serviços de telecomunicações a que se refere o art. 21, XI, bebidas alcoólicas e não alcoólicas, e veículos automotores novos, terrestres, aquáticos e aéreos; (grifo meu)

O Imposto Seletivo será monofásico[29] e poderá tem alíquotas diferenciadas e majoradas nos casos dos cigarros, produtos do fumo e bebidas alcoólicas (IV -não poderá ter alíquota superior à do imposto previsto no art. 155, IV, exceto no caso de cigarros e outros produtos do fumo e de bebidas alcoólicas (SENADO FEDERAL, 2019).

Procedimentos metodológicos

A pesquisa caracteriza-se quanto à natureza como básica, gerando novos conhecimentos, no entanto sem uma previsão de aplicação prática. Do ponto de vista dos objetivos, é uma pesquisa exploratória-descritiva, exploratória pois tem o intuito de investigar na proposta de reforma tributária a existência do imposto do pecado, ou seja, é uma pesquisa em seus estágios iniciais proporcionando maiores informações sobre as propostas existentes, sendo analisadas através de pesquisas documentais e bibliográficas. Em certo momento é uma pesquisa descritiva, ao registrar e descrever as características do impacto da sobretaxação de produtos sobre o consumo da população (PRODANOV; FREITAS, 2013).

A abordagem descreve-se como qualitativa, considerando que os dados coletados, principalmente de artigos, livros e legislação, são descritivos e retratam os elementos existentes para definir a realidade estudada. Quanto aos procedimentos trata-se de uma pesquisa bibliográfica, com base em material já elaborado, isto é, utilização de fontes bibliográficas, combinado com uma pesquisa documental, através de materiais que ainda não receberam tratamento analítico (PRODANOV; FREITAS, 2013).

Com base nos objetivos específicos, os resultados serão divididos em dois momentos: no primeiro a partir da leitura de duas propostas de alteração do Sistema Tributário Nacional (Reforma Tributária), uma tramitando na Câmara dos Deputados e outra no Senado Federal, serão analisadas o teor das propostas com o intuito de identificar os impostos seletivos ou impostos do pecado. Considerando o fato da dinamicidade temporal a análise se dará pela proposta original, sem as proposições de emendas de alterações.

O segundo momento será composto de recortes de estudos já realizados, apresentando dados e gráficos que conduzam ao atendimento do objetivo específico de compreensão do impacto do imposto do pecado, tanto no aspecto arrecadatório como no aspecto social. Estas análises terão como base uma revisão de literatura.

---

29   Tributação monofásica é a concentração da incidência do tributo em uma única fase da cadeia econômica, que pode ocorrer no início ou no fim da cadeia, aplicando-se uma alíquota diferenciada e mais elevada, com isso afastando a incidência nas operações posteriores (PAULSEN, 2018).

Resultados e discussão

A razão da redução do consumo pode ser influenciada não somente pelo preço praticado, mas também pela conscientização da necessidade de um praticar um hábito alimentar mais saudável. Em levantamento realizado na Hungria após a aplicação do Imposto sobre Produtos de Saúde Pública (PHPT – Public Health Product Tax) a motivou a redução dos produtos não saudáveis (Tabela 1).

Tabela 1 – razões mais frequentes para diminuir o consumo na Hungria, levantamento realizado nos anos de 2012 e 2014

Produto	Aumento do preço		Aprendi que era prejudicial	
	2012	2014	2012	2014
Bebidas Energéticas	61%	67%	38%	54%
Bebidas Açucaradas/Refrigerantes	67%	51%	27%	54%
Doces (industrializados)	81%	66%	22%	47%
Salgadinhos/Petiscos (industrializados)	81%	56%	19%	50%
Sopas em pó/Condimentos Industrializados	-	69%	-	37%

Fonte: traduzido e adaptado pelo autor (WHO, 2015b).

De 2012 para 2014, no que diz respeito ao fator preço o percentual de pessoas que responderam que o aumento de preço influenciava o consumo do alimento diminuiu, exemplo dos doces e salgadinhos industrializados que reduziu de 81% para 66% e 56%, respectivamente. Porém ocorreu um aumento no aspecto de educação alimentar, que motivou as pessoas a reduzirem o consumo em razão dos alimentos serem prejudiciais à saúde, neste caso o percentual em relação aos doces aumentou de 22% para 47% e dos salgadinhos de 19% para 50%.

Allcott, Lockwood, Taubinsky (2019) em "Should we tax sugar-sweetened beverages? An overview of theory and evidence", estudaram os efeitos dos impostos sobre bebidas açucaradas sob o aspecto econômico. A pesquisa ainda aborda a relação entre o imposto e questões externas como o custo de saúde provocado pelo consumo das bebidas açucaradas, questões internas como o excesso de consumo e a regressividade do tributo.

Dados dos Estados Unidos constantes na Pesquisa Nacional de Exame de Saúde e Nutrição (NHANES – National Health and Nutrition Examination

Survey) apontam a relação entre a faixa de renda e o consumo médio de bebidas açucaradas. Os dados das rendas familiares são fornecidos em dólares americanos e o consumo é fornecido em quantidade de calorias por pessoas em 1 dia. A Figura 1 indica uma relação inversa entre a renda familiar e a quantidade consumida de bebidas açucaradas, onde a famílias com renda abaixa de US$ 25 mil apresentam um consumo médio de 200 calorias por pessoa, as famílias com renda superior a US$ 75 mil consomem menores quantidades de bebidas açucaradas, chegando as valores médios abaixo de 130 calorias por pessoa.

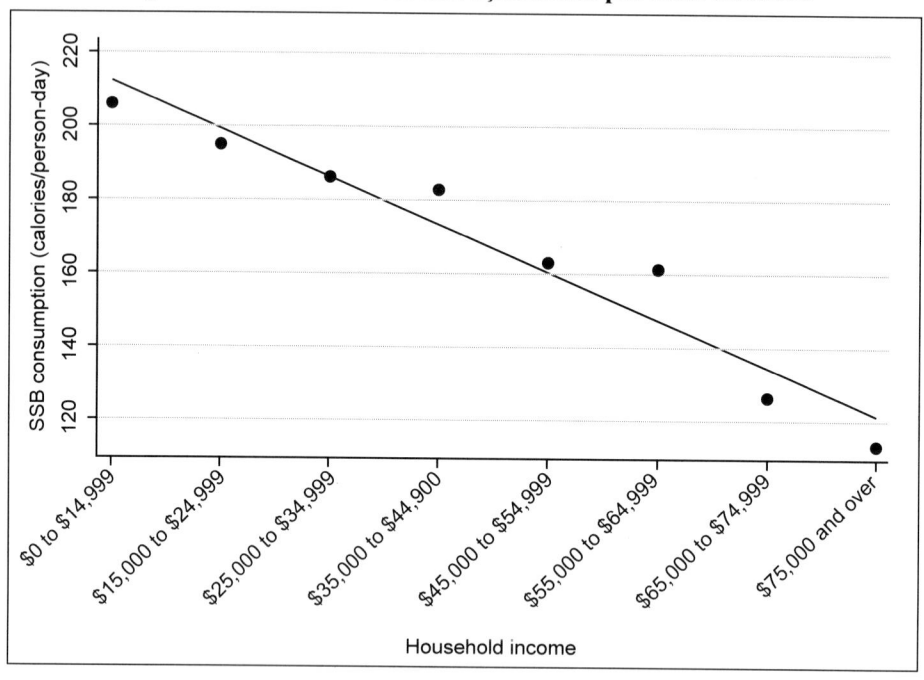

Figura 1 – consumo de bebidas açucaradas por faixa de renda

Fonte: Allcott, Lockwood e Taubinsky (2019, p. 3).

Notas: Este número mostra o consumo médio de bebidas açucaradas por renda familiar, medida pela Pesquisa Nacional de Exame de Saúde e Nutrição (NHANES) para os anos 2009-2016.

A análise fundamentada em princípios econômicos considera os efeitos externos, onde a escolha do consumidor afeta outras pessoas, enquanto os efeitos internos afetam ao próprio consumidor. No primeiro caso, a externalidade tem como consequência a oneração dos custos do sistema de saúde e de seguros, isto é, os custos são repassados para a sociedade (ALLCOTT; LOCKWOOD; TAUBINSKY, 2019; CAWLEY *et al.*, 2019).

Figura 2 – efeito de um imposto sobre bebidas açucaradas no consumo individual

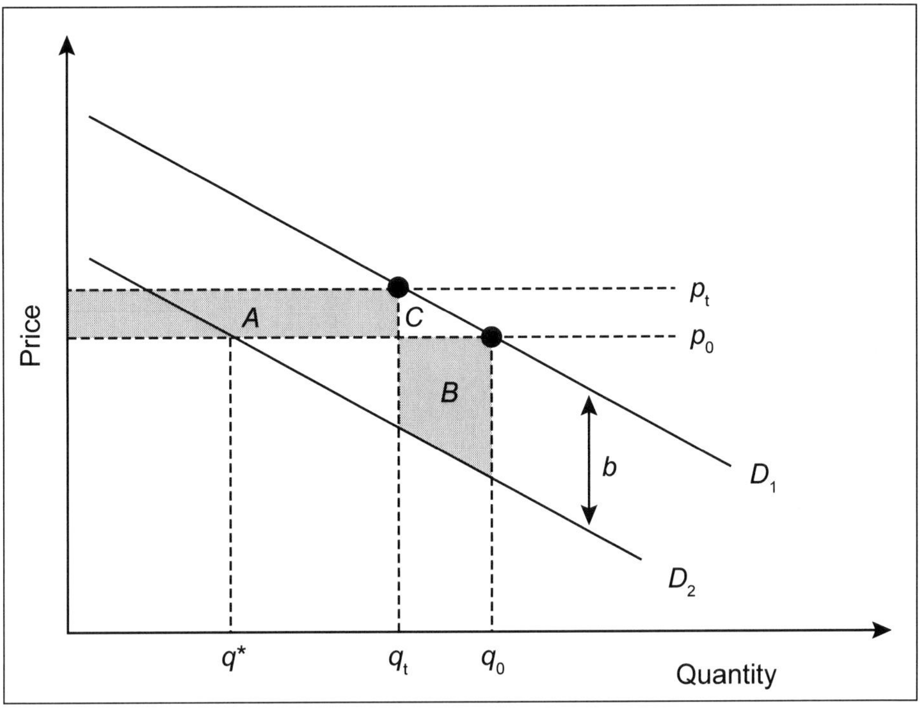

Fonte: Allcott, Lockwood e Taubinsky (2019, p. 6).

Os efeitos da aplicação de um imposto sobre as bebidas açucaradas podem ser verificados na Figura 2, no aspecto do consumo individual, onde p_0 é o preço do produto p_t é o preço acrescido do imposto, analisando a D_1 (demanda individual por bebidas açucaradas) constata-se que o aumento do preço provoca a diminuição da quantidade consumida (q_0 para q_t). Considerando o custo das externalidades por unidade (representado por b) obtém-se a curva D_2 que demonstra o benefício social para os consumidores em função da quantidade consumida (ALLCOTT; LOCKWOOD; TAUBINSKY, 2019).

O efeito do imposto sobre o bem-estar do consumidor, sob o aspecto das externalidades, pode analisado a partir das áreas descritas na Figura 2. O primeiro efeito (área A) é o aumento da receita tributária pelo governo; o segundo (área B) é a diminuição do custo para sociedade, isto é, dos custos inerentes ao sistema de saúde; e o terceiro efeito (área C) é uma diminuição do bem-estar social do consumidor (ALLCOTT; LOCKWOOD; TAUBINSKY, 2019).

Os efeitos do bem-estar social nos aspectos internos (vinculado às ações do próprio consumidor) também podem ser analisadas pela Figura 2, porém neste caso a área B+C provoca efeitos para o consumidor e não para o governo.

Outro ponto analisado é a condição de regressividade do imposto, onde se verifica na comparação com o consumo pela renda (Figura 1) que a faixa de menor faixa de renda sofre um impacto maior do imposto em relação aos que tem maior renda (ALLCOTT; LOCKWOOD; TAUBINSKY, 2019).

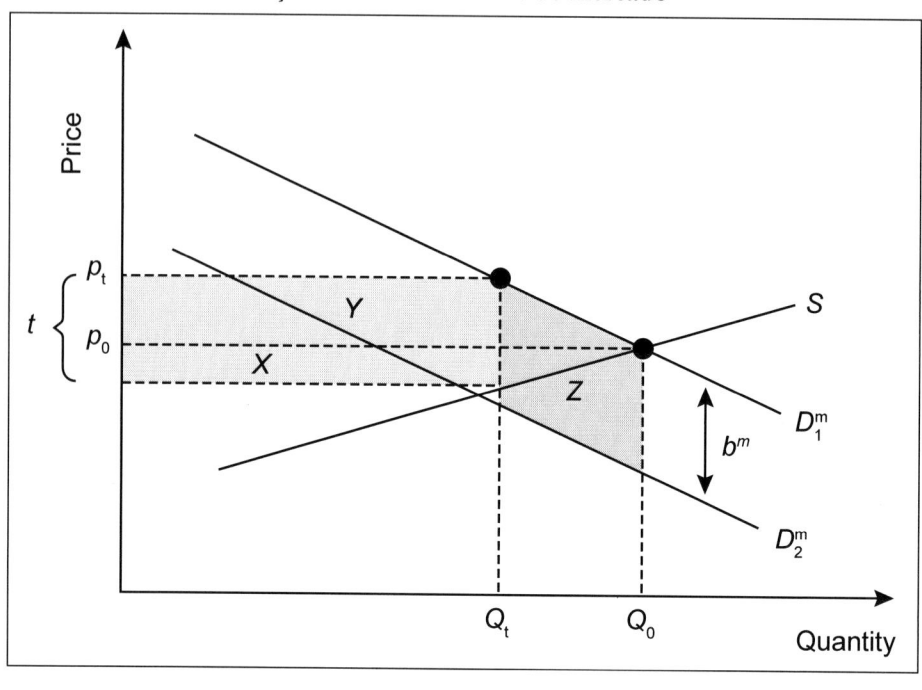

Figura 3 – efeito de um imposto sobre bebidas açucaradas no consumo do mercado

Fonte: Allcott, Lockwood e Taubinsky (2019, p. 11).

Na Figura 3 passa-se para a análise de dois aspectos do consumo do mercado: a parcela do imposto repassada ao consumidor e o lucro referente ao excedente do produtor. Da análise do modelo de oferta e demanda temos que a área X é o excedente do produtor que é transferido para o governo, a área Y é a transferência do consumidor para o governo, e a área Z é o ganho do bem-estar. Dimensionar o imposto ideal (b_m) que cumpra os objetivos de redução do consumo das bebidas depende de diversos fatores é das principais dificuldades para o gestor público, além da definição da elasticidade de um produto (ALLCOTT; LOCKWOOD; TAUBINSKY, 2019).

Andalón e Gibson (2018), em recente pesquisa analisaram as elasticidades por demanda por refrigerantes no México nos anos de 2012 e 2016, apontando que na criação do imposto sobre os refrigerantes estimaram-se que a elasticidade preço-demanda estava entre -1,0 e -1,3 (*apud* GROGGER, 2017)

o que provocaria uma redução dos pesos entre 0,8 e 1,3 kg e redução do índice de massa corporal médio de até 1,8%.

Desta forma, a estimativa previa que um aumento de 12% nos preços reduziria de 12-15% a demanda por refrigerante, porém o que obteve-se neste novo estudo é que a redução seria de 4-7%, e a elasticidade estaria entre -0,1 e -0,4, o que proporcionaria pouco impacto na melhoria da saúde da população (ANDALÓN; GIBSON, 2018).

Nas Filipinas após a implantação de uma reforma tributária realizada em 2012, aumentou-se o imposto incidentes sobre cigarros, e segundo Austria e Pagaduan (2019) constataram que apesar da relação entre consumo do cigarro e preço ser inelástica, no período de 2009 e 2015 se tornou menos inelástica. A pesquisa aponta uma diminuição do consumo entre os fumantes, e que o aumento do preço é mais significativo em faixas de rendas menores do que nos mais ricos.

A elasticidade da curva demanda-preço pode variar de localidade para localidade, de acordo com as preferências locais, condições ou da existência de bens substitutos, concorrência de mercado, a situação de localidades de fronteira e a facilidade de acesso a produtos com a diferenciação da tributação (CAWLEY *et al.*, 2019).

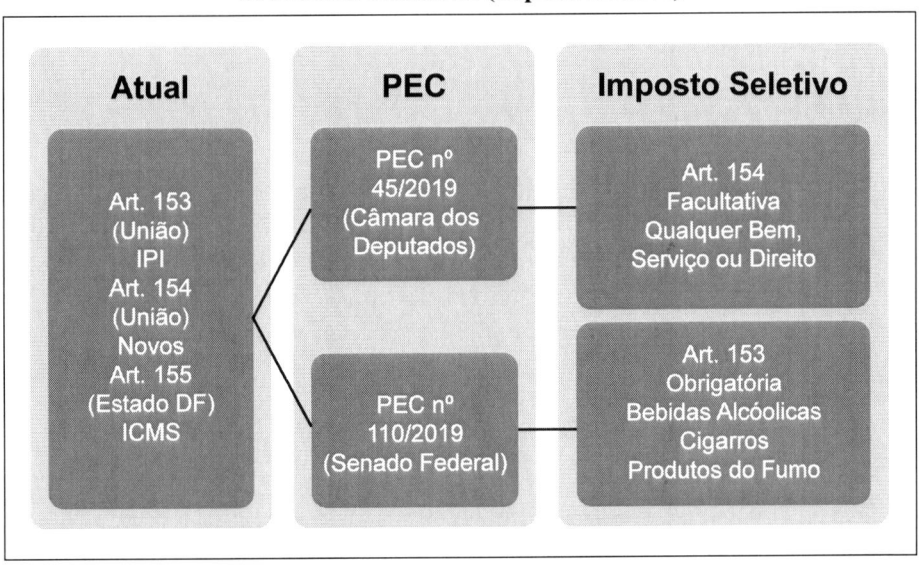

Figura 4 – sistema tributário brasileiro atual e as propostas de reforma tributária (imposto seletivo)

Atual	PEC	Imposto Seletivo
Art. 153 (União) IPI Art. 154 (União) Novos Art. 155 (Estado DF) ICMS	PEC nº 45/2019 (Câmara dos Deputados)	Art. 154 Facultativa Qualquer Bem, Serviço ou Direito
	PEC nº 110/2019 (Senado Federal)	Art. 153 Obrigatória Bebidas Alcóolicas Cigarros Produtos do Fumo

Fonte: Elaborado pelo autor (BRASIL, 2018; CÂMARA DOS DEPUTADOS, 2019; SENADO FEDERAL, 2019).

Entrando na análise das reformas tributárias, utilizou-se como referencial as propostas da PEC nº 45/2019 em tramitação na Câmara dos Deputados e a PEC nº 110/2019 em tramitação no Senado Federal, esquematizada na Figura 4. Da essência das duas propostas observa-se a finalidade de simplificação e a unificação dos tributos em um único imposto sobre bens e serviços, e a criação de imposto seletivo de competência federal. A diferenciação encontra-se em dois pontos ligados a obrigatoriedade e a abrangência.

Relacionando o imposto do pecado com incidência em produtos nocivos a saúde, na proposta da Câmara dos Deputados a alteração se dará pela inclusão do inciso III, no artigo 154 da Constituição Federal, que cria a possibilidade de não obrigatoriedade de a União instituir impostos. Apesar das justificativas da proposta indicarem uma obrigatoriedade, a inclusão no artigo 154 e não no artigo 153, geram dúvidas. No campo de abrangência, a seletividade ligada a essencialidade do bem vinculava-se ao IPI de forma obrigatória, e ao ICMS de forma facultativa, o novo imposto seletivo abre a possibilidade da incidência nos produtos e mercadorias, mas em regra geral a qualquer bem, serviço ou direito.

Na proposta em tramitação no Senado Federal, a alteração ser dará na inclusão de incisos no artigo 153 da Constituição Federal, desta forma tornando-se obrigatória sua instituição. A crítica nesta proposta é a limitação a certos produtos da incidência do imposto seletivo, limitando a abrangência do imposto do pecado às bebidas alcoólicas, cigarros e outros produtos do fumo. Para o caso das bebidas açucaradas (refrigerantes), ou seja, para bebidas não alcóolicos não há previsão de majoração de alíquota, o que restringe aplicação do imposto do pecado neste caso.

Considerações finais

Este trabalho teve o objetivo de analisar as propostas de reforma tributária em tramitação na Câmara do Deputados e no Senado Federal sob o aspecto do chamado imposto do pecado, abordando a relação entre políticas fiscais e políticas de saúde pública. As políticas fiscais, principalmente com a utilização da sobretaxação vem sendo utilizada por vários países como forma de reduzir produtos nocivos à saúde, como é o caso de bebidas açucaradas, em especial o refrigerante, e o fumo.

A partir de leitura de outras pesquisas que abordam o tema sob um viés econômico, nota-se que a tributação de produtos nocivos à saúde tem primeiramente uma condição de regressividade, onde os consumidores com menores rendas possuem um impacto maior do imposto. Esta condição é favorável do ponto de vista de que as faixas de renda menores tendem a ficar reféns do sistema público de saúde, deste modo a política fiscal teria uma função de prevenção de ocorrência de doenças com a redução do consumo.

Do aspecto estrutural econômico, a análise da curva preço-demanda indica que haveria um ganho de arrecadação do governo, e mais do que isso, um ganho a partir do aumento do bem-estar do consumidor, isto é, uma redução dos custos da sociedade com gastos públicos. Apesar disso, pesquisas em outros países como no México e nas Filipinas questionam até que ponto pode-se aumentar as alíquotas do imposto para que produzam os efeitos desejados.

Os efeitos de altas tributações são influenciados por condições limitadoras, como a localização do país, situações de importação em países fronteiriços, bens substitutos ou acesso a produtos contrabandeados. Estas condições também são limitantes desta pesquisa.

As duas propostas em tramitação seguem caminhos opostos em termos de obrigação e de produtos abrangidos pelo imposto seletivo, sendo que a alternativa de uma proposta mista tornar-se-ia mais eficiente do ponto de vista social, onde o imposto seletivo teria o caráter obrigatório e não teria restrições quanto aos tipos de produtos que sofreriam incidência do imposto.

Em virtude das tramitações de ambas as propostas estarem em seu início e alterações ainda devem ocorrer, sugere-se que trabalhos futuros analisem as efetivas alterações efetuadas no sistema tributário brasileiro, bem como verifiquem os impactos das condições limitantes da pesquisa e seu impacto no consumo e nas políticas públicas.

REFERÊNCIAS

AGUILAR, A.; GUTIERREZ, E.; SEIRA, E. The effectiveness of sin food taxes: evidence from Mexico. Working Paper Series. n. 0010. **LACEA – Latin American and the Caribean Economic Association**, july 2018. Disponível em: http://vox.lacea.org/files/Working_Papers/lacea_wps_0010_aguilar_gutierrez_seira.pdf. Acesso em: 26 ago. 2019.

ALLCOOT, H.; LOCKWOOD, B. B.; TAUBINSKY, D. Should We Tax Sugar-Sweetened Beverages? An Overview of Theory and Evidence. **The National Bureau of Economics Research**. NBER Working Papers n. 25842, issued n, may 2019. Disponível em: https://www.nber.org/papers/w25842. Acesso em: 30 ago. 2019.

ANDALÓN, M.; GIBSON, J. The 'soda tax' is unlikely to make Mexicans lighter or healthier: New evidence on biases in elasticities of demand for soda. **MPRA, Munich Personal RePEc Archive**, MPRA Paper n. 86370, posted 26 apr. 2018. Disponível em: https://mpra.ub.uni-muenchen.de/86370/1/MPRA_paper_86370.pdf. Acesso em: 30 ago. 2019.

AUSTRIA, M. S.; PAGADUAN, J. A. Are Filipino Smokers More Sensitive to Cigarette Prices due to the Sin Tax Reform Law? A Difference-in-difference Analysis. De La Salle University, **DLSU Business & Economics Review**, v. 28, n. 2, p. 10-25, 2019. Disponível em: http://dlsu-ber.com/wp-content/uploads/2019/02/2_AUSTRIA-revised-021319.pdf. Acesso em: 30 ago. 2019.

BRASIL. **Constituição Federal de 1988**. Promulgada em 5 de outubro de 1988. Disponível em: http://www.planalto.gov.br/ccivil_03/constituicao/constituição.htm. Acesso em: 18 abr. 2018.

CÂMARA DOS DEPUTADOS. **Proposta de Emenda à Constituição nº 45, de 2019, [PEC nº 45/2019]** do Sr. Baleia Rossi e outros, que "altera o Sistema Tributário Nacional e dá outras providências". Disponível em: https://www.camara.leg.br/proposicoesWeb/fichadetramitacao?idProposicao=2196833. Acesso em: 3 set. 2019.

CARVALHO, A. F. de. O ensino de Filosofia e discernimento no mundo contemporâneo: questões atuais. **Educação (UFSM)**, Santa Maria, p. 89-100, jan. 2015. Disponível em: https://periodicos.ufsm.br/reveducacao/article/view/16517. Acesso em: 16 maio 2018.

CARVALHO, P. de B. **Curso de direito tributário**. 23. ed. São Paulo: Saraiva, 2011.

CAWLEY, J.; THOW, A. M.; WEN, K.; FRISVOLD, D. The Economics of Taxes on Sugar-Sweetened Beverages: A Review of the Effects on Prices, Sales, Cross-Border Shopping, and Consumption. **Annual Review of Nutrition**, v. 39, p. 317-338, aug. 2019. Disponível em: https://www.annualreviews.org/doi/pdf/10.1146/annurev-nutr-082018-124603. Acesso em: 26 ago. 2019.

DIAS, F. da V.; GERVASONI, T. A. Autonomia Privada x Paternalismo Estatal: Uma Demonstração de (IN)compatibilidade no Constitucionalismo Contemporâneo. **Revista Eletrônica do Curso de Direito – PUC Minas Serro**, 2013, n. 13. Disponível em: http://periodicos.pucminas.br/index.php/DireitoSerro/article/view/1582. Acesso em: 18 abr. 2018.

JARDIM, E. M. F.; SILVA, F. P. M. da; ESCHER, C. M. O Sistema Tributário como instrumento à disposição do Estado para a promoção da justiça fiscal. **Revista tributária e de finanças públicas**, v. 140, n. 27, 2019. Disponível em: http://rtrib.abdt.org.br/index.php/rtfp/article/view/122/78. Acesso em: 21 ago. 2019.

KANE, R. M.; MALIK, V. S. Understanding beverage taxation: Perspective on the Philadelphia Beverage Tax's novel approach. **Journal of Public Health Research 2019**, v. 8, n. 1466, p. 40-45. Disponível em: https://www.ncbi.nlm.nih.gov/pmc/articles/PMC6478003/pdf/jphr-8-1-1466.pdf. Acesso em: 26 ago. 2019.

KERSTENETZKY, C. L. Foi um pássaro, foi um avião? Redistribuição no Brasil no século XXI. **Novos estudos CEBRAP**, São Paulo, v. 36, n. 2, p. 15-34, jul./out. 2017. Disponível em: http://www.scielo.br/scielo.php?script=sci_arttext&pid=S0101-33002017000200015&lng=pt&nrm=iso. Acesso em: 3 set. 2019.

LIU, F. Sin Taxes: Have Governments Gone Too Far in Ther Efforts to Monetize Morality? **Boston College Law Review**, v. 59, issue 2, article 7, rev. 763, p. 763-789, 2018. Disponível em: http://lawdigitalcommons.bc.edu/cgi/viewcontent.cgi?article=3627&context=bclr. Acesso em: 17 abr. 2018.

LOBATO, L. de V. C. Políticas sociais e modelos de bem-estar social: fragilidades do caso brasileiro. **Saúde Debate**, Rio de Janeiro, v. 40, n. especial, p. 97-97, dez. 2016. Disponível em: https://www.scielosp.org/pdf/sdeb/2016.v40nspe/87-97/pt. Acesso em: 3 set. 2019.

LOPES, M. P. M.; BARROS, D. F.; COSTA, A. S. M.; GOUVEIA, T. M. O. A. Interpretações acerca da influência das informações nutricionais na escolha de alimentos infantis. **Gestão e Sociedade**, v. 7, n. 16, p. 4-25, 2013. Disponível em: http://www.spell.org.br/documentos/ver/10547/interpretacoes-acerca-da-influencia-das-informacoes-nutricionais-na-escolha-de-alimentos-infantis/i/pt-br. Acesso em: 12 out. 2019.

MARQUES, P. C. M. Segurança Jurídica e a Extrafiscalidade Tributária. **Revista Quaestio Iuris. Universidade do Estado do Rio de Janeiro**, v. 5, n. 2, p. 346-359, 2012. Disponível em: http://www.e-publicacoes.uerj.br/index.php/quaestioiuris/article/view/9881. Acesso em: 18 abr. 2018.

MIGUEL, L. F. Autonomia, paternalismo e dominação na formação das preferências. **Opinião Pública**, Campinas, v. 21, n. 3, p. 601-625, dez. 2015. Disponível em: http://www.scielo.br/scielo.php?script=sci_arttext&pid=S0104-62762015000300601&lng=pt&nrm=iso. Acesso em: 18 abr. 2018.

NUNES, G.; RIBEIRO, M. de F.; ALMEIDA, P. S. de. O desenvolvimento dos direitos fundamentais através da tributação: políticas públicas como fomento do bem-estar-social. **Meritum**, Belo Horizonte, v. 13, n. 1, p. 128-146, jan./jun. 2018. Disponível em: http://www.fumec.br/revistas/meritum/article/view/5827. Acesso em: 3 set.2019.

ORAIR, R.; GOBETTI, S. Reforma Tributária no Brasil: Princípios norteadores e propostas em debate. **Novos estudos**, CEBRAP, São Paulo, v. 37, n. 2, p. 213-244, ago. 2018. Disponível em: http://www.scielo.br/scielo.php?script=sci_arttext&pid=S0101-33002018000200213&lng=en&nrm=iso. Acesso em: 21 out. 2019.

PAULSEN, L. **Curso de direito tributário completo**. 9. ed. São Paulo: Saraiva Educação, 2018.

PRODANOV, C. C.; FREITAS, E. C. de. **Metodologia do trabalho científico [recurso eletrônico]**: métodos e técnicas da pesquisa e do trabalho acadêmico. 2. ed. Novo Hamburgo: Feevale, 2013.

RIBAS, J. R. Os impostos do pecado e a ilusão fiscal. **ANIMA**: Revista Eletrônica do Curso de Direito das Faculdades OPET, Curitiba, PR, ano VII, n. 13, jan./jun. 2015. Disponível em: http://www.anima-opet.com.br/pdf/anima13/12-Anima-13-OS-IMPOSTOS-DO-PECADO-E-A-ILUSAO-FISCAL.pdf. Acesso em: 17 abr. 2018.

SENADO FEDERAL. **Proposta de Emenda à Constituição nº 110, de 2019, [PEC nº 110/2019]** do Sr. Davi Alcolumbre e outros, que "altera o Sistema Tributário Nacional e dá outras providências". Disponível em: https://www25.senado.leg.br/web/atividade/materias/-/materia/137699. Acesso em: 3 set. 2019.

SILVEIRA, F. G.; PASSOS, L.; GUEDES, D. R. Reforma tributária no Brasil: por onde começar? **Saúde debate**, Rio de Janeiro, v. 42, n. spe3, p. 212-225, nov. 2018. Disponível em: http://www.scielo.br/scielo.php?script=sci_arttext&pid=S0103-11042018000700212&lng=en&nrm=iso. Acesso em: 21 out. 2019.

WHO. World Healt Organization. **Fiscal Policies for Diet and Prevention of Noncommunicable Diseases. Technical Meeting Report**, 5-6 may 2015a, Geneva, Switzerland. Disponível em: http://apps.who.int/iris/bitstream/handle/10665/250131/9789241511247-eng.pdf;jsessionid=D93A500D48799ABCBC4AF6E45276F15D?sequence=1. Acesso em: 17 abr. 2018.

WHO. World Health Organization. **Assessment of the impact of a public health product tax. Final report, Budapest**, nov. 2015b. Disponível em: http://www.euro.who.int/__data/assets/pdf_file/0008/332882/assessment-impact-PH-tax-report.pdf?ua=1. Acesso em: 26 ago.2019.

AS DIVERGÊNCIAS NA COBRANÇA DO ICMS "POR DENTRO": uma perspectiva dos profissionais de contabilidade

Luiz Henrique Ribas Izar[30]
Divane Dias dos Santos Nascimento[31]

Introdução

De acordo com a Constituição Federal e o Código Tributário Nacional, o ICMS é a sigla de Imposto sobre Operações relativas à Circulação de Mercadorias e Prestação de Serviços de Transporte Interestadual e Intermunicipal e de Comunicação. Segundo a FENACON, (Federação Nacional das Empresas de Serviços Contábeis), 2017, o ICMS é um imposto estadual que incide sobre a movimentação de mercadorias em geral, sendo a principal fonte de recursos dos estados. O cálculo do ICMS é interpretado e realizado de forma diferenciada nos diversos estados brasileiros, assim esta situação desencadeou até uma discussão da inconstitucionalidade do ICMS por dentro[32], que foi iniciada no ano de 2001 com o advento da Emenda Constitucional 33/2001 ter incluído a alínea [33]"i" no inciso XII do parágrafo 2º do artigo 155 da Constituição Federal.

No ICMS a base de cálculo "por dentro", ocorre quando se embute, na base de cálculo do tributo, o próprio tributo, ou seja, imposto sobre imposto. Alguns estados utilizam o cálculo por dentro e outros não. Neste cenário, seria interessante que os estados se pronunciassem em relação à cobrança do ICMS por "dentro", uma vez que no início de 2018 foi suspensa a Cláusula que determina esta cobrança, pelo Supremo Tribunal Federal, STF, principalmente a Cláusula que indica o cálculo do ICMS por "dentro", através da Ação de Inconstitucionalidade, [34]ADI-5866. Mas as legislações internas de alguns estados que determinam esse cálculo por dentro, continuam em vigor e não foram revogadas, o que gera confusão entre contribuintes e para os profissionais de contabilidade podem gerar dúvidas no cálculo do ICMS da operação.

---

30 Autor. Estudante do Curso de Especialização em Gestão Empresarial, Contábil e Tributária, do Instituto Federal do Paraná.
31 Orientadora.
32 Integra a própria base: "Inciso I, §1º, art. 13º da Lei Complementar mº 87/96 – Lei Kandir
33 ² Art. 155, XII:
i) fixar a base de cálculo, de modo que o montante do imposto a integre, também na importação do exterior de bem, mercadoria ou serviço.
34 Ação Direta de Inconstitucionalidade – Proposta pela Confederação Nacional da Indústria (CNI), na qual impugnam atos Normativos do Convênio ICMS 52/2017.

Assim, a questão de pesquisa que norteia este estudo é: as divergências na cobrança do ICMS por "dentro", geram diferentes interpretações aos profissionais de contabilidade, no que tange a demanda nas operações com substituição tributária e com não contribuintes?

O objetivo geral é evidenciar se as divergências na cobrança do ICMS por "dentro" com demanda nas operações de substituição tributária e com não contribuinte, geram diferentes interpretações aos profissionais de contabilidade. Os objetivos específicos são: apresentar os estados que aderiram ao cálculo por dentro nas operações com substituição tributária, apresentar os estados que aderiram o cálculo por dentro nas operações interestaduais com consumidor final não contribuinte do ICMS e comparar o cálculo por dentro e por fora do ICMS.

Este artigo foi organizado em seis seções que compreendem: introdução, na segunda seção apresenta-se o referencial teórico que trata dos temas: tributos; princípios tributários na Constituição Federal, sujeito ativo e passivo, base de cálculo e alíquota do ICMS, ICMS na constituição Federal e nos estados, ICMS Substituição Tributária (ST) e não contribuintes, na terceira seção consta a relação dos estados, na quarta seção os procedimentos metodológicos, e na quinta seção a análise e discussão dos resultados e na sexta seção as considerações finais.

Tributo

O artigo 3º do Código Tributário Nacional, traz a seguinte definição de tributo:

> "Tributo é toda prestação pecuniária compulsória, em moeda ou cujo valor nela se possa exprimir, que não constitua sanção de ato ilícito, instituída em lei e cobrada mediante atividade administrativa plenamente vinculada".

Segundo a Constituição Federal, inciso I do artigo 150, qualquer tributo deve, obrigatoriamente, ter previsão legal para ser instituído e cobrado. A base de cálculo de uma determinada exação é o montante onde será aplicada a respectiva alíquota, e é determinada, por exemplo, no artigo 8º do RICMS/PR, regulamento de ICMS do estado do Paraná, aprovado pelo Decreto nº7.871/2017 e tem duas funções, a saber: primeiramente quantificar a prestação do sujeito passivo e confirmar a natureza jurídica do tributo, o que, para tanto, deve-se aliá-la ao fato gerador.

Princípios tributários na Constituição Federal

Na Constituição Federal encontram-se os princípios que regulamentam o dia a dia das pessoas, que definem a organização administrativa, financeira e política do Estado. Neste sentido, Mello (2008, p. 53) afirma que:

"princípio é, por definição, mandamento nuclear de um sistema verdadeiro alicerce dele, disposição fundamental que se irradia sobre diferentes normas, compondo lhes o espírito e servindo de critério para a sua exata compreensão e inteligência exatamente por definir a lógica e a racionalidade do sistema normativo, no que lhe confere a tônica e lhe dá sentido harmônico".

Assim, na Constituição Federal, nos artigos 145º §1º, 150º incisos I, II, III, IV e V e §5º, 151º inciso I, 153º inciso I e §3º e 155º inciso I e §2º, mencionam-se os princípios da transparência fiscal, da capacidade contributiva, da legalidade, da isonomia tributária, da irretroatividade, da anterioridade, da proibição de tributo com efeito de confisco, da uniformidade geográfica, da não cumulatividade, da seletividade, da noventena, e da liberdade de tráfego.

No Quadro 1 apresenta-se os princípios tributários mais importantes voltados ao tema deste artigo.

Quadro 1 – Princípios Tributários

Princípio	Conceito/base/autor/ano	Discussão das divergências
Transparência Fiscal	Mecanismo que permite ao cidadão obter maiores informações acerca da carga tributária incidente nos bens e serviços consumidos, aproximando-se, portanto, de um princípio básico do direito das relações de consumo, que é o da necessidade de sempre se fornecer uma informação clara, correta, precisa e completa ao consumidor. §5º art. 150 CF/88 (AMARO, 2010, p 171).	Não há transparência em alguns estados sobre a exata aplicação do cálculo por dentro do ICMS (Fiscodata, 2019).
Legalidade	Determina que as pessoas políticas competentes só podem instituir ou aumentar tributos mediante a expedição do veículo normativo lei em seu sentido lato. Inciso I, art. 150 CF/88.	Há distinção nos estados da aplicabilidade do cálculo por dentro do ICMS, uns estados exigem através de Lei, outros não se manifestaram oficialmente o que gera as divergências (FISCODATA, 2019).
Uniformidade geográfica	Todos os tributos instituídos ou aumentados pela União devem ser uniformes em todo o território nacional. Inciso I, art. 151 CF/88.	O cálculo por dentro não é uniforme em todo o território Nacional (FISCODATA, 2019).

Fonte: Elaborado pelo autor.

Verifica-se no Quadro 1, que os princípios tributários que envolvem o ICMS, princípios da transparência fiscal, da legalidade e da uniformidade geográfica estão relacionados diretamente ao tema deste artigo, pois alguns estados não apresentam transparência fiscal, em outros a legalidade impõe o método do cálculo por dentro através de Lei, e observa-se a não uniformidade geográfica em todos os estados, porque não são todos que determinam essa prática (FISCODATA, 2019).

Sujeito ativo e passivo

Segundo o art. 119 do Código Tributário nacional- CTN, "sujeito ativo da obrigação é a pessoa jurídica de direito público titular da competência para exigir o seu cumprimento".

Conforme Art. 121 do CTN, sujeito passivo da obrigação principal é a pessoa obrigada ao pagamento de tributo ou penalidade pecuniária, pode ser o contribuinte, ou seja, é quem pratica o fato gerador, como pode ser o responsável que, embora não tenha praticado o fato gerador, a lei lhe atribui a responsabilidade pelo pagamento do tributo, com recursos próprios, ou seja, o sujeito passivo é um conceito que se refere à pessoa jurídica ou física obrigada pela lei a pagar determinados impostos.

O ICMS na Constituição Federal e nos estados

O ICMS, está disposto no inciso II do artigo 155 da Constituição Federal, onde menciona-se que este imposto é de competência dos Estados e do Distrito Federal. O inciso IV do artigo 158 da CF estabelece também que os estados deverão repassar 25% do ICMS aos municípios. Assim, por ser um imposto de competência dos Estados e do Distrito Federal, o ICMS estará legalmente previsto nas respectivas legislações estaduais e distrital.

Em que pese cada Estado possuir sua competência para a instituição do ICMS, existe no ordenamento jurídico a Lei Complementar de nº 87/96, denominada Lei Kandir, Lei "mãe" do ICMS, a qual regula, de uma forma geral, como os Estados e o Distrito Federal devem legislar sobre o ICMS.

Também ainda há a chamada competência da União Federal para instituir impostos extraordinários, como prevê o inciso II do art. 154 da CF e, assim, em alguma situação específica (eminência ou caso de guerra externa), a União Federal poderá, também, instituir o ICMS, ainda que provisoriamente.

A caracterização do fato gerador independe da natureza jurídica da operação ou prestação que o constitua. A regra geral do ICMS é normalmente igual em todos os estados, mudam os artigos de lugares, alguma situação específica, mas a essência é a mesma, sendo sempre os regulamentos de ICMS baseados na Lei Kandir, a Lei Complementar 87/96.

O ICMS comporta vários fatos-geradores e, assim, diversas Regras-Matrizes para esta exação. Com base na Lei Kandir, Lei nº 87/96, artigo 2º, são cinco as regras-matrizes do ICMS a saber:

Quadro 2 – Regras matrizes do ICMS

a)	Imposto sobre operações mercantis (operações relativas à circulação de mercadorias).
b)	Imposto sobre serviços de transporte interestadual e intermunicipal.
c)	Imposto sobre serviços de comunicação.
d)	Imposto sobre produção, importação, circulação, distribuição ou consumo de lubrificantes e combustíveis líquidos e gasosos e de energia elétrica.
e)	Imposto sobre extração, circulação ou consumo de minerais.

Fonte: Elaborado pelo autor.

Observa-se no Quadro 2 que o ICMS é demonstrado em todas as operações de circulação de mercadoria, combustíveis, energia elétrica, transporte e serviço de comunicação.

ICMS substituição tributária x não contribuinte

ICMS substituição tributária

O regime de substituição tributária está previsto na Constituição Federal de 1988, artigo 150, § 7º, o qual estabelece que a lei poderá atribuir a sujeito passivo de obrigação tributária a condição de responsável pelo pagamento de imposto ou contribuição, cujo fato gerador deva ocorrer posteriormente, assegurada a imediata e preferencial restituição da quantia paga, caso não se realize o fato gerador presumido; ou seja, a lei elege uma terceira pessoa para cumprimento da obrigação tributária, em lugar do contribuinte natural (COPAT-SC 155/2014).

Segundo o *site* do Sebrae, há várias espécies de substituição tributária: a substituição para frente, a substituição para trás (ou diferimento), e a substituição propriamente dita. Substituição para frente: o tributo relativo a fatos geradores que deverão ocorrer posteriormente é arrecadado de maneira antecipada, sobre uma base de cálculo presumida.

Queiroz (1998) ao se questionar sobre a natureza da norma de substituição tributária aduziu:

> [...] trata-se de uma norma cuja natureza é meramente administrativa. O instituto da substituição tributária tem por fundamento o atendimento do interesse da chamada "Administração Tributária". Muitas vezes é difícil para a Administração efetuar a arrecadação e a fiscalização dos tributos. Daí surgir o regime jurídico da substituição tributária que se justifica, basicamente, por três importantes motivos:
> a) pela dificuldade em fiscalizar contribuintes extremamente pulverizados;
> b) pela necessidade de evitar, mediante a concentração da fiscalização, a evasão fiscal ilícita; e

c) como medida indicada para agilizar a arrecadação e, consequentemente, acelerar a disponibilidade dos recursos (QUEIROZ, 1998, p. 199 – grifos no original).

A substituição tributária está relacionada com o tema nas operações interestaduais, na qual o destinatário é contribuinte do imposto e adquire a mercadoria para uso e consumo ou ativo imobilizado, onde é devido o diferencial de alíquotas do ICMS, logo este diferencial será retido e recolhido pelo remetente.

Não contribuintes do imposto

A Emenda Constitucional 87/2015 e Convênio ICMS 93/2015 indicam a partilha do ICMS diferencial de alíquotas desde 2015, este sendo partilhado entre os estados remetente e destinatário nas operações interestaduais com consumidores finais não contribuintes do ICMS, cujas alíquotas variavam entre 80% (origem) e 20% (destino) em 2015, 60% (origem) e 40%(destino) em 2016, 40%(origem) e 60%(destino) em 2017, 20% (origem) e 80%(destino) em 2018 e a partir de 2019 é 100% para o destino com base na Emenda Constitucional 87/2015 e Convênio ICMS 93/2015.

A base de cálculo e alíquota do ICMS

Segundo o artigo 6º da Lei 11.580/1996 do estado do Paraná, a base de cálculo do ICMS é o montante da operação, incluindo o frete e despesas acessórias cobradas do adquirente/consumidor e pode ser mais bem indicada como exemplo, no artigo 8º e seus parágrafos do regulamento de ICMS do estado do Paraná (RICMS/PR).

Por fim, tem-se a alíquota, que será aplicada sobre a base de cálculo, que pode ser fixa ou variável segundo a própria Lei Orgânica do ICMS ou o Regulamento de ICMS. Será fixa, quando o montante de tributo a ser pago for determinado, ou seja, quando o valor cobrado for fixo, independentemente do montante expressado na base de cálculo. E será variável sempre que for aplicada em percentual sobre a base de cálculo. Com base no RICMS/PR, a alíquota dos produtos pode ser observada no artigo 17 que arrola os produtos e serviços sujeitos ao ICMS e suas alíquotas correspondentes, que podem variar de 4% (alíquota mínima) até 29% (alíquota máxima).No próximo tópico aborda-se a forma do cálculo por dentro e seu conflito.

A base de cálculo por "dentro" e suas divergências

Segundo a FENACON, 2017 (Federação Nacional das Empresas de Serviços Contábeis), o ICMS é um tributo complexo: onera o consumo, incide sobre a base de cálculo de outros impostos, como o Pis e a Cofins, e também é usado pelos estados como ferramenta de manipulação de políticas fiscais na chamada guerra fiscal.

Todavia, ao analisar a base de cálculo do ICMS, é possível observar que se inclui na mesma, entre outros valores, o próprio montante do imposto, assim deve o contribuinte, para fins de apuração considerar que o próprio imposto integra a sua base de cálculo.

Com base no parágrafo 1-A da cláusula segunda do Convênio ICMS 93/2015, pode-se verificar a fórmula do cálculo do diferencial de alíquotas como exemplo.

O ICMS devido às unidades federadas de origem e destino deverão ser calculados por meio da aplicação das seguintes fórmulas:

$$\text{ICMS origem} = \text{BC} \times \text{ALQ inter}$$
$$\text{ICMS destino} = [\text{BC} \times \text{ALQ intra}] - \text{ICMS origem}$$

Onde:

BC = base de cálculo do imposto, observado o disposto no § 1º;
ALQ inter = alíquota interestadual aplicável à operação ou prestação;
ALQ intra = alíquota interna aplicável à operação ou prestação no Estado de destino.

A inclusão desse imposto em sua própria base de cálculo remete à criação do antigo Imposto sobre Circulação de Mercadorias (ICM), pela então Emenda Constitucional nº 18/65. Com a promulgação da Constituição de 1988, o Imposto sobre Circulação de Mercadorias foi alterado para incluir também a prestação de alguns serviços, passando a ser denominado ICMS.

Todavia, em face da ausência de edição imediata de referido diploma legal, que só viria a ser promulgado em 1996, foi editado o Convênio ICM 66/88, com a finalidade de fixar normas para regular provisoriamente o ICMS. Este convênio, ao discorrer sobre a base de cálculo do ICMS, manteve o cálculo por dentro nos mesmos moldes do diploma legal que o sucedeu, transportando, o cálculo por dentro para a experiência constitucional atual. Em 1996, com a edição a Lei Complementar nº 87, foram regulados em definitivo os aspectos gerais do ICMS, permanecendo, entretanto, a fórmula do cálculo por dentro na tipologia do tributo, conforme disposto em seu art. 13, § 1º, I.

Segundo informações dos atuais do Supremo Tribunal Federal- STF, em informações disponibilizadas em seu *site*, informa que contribuintes ajuizaram diversas ações no decorrer da década de 90 com o intuito de ver declarada a inconstitucionalidade da forma de cálculo do ICMS por dentro. No Quadro 3, apresenta-se processos relacionados a inconstitucionalidade do ICMS por dentro.

Quadro 3 – Processos julgados referente à inconstitucionalidade do ICMS

Data	Ação	Parecer STF	Estado
24/04/1997	212.209	Negado	RS
31/03/2008	582.461	Julgado mérito do tema	SP
07/05/2007	658.710	Negado	SP

Fonte: STF – Supremo Tribunal Federal (2019).

Em maio de 2011, o Supremo Tribunal Federal analisou em sua sessão plenária o recurso extraordinário nº 582.461/SP. Tal processo, julgado sob os efeitos da repercussão geral discutia, entre outros temas, a constitucionalidade da inclusão do Imposto sobre Circulação de Mercadorias e Serviços em sua própria base de cálculo, prática essa que ficou conhecida como "cálculo por dentro".

Ao analisar a matéria no julgamento do recurso extraordinário nº 212.209/RS do ano de 1999, o Supremo Tribunal Federal declarou a constitucionalidade da inclusão do ICMS em sua base de cálculo argumentando, basicamente, que não haveria violação à sistemática da não cumulatividade, e muito menos violação a qualquer outro princípio constitucional.

Ainda com informações do *site* do STF, no início de 2018, o STF, concedeu parcialmente medida cautelar para suspender o efeito de dez cláusulas contidas em convênio celebrado pelo Conselho Nacional de Política Fazendária (Confaz) a fim de normatizar protocolos firmados entre os Estados e o Distrito Federal sobre substituição e antecipação tributária relativas ao Imposto sobre Circulação de Mercadorias e Serviços (ICMS). A decisão foi tomada na Ação Direta de Inconstitucionalidade (ADI) 5866, ajuizada pela CNI. Esta decisão afastou o cálculo por dentro nas operações com substituição tributária. Ao decidir, foi considerado os argumentos da autora relativos à possibilidade de haver um impacto financeiro considerável, gerado pela alteração no sistema normativo relacionado às substituições e antecipações tributárias referentes ao ICMS incidente em operações interestaduais. O STF suspendeu os efeitos das cláusulas 8ª a 14ª, 16ª, 24ª e 26ª do Convênio ICMS nº 52/2017, tendo em vista "manifesta dificuldade de reversão dos efeitos decorrentes das medidas impugnadas, se tanto vier a ser o resultado". Dentre as referidas cláusulas, a 12ª é a que determinava a inclusão do ICMS por dentro de sua própria base no cálculo da substituição tributária na forma de diferencial de alíquotas.

Com a revogação do Convênio ICMS 52/2017 pelo Convênio ICMS 142/2018 que entrou em vigor em janeiro de 2019 as cláusulas que foram suspensas pelo STF em 2018 não sofreram alteração e não estão mais suspensas, e o novo Convênio trouxe nova redação enfatizando o cálculo por dentro.

Desta forma, entende-se um retrocesso e não aplicação da ADI-5866 e continua a polêmica se deve-se calcular ou não por dentro o ICMS tanto nas operações interestaduais com substituição tributária com destino a uso e consumo ou ativo imobilizado de adquirente contribuinte do ICMS, quanto as operações destinadas também a uso e consumo do destinatário, mas este não contribuinte do ICMS, no qual se exige a partilha do difal. No Quadro 4, apresenta-se um resumo das ações e Convênios que geraram a discussão de inconstitucionalidade do ICMS.

Quadro 4 – Ação de inconstitucionalidade e Convênio relevante

Data	Texto De Lei (Ação/Convênio)	Assunto	Revogada	Em Vigor
20/12/2017	ADI – 5866	Declaração de inconstitucionalidade do Conv. ICMS 52/2017		x
07/04/2017	Convênio ICMS 52/2017	Dispõe sobre o regime da ST	x	
14/12/2018	Convênio ICMS 142/2018	Dispõe sobre o regime da ST		x

Fonte: Supremo Tribunal Federal e Conselho Nacional de Política Fazendária – Confaz.

No Quadro 4 é demonstrado a ação de inconstitucionalidade e os últimos Convênios de ICMS que definem as regras de substituição tributária e antecipação do imposto. Sendo assim, atualmente há somente o Convênio ICMS 142/2018 em vigor, o qual dispõe sobre os regimes de substituição tributária e de antecipação de recolhimento do Imposto sobre Operações relativas à Circulação de Mercadorias e sobre Prestações de Serviço de Transporte Interestadual e de Comunicação (ICMS) com encerramento de tributação, relativos ao imposto devido pelas operações subsequentes.

Relação dos estados que trazem na legislação a tratativa do cálculo por dentro

No Quadro 5 apresenta-se a relação dos estados que indicam na legislação a aplicabilidade do "cálculo por dentro" nas operações nas quais o destinatário é contribuinte do imposto e também nos casos em que o destinatário é não contribuinte do imposto.

Quadro 5 – quadro sinótico indicando os estados que determinam a aplicação do cálculo por dentro do ICMS

ESTADO	FUNDAMENTO LEGAL	DESTINATÁRIO CONTRIBUINTE (SUBSTITUIÇÃO TRIBUTÁRIA)	DESTINATÁRIO NÃO CONTRIBUINTE
BA	Inciso XI art. 17 Lei nº 7014/96	Aplica	Aplica
GO	Decreto nº 8519/2015	Aplica	Aplica
MA	Inciso XVI art. 13 Lei 7799/2002	Não aplica	Aplica
MG	Orientação Tributária nº 2/2016	Aplica	Aplica
PI	Inciso XII art. 24 Lei nº 4257/89	Aplica	Aplica
PA	art. 6º da Lei nº 6315/2015	Aplica	Aplica

continua

continuação

ESTADO	FUNDAMENTO LEGAL	DESTINATÁRIO CONTRIBUINTE (SUBSTITUIÇÃO TRIBUTÁRIA)	DESTINATÁRIO NÃO CONTRIBUINTE
PR	Inciso I do § 1°e § 12 do art. 8° RICMS/PR	Aplica	Aplica
RO	Alínea "c", inciso II, § 1°, art. 18 Lei n° 688/96	Aplica	Aplica
RS	Instrução Normativa RE n° 23/2017	Aplica	Aplica
SC	Consulta Copat n° 54/2017	Aplica	Aplica
SE	Portaria GSE n° 367/2016	Aplica	Aplica
SP	Parágrafo único do art. 49 do RICMS/SP	Não aplica	Aplica
TO	Inciso XV art. 22 Lei n° 1287/2001	Aplica	Aplica

Fonte: FISCODATA (2019).

Verifica-se no Quadro 5 que dentre os vinte e seis estados mais o Distrito Federal, apenas treze estados manifestaram-se com legislação interna indicando a aplicabilidade do cálculo por dentro tanto nas operações com substituição tributária, quanto nas operações com não contribuintes do imposto.

Desta forma apenas 50% dos estados não se pronunciaram a respeito da aplicabilidade do cálculo por dentro e desta forma contribuiu para as incertezas quanto ao cálculo.

Metodologia

A pesquisa caracteriza-se como bibliográfica, pois se utiliza de artigos científicos, livros e literaturas sobre o tema. Quanto aos objetivos a pesquisa é descritiva. Em relação a abordagem do problema a pesquisa caracteriza-se como quali quanti e quanto aos procedimentos foi escolhido o *Survey*.

A população estudada são os escritórios de contabilidade, e a amostra é representada por funcionários/contadores que atendem a empresas contribuintes do ICMS, selecionadas por conveniência, das regiões sul, sudeste, norte, nordeste e centro-oeste. Foram respondidos 45 questionários, que totalizaram a amostra da pesquisa.

Foi elaborado um questionário com 15 questões, divididas em dois grupos: I – dados sociodemográficos e II -dados profissionais e informações quanto aos fatores relacionados ao ICMS nas operações de substituição tributária consumidor final e não contribuinte. Ao dividir desta forma é possível observar entre os entrevistados, o sexo, a faixa etária, o nível escolar, o tempo de atividade e principalmente a forma com que cada profissional contábil adota o cálculo por dentro do ICMS.

A coleta foi realizada por meio de *e-mail* destinado a estes escritórios que responderam um questionário on-line. Foi realizado um pré-teste nos meses de junho e julho de 2019 com uma amostra de seis participantes com o intuito de validar o questionário.

Após validação do pré teste foi enviado o questionário on-line através de um programa do *site* eletrônico na base de dados da *Survio,* no mês de agosto do ano de dois mil e dezenove.

Análise e discussão dos resultados

Análise dos dados sociodemográficos

Foram elaboradas oito questões para análise dos dados Sociodemográficos da amostra. Assim, apresenta-se a análise descritiva de cada questão.

Na Tabela 1 apresenta-se o questionamento quanto ao gênero.

Tabela 1 – Quanto ao gênero

Sexo	Frequência	%
Masculino	31	68,9%
Feminino	14	31,1%
Total	45	100%

Fonte: Dados da pesquisa, elaborado pelo autor (2019).

Observa-se na Tabela 1 que quanto ao gênero: dos 45 entrevistados, 68,9% são do sexo masculino, 35,6% e 31,10% do sexo feminino, caracterizando a amostra em sua maioria masculina.

Na Tabela 2 apresenta-se a faixa etária da amostra.

Tabela 2 – Quanto a faixa etária?

Idade	Frequência	%
Até 30 anos	3	6,7%
De 31 a 35 anos	10	22,2%
De 36 a 40 anos	16	35,6%
De 41 a 45 anos	11	24,4%
De 46 a 50 anos	4	8,9%
De 51 a 55 anos	1	2,2%
De 56 a 60 anos	0	0%
Acima de 60 anos	0	0%
Total	45	100%

Fonte: Dados da pesquisa, elaborado pelo autor (2019).

Evidencia-se na Tabela 2 que 35,6% estão na faixa entre 36 a 40 anos, e que não há na amostra profissionais com mais de 56 anos.

A Tabela 3 demonstra a formação acadêmica da amostra.

Tabela – Você é Graduado em qual(is) curso(s)?

Curso	Frequência	%
Administração	4	8,9%
Ciências Contábeis	30	66,7%
Economia	3	6,7%
Direito	8	17,8%
Outros	0	0%
Total	45	100%

Fonte: Dados da pesquisa, elaborado pelo autor (2019).

Verifica-se que a maioria, 66,7%, da amostra são formados em Ciências Contábeis, portanto, contadores e os demais cursaram direito, economia e administração e nenhum dos entrevistados cursaram outro curso.

Na Tabela 4 demonstra-se a especialização dos entrevistados.

Tabela 4 – Possui Curso de Pós-Graduação?

Possui	Frequência	%
Sim	7	15,6%
Não	38	84,4%
Total	45	100%

Fonte: Dados da pesquisa, elaborado pelo autor (2019).

Evidencia-se na Tabela 4 que dos entrevistados apenas 15,6% tem curso de pós-graduação, e estes citam os cursos de Direito Tributário e Processo Tributário, Gestão Tributária, Finanças e Controladoria, ou seja, as especializações têm como foco a área tributária e financeira, que relacionam-se com o tema abordado nesta pesquisa.

A Tabela 5 demonstra se o profissional da área contábil exerce atividade relacionada à Contabilidade Tributária.

Tabela 5 – Exerce Atividade relacionada à Contabilidade Tributária?

Exerce	Frequência	%
Sim	43	95,6%
Não	2	4,4%
Total	45	100%

Fonte: Dados da pesquisa, elaborado pelo autor (2019).

Observa-se na Tabela 5 que da totalidade dos entrevistados, 95,6% exercem atividade relacionadas a Contabilidade Tributária, o que torna a amostra robusta para os objetivos pretendidos na pesquisa.

Na Tabela 6 é apontado quanto tempo cada profissional exerce na atividade de Contabilidade Tributária.

Tabela 6 – Quanto ao tempo de exercício na atividade de Contabilidade Tributária?

Tempo exercido	Frequência	%
Até 3 anos	6	13,3%
De 3 a 6 anos	15	33,3%
De 6 a 9 anos	15	33,3%
De 9 a 12 anos	7	15,6%
Mais de 12 anos	2	4,4%
Total	45	100%

Fonte: Dados da pesquisa, elaborado pelo autor (2019).

Verifica-se na Tabela 6 que 33,3% atuam na área Tributária entre 3 a 6 anos e outros 33,3% atuam entre 6 a 9 anos, e o restante que também totalizam 33,3% variam entre 3, 9 a 12 e mais de 12 anos na área.

A amostra demonstra que 48,9% dos entrevistados são domiciliados no estado do Paraná, e os outros 51,1% estão domiciliados entre os estados do MT, MS, MG, RJ, RS, RO, SC, SP, AM, BA, CE, ES e GO.

Assim, quanto ao perfil sociodemográfico, observa-se que a amostra pesquisada é representada em sua maioria por homens, com faixa etária entre 36 e 40 anos, formados em Ciências Contábeis, que 95,6% atuam na área tributária e 48,9%, da amostra é domiciliada no estado do Paraná, mas há também a participação de profissionais de outros estados.

Análise dos dados profissionais

Nesta seção foram elaboradas sete questões, que iniciam-se na questão nove do questionário com o intuito de levantar os recursos utilizados pelos respondentes na atualização da legislação, a periodicidade destas atualizações, a forma que adotam para o cálculo do ICMS nas operações com substituição tributária e nas operações interestaduais com consumidores finais não contribuintes e por fim se o estado do domicílio do entrevistado apresenta parecer sobre o assunto.

A Tabela 7 demonstra os recursos utilizados pela amostra para a atualização do ICMS e suas legislações.

Tabela 7 – Quais recursos você utiliza para atualização sobre a legislação do ICMS?

Recursos	Frequência	%
Cursos Presenciais	7	15,6%
Cursos a distância (EAD)	4	8,9%
Sites especializados da área Contábil/Tributária	12	26,7%
Consultoria externa	22	48,9%
Total	45	100%

Fonte: Dados da pesquisa, elaborado pelo autor (2019).

Observa-se que na Tabela 7, que quase a metade dos entrevistados, 48,9% utilizam a consultoria externa como recurso usado para pesquisas, e poucos realizam cursos como ferramenta para atualização.

Na Tabela 8 evidencia-se a periodicidade das atualizações sobre a legislação do ICMS.

Tabela 8 – Qual a periodicidade de suas atualizações sobre a legislação do ICMS?

Periodicidade	Frequência	%
Diária	12	26,7%
Semanal	25	55,6%
Mensal	8	17,8%
Trimestral	0	0%
Semestral	0	0%
Anual	0	0%
Total	45	100%

Fonte: Dados da pesquisa, elaborado pelo autor (2019).

Verifica-se na Tabela 8 que 55,6% fazem atualização na legislação de periodicidade semanal e o restante divide-se em atualizações diárias e mensais.

As atualizações trimestrais, semestrais e anuais não foram selecionadas, provavelmente, em função do dinâmico processo de atualização, com acompanhamento quase que em tempo real das modificações na legislação que acontecem com frequência pelo poder executivo e legislativo.

Na Tabela 9 evidencia-se o método adotado no cálculo do ICMS nas operações interestaduais para uso e consumo e ativo imobilizado com produto sujeito a substituição tributária.

Tabela 9 – Na venda interestadual para uso e consumo de contribuinte, com produto sujeito a substituição tributária e com Protocolo/Convênio entre estados; como o remetente deve adotar o cálculo do ICMS/ST?

Método adotado	Frequência	%
Calcular o diferencial por dentro de alíquotas por dentro	23	51,1%
Adotar a diferença aritmética entre as alíquotas	17	37,8%
Outro	5	11,1%
Total	45	100%

Fonte: Dados da pesquisa, elaborado pelo autor (2019).

Observa-se na Tabela 9 que 51,1% adotam nas operações com substituição tributária, o cálculo por dentro, enquanto 37,8% adotam a diferença aritmética entre as alíquotas e 11,1% apenas optaram por outra resposta, tal como pesquisar na legislação do estado de destino da mercadoria.

Com base na discussão do referencial teórico quanto a possibilidade de dúvidas em relação de como proceder o cálculo, a Tabela 9 comprovou que mais da metade indicou o cálculo por dentro, e a outra metade está dividida entre a diferença aritmética e outras opções, refletindo as incertezas quanto ao cálculo.

Na Tabela 10 evidencia-se o método adotado no cálculo do ICMS com o diferencial de alíquotas nas operações interestaduais com não contribuintes do ICMS.

Tabela 10 – Nas operações interestaduais com não contribuinte do ICMS, o remetente ao fazer o cálculo do difal em 100% para o destino em 2019, como deve calcular este difal (diferencial de alíquotas)?

Método adotado	Frequência	%
Por dentro	14	31,1%
Pela diferença aritmética entre as alíquotas	24	53,3%
Verificar a exigência do estado de destino se exige ou não o cálculo do difal por dentro	7	15,6%
Total	45	100%

Fonte: Dados da pesquisa, elaborado pelo autor (2019).

Verifica-se na Tabela 10 que 53,3% dos profissionais contábeis, nas operações interestaduais com não contribuintes, adotam pela diferença aritmética das alíquotas, enquanto 31,1% apontaram que adotam o cálculo por dentro e somente 15,6% verificam a legislação do estado de destino da mercadoria.

Como evidenciado no referencial teórico há algumas formas para cálculo do ICMS, assim os resultados apresentados na Tabela 10 demonstram que mais da metade da amostra adota o cálculo pela média aritmética e a outra metade está dividida entre a o cálculo por dentro e outras opções, refletindo as incertezas quanto ao cálculo.

A Tabela 11 apresenta qual a maior dificuldade para a interpretação da legislação do ICMS.

Tabela 11 – Na sua opinião, qual a maior dificuldade para a interpretação da legislação do ICMS?

Dificuldade	Frequência	%
Falha do legislador ao redigir	11	24,4%
Lacunas na legislação que dão interpretações distintas	11	24,4%
Conteúdo as vezes vago que não traz orientação precisa	22	48,9%
Outra	1	2,2%
Total	45	100%

Fonte: Dados da pesquisa, elaborado pelo autor (2019).

Na Tabela 11, 48,9% da amostra ficaram divididas entre falha do legislador ao redigir e lacunas na legislação, trazendo interpretações, distintas e a outra metade apontou que o conteúdo da legislação é as vezes vago e não traz orientação precisa. Com base nos apontamentos do referencial teórico desta pesquisa observa-se que os resultados refletem novamente as incertezas dos profissionais de contabilidade, no que se refere em que tipo de cálculo adotar nas operações.

A Tabela 12 apresenta quanto ao parecer dos estados sobre o cálculo do ICMS por dentro na substituição.

Tabela 12 – O estado onde você atua profissionalmente possui parecer oficial sobre o cálculo do ICMS "por Dentro" na substituição tributária?

Parecer	Frequência	%
Sim	5	11,1%
Não	38	84,4%
Sim, mas com poucos exemplos e com dificuldade de interpretação	2	4,4%
Total	45	100%

Fonte: Dados da pesquisa, elaborado pelo autor (2019).

Observa-se na Tabela 12 que 84,4% dos respondentes indicaram que em seu estado não há parecer sobre o cálculo por dentro nas operações com substituição tributária.

Na Tabela 13 demonstra-se os estados possuem parecer oficial sobre o cálculo do ICMS por dentro nas operações interestaduais com consumidor final não contribuinte do imposto.

Tabela 13 – O estado onde você atua profissionalmente possui parecer oficial sobre o cálculo do ICMS "por Dentro" nas operações interestaduais com consumidor final não contribuintes do imposto?

Parecer	Frequência	%
Sim	9	20%
Não	35	77,8%
Sim, mas com poucos exemplos e com dificuldade de interpretação	1	2,2%
Total	45	100%

Fonte: Elaborado pelo autor (2019).

Observa-se na Tabela 13, que 77,8% indicaram que o seu estado não tem parecer sobre o cálculo por dentro nas operações interestaduais com não contribuintes do ICMS. Assim, a maioria da amostra evidencia interpretações distintas pois os estados não possuem instruções claras que os orientem.

Finalmente, por exemplo, ao analisar a resposta de um respondente do estado da Bahia, o mesmo respondeu que o estado não tem parecer sobre a sistemática do cálculo das operações interestaduais com ST com destino a uso e consumo ou ativo e também com não contribuintes, e na realidade o estado além de se pronunciar através de matéria no *site,* ainda indica o cálculo por dentro na Lei Orgânica do ICMS. Este resultado remete a uma falta de conhecimento do profissional e não a uma falta de orientação por parte do estado.

Outro exemplo de divergência, foi identificado com um respondente do estado de São Paulo que adota o cálculo do ICMS por dentro nas operações com ST e o estado não tem parecer e nem aponta o cálculo por dentro nestes tipos de operações.

Conclusão e considerações finais

A Lei complementar 87/96, a Lei Kandir, e a Emenda constitucional 33/2001, trazem indicação de que o montante do imposto integre sua própria base.

Diante deste cenário esta pesquisa se propôs a responder se as divergências na da cobrança do ICMS por "dentro", geram diferentes interpretações aos profissionais de contabilidade no que tange a demanda nas operações com substituição tributária e com não contribuintes.

Assim, após as respostas do questionário on-line, foi constatado que mais da metade da amostra, indicaram respostas diferentes na adoção do cálculo por dentro, tanto nas operações com substituição tributária quanto nas operações com não contribuintes. Enquanto nas operações com substituição tributária, 51,1% adotam o cálculo por dentro, diferentemente do que apontam as respostas nas operações com não contribuintes de que é adotado o cálculo pela diferença aritmética em 53,3% da amostra.

O presente artigo alcançou o objetivo geral, ao evidenciar que a cobrança do ICMS por "dentro", gera diferentes interpretações aos profissionais de contabilidade, no que tange a demanda nas operações com substituição tributária e com não contribuintes. Atingiu também os objetivos específicos ao apresentar que apenas treze estados apresentaram legislação interna para explicar como aplicar o cálculo por dentro tanto nas operações com substituição tributária, como nas operações com não contribuintes do imposto. Além de comparar o cálculo por dentro e por fora do ICMS.

Conclui-se, com base na análise da amostra, que há divergências entre as respostas, entendendo-se que os profissionais contábeis estão inseguros tanto nas operações com substituição tributária como também nas operações com consumidores finais não contribuintes do ICMS, devido à falta de esclarecimento pela maior parte dos estados brasileiros.

O estudo realizado apresentou limitações quanto a amostra que foi representada em sua maioria por escritórios do estado do Paraná. Para futuras pesquisas, sugere-se a ampliação da amostra investigada, com maior participação de profissionais contábeis de outros estados da Federação.

REFERÊNCIAS

AMARO, Luciano. **Direito tributário**. 16. ed. São Paulo: Saraiva, 2010.

BRASIL. ADI-5866 – **Proposta pela Confederação Nacional da Indústria (CNI), na qual impugnam atos Normativos do Convênio ICMS 52/2017**.

BRASIL. **Código Tributário Nacional – Lei nº 5.172/1966**. Dispõe sobre o Sistema Tributário Nacional e institui normas gerais de direito tributário aplicáveis à União, Estados e Municípios. Disponível em: http://www.planalto.gov.br/ccivil_03/leis/l5172.htm. Acesso em: 10 jul. 2019.

BRASIL. **Constituição Federal de 1988**. Disponível em: http://www.planalto.gov.br/ccivil_03/Constituicao/Constituicao.htm. Acesso em: 10 jul. 2019.

BRASIL. **Convênio ICMS nº 142/2018**. Dispõe sobre as normas gerais a serem aplicadas aos regimes de substituição tributária e de antecipação do ICMS com encerramento de tributação, relativos às operações subsequentes, instituídos por convênios ou protocolos firmados entres os Estados e o Distrito Federal.

BRASIL. **Convênio ICMS nº 52/2017**. Dispõe sobre as normas gerais a serem aplicadas aos regimes de substituição tributária e de antecipação do ICMS com encerramento de tributação, relativos às operações subsequentes, instituídos por convênios ou protocolos firmados entres os Estados e o Distrito Federal.

BRASIL. **Convênio ICMS nº 66/1988**. Fixa normas para regular provisoriamente o ICMS e dá outras providências. Disponível em: https://www.confaz.fazenda.gov.br/legislacao/convenios/1988/CV066_88. Acesso em: 10 jul. 2019.

BRASIL. **Convênio ICMS nº 93/2015**. Dispõe sobre os procedimentos a serem observados nas operações e prestações que destinem bens e serviços a consumidor final não contribuinte do ICMS, localizado em outra unidade federada. Disponível em: https://www.confaz.fazenda.gov.br/legislacao/convenios/2015/CV093_15. Acesso em: 10 jul. 2019.

BRASIL. **Decreto nº 7.871/2017**. Aprova o Regulamento do Imposto sobre Operações relativas à Circulação de Mercadorias e sobre Prestações de

Serviços de Transporte Interestadual e Intermunicipal e de Comunicação do Estado do Paraná -RICMS/PR.

BRASIL. **Emenda Constitucional nº 018/1965**. Reforma do Sistema Tributário Nacional. Disponível em: http://www.planalto.gov.br/ccivil_03/Constituicao/Emendas/Emc_anterior1988/emc18-65.htm. Acesso em: 10 jul. 2019.

BRASIL. **Emenda Constitucional nº 33/2001**. Alteração, dispositivos, constituição federal, sistema tributário nacional, incidência, cobrança, contribuição social, intervenção, domínio econômico, importação, comercialização, produto importado, petróleo, derivados de petróleo, combustível, energia elétrica, serviço, telecomunicação. Disponível em: www.planalto.gov.br/ccivil_03/Constituicao/Emendas/Emc/emc33.htm. Acesso em: 10 jul. 2019.

BRASIL. **Emenda Constitucional nº 87/2015**. Altera o § 2º do art. 155 da Constituição Federal e inclui o art. 99 no Ato das Disposições Constitucionais Transitórias, para tratar da sistemática de cobrança do imposto sobre operações relativas à circulação de mercadorias e sobre prestações de serviços de transporte interestadual e intermunicipal e de comunicação incidente sobre as operações e prestações que destinem bens e serviços a consumidor final, contribuinte ou não do imposto, localizado em outro Estado. Disponível em: http://www.planalto.gov.br/ccivil_03/Constituicao/Emendas/Emc/emc87.htm. Acesso em: 10 jul. 2019.

BRASIL. **Lei Complementar nº 87/1996**. Dispõe sobre o imposto dos Estados e do Distrito Federal sobre operações relativas a ICMS. Disponível em: http://www.planalto.gov.br/ccivil_03/LEIS/LCP/Lcp87.htm. Acesso em: 10 jul. 2019.

BRASIL. STF – Supremo Tribunal Federal. 18 de maio de 2011. Disponível em: https://stf.jus.br/portal/cms/verNoticiaDetalhe.asp?idConteudo=179924. Acesso em: 5 nov. 2018.

BRASIL. STF- Supremo Tribunal Federal. 02 de janeiro de 2018.

BRASIL. Tribunal de Justiça do Estado do Rio Grande do Sul. **Processo nº 27/1.05.0013489-0**. Segunda Vara Cível, 2005.

DISPONÍVEL em: http://www.sefanet.pr.gov.br/dados/SEFADOCUMENTOS/106201707871.pdf. Acesso em: 10 jul. 2019.

DISPONÍVEL em: http://www.sefanet.pr.gov.br/dados/SEFADOCUMENTOS/106201707871.pdf. Acesso em: 10 jul. 2019.

DISPONÍVEL em: https://www.confaz.fazenda.gov.br/legislacao/convenios/2017/CV052_17. Acesso em: 10 jul. 2019.

DISPONÍVEL em: https://www.confaz.fazenda.gov.br/legislacao/convenios/2018/CV142_18. Acesso em: 10 jul. 2019.

FISCODATA. **O mundo fiscal na ponta dos seus dedos**. Disponível em: http://www.fiscodata.com.br. Acesso em: 10 set. 2019.

HTTPS://stf.jus.br/portal/cms/verNoticiaDetalhe.asp?idConteudo=366035. Acesso em: 5 nov. 2018.

IBELLI, Renato Carbonari. ICMS: o peso-pesado dos impostos. [S. l.]: FENACON, 9 jan. 2017. Disponível em: http://www.fenacon.org.br/noticias/icms-o-peso-pesado-dos-impostos-1387/. Acesso em: 10 set. 2019.

MELLO, Celso Antônio Bandeira de. **Curso de direito administrativo**. 26. ed. São Paulo: Malheiros, 2008.

QUEIROZ, Luís César Souza de. **Sujeição Passiva Tributária**. Rio de Janeiro: Forense, 1998.

RICHARDSON, Maikon. **Entenda o que é substituição tributária**. [S. l.]: SEBRAE, [201-?]. Disponível em: http://www.sebrae.com.br/sites/PortalSebrae/ufs/ap/artigos/entenda-o-que-e-substituicao-tributaria,d2ef84d96c-431510VgnVCM1000004c00210aRCRD. Acesso em: 17 out. 2019.

PLANEJAMENTO TRIBUTÁRIO:
um estudo comparativo da tributação na locação de bens imóveis entre holding familiar versus pessoa física

Elisangela Fischer[35]
Eduardo Joakinson[36]

Introdução

O Brasil possui uma das mais altas cargas tributárias do mundo, aproximando-se de 40% do Produto Interno Bruto (PIB), elevando assim os preços dos produtos e serviços em nosso país (LIMA; REZENDE, 2019). Por outro lado, a Secretaria do Tesouro Nacional (STN), órgão vinculado ao Ministério da Economia, divulgou um estudo com base no exercício de 2018, demonstrando uma taxação de 33,58%. De qualquer sorte, resta claro o impacto causado pelos impostos, taxas e contribuições para sociedade brasileira.

Essa carga tributária elevada, faz com que as pessoas físicas e jurídicas, busquem alternativas legais para pagarem menos impostos, utilizando-se do conhecido planejamento tributário. Este planejamento auxilia na sustentabilidade dos negócios, onde opta-se pela possibilidade fiscalmente mais econômica entre aquelas possíveis. Contudo, sem confundir-se com a elisão fiscal, esta última caracterizada por atos fraudulentos destinado a sonegação fiscal (ARAÚJO; PAULUS; QUEIROS, 2017).

Ainda, o planejamento tributário pode ser caracterizado como uma série de atos regulamentados que são destinados a organização e planejamento empresarial com o objetivo de uma viável economia tributária. Some-se a isso a atual situação econômica do país, pois enquanto não são realizados ajustes nos regimentos tributários, o planejamento tem por finalidade a redução dos custos e maximização dos resultados (BARBOZA, 2018).

Segundo Rocha e Rios (2014), holding é uma empresa com a finalidade de manter participações em outras companhias com quantidade suficiente e objetivo de controlá-las. Em nosso país, a Holding foi instituída através da Lei Federal nº 6.404 de 1976, também conhecida como Lei das S/A. Essa

---

35 Acadêmica do Curso de Especialização em Gestão Empresarial, Contábil e Tributária, do Instituto Federal do Paraná. E-mail: lisfisher@gmail.com
36 Orientador, Pesquisador e Professor do IFPR – Instituto Federal do Paraná. Mestre em Governança e Sustentabilidade. E-mail: eduardo.joakinson@ifpr.edu.br

normativa, define que holding é uma empresa que possui como atividade principal, a participação acionária majoritária em uma ou mais empresas, ou seja, possui o controle de sua administração e políticas empresariais.

Holding em geral, é uma forma de sociedade muito utilizada por grupos econômicos de médio e grande porte, com a intenção de melhorar sua estrutura de capital, abrir possibilidades de criação ou manutenção de parcerias com outras empresas, sendo ainda desconhecido da maioria dos pequenos negócios.

Dentro do espectro do conceito de holding, uma espécie possível é a familiar. A constituição de uma holding familiar visa assegurar o impedimento de eventuais mudanças na filosofia de gestão dos negócios e evitar que conflitos possam vir a comprometer a empresa, razões pelas quais surgem através dos diferentes perfis dos herdeiros, tanto quanto as oriundas de problemas familiares (ROCHA; RIOS, 2014).

A partir do exposto surge nossa pergunta de pesquisa: **A constituição de uma holding familiar pode ser utilizada como instrumento de planejamento tributário para locação de bens imóveis?**

O objetivo geral desse estudo é identificar se a constituição de uma holding familiar pode ser utilizada como instrumento de planejamento tributário na locação de bens de imóveis.

Definiu-se como objetivos específicos: demonstrar as vantagens e desvantagens da holding familiar; apresentar os tributos incidentes na locação de bens imóveis na holding familiar e na pessoa física; elaborar um estudo de caso levantando a carga tributária incidente na locação de bens imóveis por uma holding familiar tributada no lucro presumido e compará-la com a tributação incidente na pessoa física.

Esta pesquisa está estruturada em cinco capítulos, além desta parte introdutório, apresenta-se a revisão da literatura, seguida da metodologia de pesquisa, após temos os resultados e discussões, encerrando-se com as considerações finais.

Revisão da literatura

Dentro deste tópico, serão abordados os principais aspectos descritos na literatura que envolvem os temas holding, o planejamento tributário e as vantagens e desvantagens de uma holding familiar.

Holding

A palavra *holding* vem do verbo inglês "*to hold*" que significa segurar, manter ou guardar. Quanto ao conceito de holding, para Lodi e Lodi (2013, p. 4) "*holding company* é uma sociedade cuja finalidade é manter ações de outras companhias". Enquanto, Mamede e Mamede (2018) a definem como um meio para capacitar pessoas jurídicas que tenham bens e direitos, que pode envolver bens móveis, imóveis, participações societárias, patentes, marcas, investimentos. No Brasil, a holding foi regulamentada através da promulgação da Lei 6.404 de 1976, conhecida como "Lei das Sociedades por Ações", onde em se art. 2º, § 3º, estabeleceu que "a empresa pode ter por objetivo participar de outras empresas".

O moderno conceito de Holding é uma posição filosófica, é principalmente uma atitude empresarial para Lodi e Lodi (2013). Estes ainda citam que enquanto as empresas em geral estão preocupadas com o mercado em que atuam a holding tem uma visão voltada para dentro, onde seu interesse é a rentabilidade de suas controladas e não com o produto que elas oferecem.

Existem vários tipos de holding que são: holding pura, holding mista, holding de controle, holding de participação, holding de administração, holding societária e holding imobiliária. Além dessas espécies tem-se desenvolvido nos últimos anos a ideia de formação de empresa holding para proteção, manutenção e ganhos fiscais dos grupos familiares possuidores de consideráveis patrimônios e não apenas para grandes conglomerados de empresas, grupos financeiros ou econômicos, sendo elas chamadas de holding familiar (QUEIROZ *et al.*, 2013).

Já Mamede e Mamede (2018) interpretam que a holding familiar não é uma espécie específica, mas uma contextualização particular, podendo ser uma holding pura ou uma holding mista. Em nosso país as holdings familiares são classificadas como "holdings de instituições não financeiras" e conforme classificação do IBGE – CONCLA compreendem as atividades de entidades econômicas que detêm o controle de capital de um grupo de empresas com atividades preponderantemente não financeiras.

Para Queiroz *et al.* (2013), pode-se dizer que a sucessão familiar é o cerne para a constituição da holding familiar, pois o que se busca com essa modalidade empresarial é o planejamento sucessório além da vantagem tributária. Complementarmente, Lodi e Lodi (2013), expressam que como "para morte não há solução, mas para a má administração mudam-se os administradores. A holding é a solução para as transferências necessárias e a maior longevidade do grupo societário".

Planejamento tributário

Devido à alta carga tributária brasileira, o planejamento é um instrumento de vital importância para economia de tributos em conformidade com a legislação vigente. Para Latorraca (2000, p. 37), planejamento tributário é a atividade empresarial que, desenvolvendo-se de forma estritamente preventiva, projeta os atos e fatos administrativos com o objetivo de informar quais os ônus tributários em cada uma das opções legais à disposição.

Da mesma forma (FABRETTI; FABRETTI, 2002), informam que o planejamento tributário se entende como a atividade preventiva que pesquisa *a priori* os atos e negócios jurídicos que o contribuinte tenciona empreender, tendo por objetivo a maior economia fiscal possível, reduzindo a carga tributária dentro do limite admissível pela lei.

O planejamento tributário traduz-se em espreitar a legislação apropriada e optar ou não, pela realização do fato gerador. É uma maneira de projetar os dados e, assim, e estabelecer os resultados, os quais poderão ser selecionados para serem efetivados, ou não (YOUNG, 2006).

Conforme (Tang, 2006) o gerenciamento de tributos pode ser fixado como uma maneira do contribuinte descobrir as condições de incertezas e ambivalência das leis tributárias e aplicá-las de forma vantajosa na mensuração contábil e na estruturação de atividades com tributação favorecida para, dentro dos limites da legalidade, influenciar sua carga tributária.

Tributos

Dentro do arcabouço legal, o Código Tributário Nacional (Lei nº 5.172/66) em seu art. 3º traz que tributo é toda prestação pecuniária compulsória, em moeda ou cujo valor nela se possa exprimir, que não constitua sanção de ato ilícito, instituída em lei e cobrada mediante atividade administrativa plenamente vinculada.

Pela leitura do artigo 16º. do CTN, imposto "é o tributo cuja obrigação tem por fato gerador uma situação independente de qualquer atividade estatal específica, relativa ao contribuinte". Por assim ser, Imposto é o tributo mais importante incidindo de forma independente da vontade do contribuinte, ou seja, compulsoriamente, de forma impositiva

O art. 77º do CTN define taxa como sendo um tributo que tem como fato gerador o exercício regulador do poder de polícia, ou a utilização, efetiva ou potencial, do serviço público específico e divisível, prestado ao contribuinte ou posto à sua disposição.

Ramos, Niveiros e Carneiro (2019) afirmam que o objeto do direito tributário circula em torno dos tributos. Crepaldi (2012, p. 12) define o direito tributário como "a ciência que estuda os princípios e normas que disciplinam a ação estatal de exigir tributos".

Carvalho (2011) se aprofunda descrevendo que o direito tributário tem dois objetos: direto e indireto. O direto envolve (a) instituição que cria os tributos (função somente do Estado), (b) arrecadação que é o recolhimento (principal artifício do Direito Tributário), (c) fiscalização que é a forma de verificar ou investigar se há compatibilidade na arrecadação com as normas previstas em legislação tributária; e a (d) extinção é quando o Fisco desfaz os tributos e rompe o envolvimento com o devedor do tributo. Enquanto o objeto indireto compreende as normas que de forma indireta abrangem o objeto direto do direito tributário.

Tributos incidentes na Holding Familiar

A tributação pode ser pelos regimes de Lucro Real, Presumido ou Arbitrado (Lei nº 9.430/1996). A holding está sujeita à incidência das contribuições PIS/PASEP e COFINS sobre a totalidade das receitas auferidas. Para efeito de apuração da base de cálculo de PIS/PASEP e COFINS, os resultados positivos das participações societárias podem ser excluídos da receita bruta. Se a holding for pura, ou seja, constituída apenas com o objeto social de participação societária, não haverá base de cálculo para PIS/PASEP e COFINS.

Onde dentro dessas opções, nosso estudo será totalmente voltado a tributação na forma do lucro presumido.

Lucro presumido

O Lucro Presumido é um regime tributário simplificado disponível para empresas que cumpram os seguintes requisitos, com redação dada pelo artigo 14 da Lei nº 9.718/1998:

- Faturamento inferior a R$78 milhões anuais;
- Não operar em ramos específicos, como exemplos bancos e empresas públicas;
- Que tiverem lucros, rendimentos ou ganhos de capital oriundos do exterior;
- Que, autorizadas pela legislação tributária, usufruam de benefícios fiscais relativos à isenção ou redução do imposto;
- Que, no decorrer do ano-calendário, tenham efetuado pagamento mensal pelo regime de estimativa, na forma do art. 2º da Lei nº 9.430, de 1996;

A maioria das holdings familiares, se enquadra nesta situação. Empresas do Lucro Presumido têm alíquotas de imposto que podem variar de acordo com o tipo de atividade que exercem, onde a porcentagem de presunção varia de 1,6% até 32% sobre o faturamento.

Tributos que incidem sobre o lucro presumido:

- PIS/PASEP: 0,65%;
- COFINS (Contribuição para o Financiamento da Seguridade Social): 3%;
- ISS (Imposto Sobre Serviço): de 2,5 a 5% conforme a cidade e serviço prestado.

O IRPJ (Imposto de Renda de Pessoa Jurídica) e CSLL (Contribuição Social Sobre o Lucro Líquido) incidem trimestralmente nas alíquotas de 15% e 9%, respectivamente, apenas sobre as presunções de lucro. Holdings familiares se encaixam no item administração de bens móveis ou imóveis, locação ou cessão desses mesmos bens, sobre presunção de 32% do faturamento.

Tributação dos sócios (pessoa física)

O lucro recebido pelos sócios já vem tributado, sofrendo os encargos na pessoa jurídica, não podendo desta forma serem tributados outra vez quando distribuídos entre as pessoas físicas que integram esta sociedade (bitributação), conforme o Art. 10 da Lei nº 9.249, de 1995. A isenção abrange também os lucros e dividendos atribuídos a sócios ou acionistas residentes ou domiciliados no exterior. Não abrange os valores pagos a outro título, tais como pró-labore, aluguéis e serviços prestados (art. 48, § 5º da IN nº 93/97).

Eventualmente além dos lucros e dividendos e dos rendimentos da holding, os profissionais podem ter rendimentos como pessoa física, tributáveis IRPF (Imposto sobre a renda das pessoas físicas). O IRPF Incide sobre a renda e os proventos de contribuintes residentes no País ou residentes no exterior que recebam rendimentos de fontes no Brasil.

Apresenta alíquotas variáveis conforme a renda dos contribuintes, de forma que os de menor renda não sejam alcançados pela tributação (Portal Receita Federal).

A tabela 1 demonstra as alíquotas de imposto de renda, incidentes nos rendimentos das pessoas físicas durante o exercício de 2019:

Tabela 1 – Base de cálculo e alíquotas para o IRPF

Base de cálculo (R$)	Alíquota	Parcela a deduzir do IRPF (R$)
Até 1.903,98	Isento	Isento
De 1.903,99 até 2.826,65	7,50%	R$142,80
De 2.826,66 até 3.751,05	15%	R$354,80
De 3.751,06 até 4.664,68	22,50%	R$636,13
Acima de 4.664,68	27,50%	R$869,36

Fonte: Receita Federal do Brasil (2019)

Planejamento Tributário

Greco (2008, p 117), por sua vez, conceitua planejamento tributário como sendo conjunto de condutas que o contribuinte pode realizar buscando a menor carga tributária em conformidade com o previsto na legislação fiscal.

Sob o aspecto semântico, a expressão "planejamento tributário" traz a ideia de prevenção, com o pressuposto de se chegar à economia no pagamento de impostos. Empregada como sinônimo, traz na realização de escolha e liberdade de ação, algumas alternativas oferecidas pelo ordenamento jurídico, no que se refere às hipóteses existentes de incidência tributária, por sua vez entendem Araújo, Paulus e Queiros (2017).

A Constituição Federal Brasileira (1988) assegura a administração e gerenciamento dos negócios, por todo contribuinte, desde que assim o faça de forma legal (lícita), conhecida como Elisão Fiscal.

Elisão x evasão fiscal

Elisão fiscal é o termo utilizado para indicar a redução dos encargos tributários por meios legais. Comumente é utilizado em sentido depreciativo, como quando é utilizado para pormenorizar a economia de impostos obtida através de métodos artificiais dos negócios pessoais ou empresariais, valendo-se se da existência de hiatos, anomalias ou outras imperfeições no direito tributário. Em contraste com a elisão, a evasão fiscal é a redução de impostos obtida por meios ilícitos (MOREIRA, 2003).

O fato gerador do tributo é a situação definida em lei como necessária e suficiente ao nascimento da obrigação tributária (CTN, art. 114), a qual, uma vez ocorrida, faz incidir a norma tributária, vinculando o sujeito passivo numa relação jurídica tributária com o sujeito ativo (CTN, art. 113).

Portanto, não havendo um fato gerador, não haverá a incidência de tributos devidos ao sujeito ativo, assim de forma legal está se valendo da elisão fiscal.

Já na contramão da Elisão Fiscal, temos a Evasão fiscal que nada mais é que a sonegação de impostos, mesmo tendo a ocorrência do fato gerador.

Crepaldi (2012) cita que a evasão fiscal é ato de negligenciar, infringir as leis e os procedimentos fiscais. Alguns dos mecanismos ilícitos são evitar o pagamento dos tributos, emissão de falsas declarações, realizar documentos com informações distorcidas ou falsas, como falta de emissão de nota fiscal, nota fiscal calçada (primeira via com um valor diferente das vias arquivadas na contabilidade), lançamentos contábeis de despesas inexistentes etc.., contudo o fato gerador ocorre, onde acaba que o tributo é devido, mas utilizando-se de atos ilícitos acaba não efetuando o pagamento devido.

Vantagens e desvantagens de uma holding familiar

As principais vantagens da criação de uma holding familiar são:

Planejamento Financeiro: Para Yamamoto e Tofoli (2017), o planejamento financeiro está sendo cada vez mais valorizado em um cenário como o atual, cheio de incertezas, com o mercado sempre em modificação e onde muitas empresas acabam por fecharem devido à falta de um planejamento correto ou até mesmo pela inexistência de um planejamento. Através do planejamento financeiro, a empresa consegue observar e estudar diferentes tipos de cenários que podem aparecer futuramente, sendo de crucial importância para escolher quais serão as melhores alternativas para se sobressair em cada um deles, não permitindo que a empresa seja surpreendida, caso tenha que tomar alguma decisão repentina.

Na holding familiar, utilizando-se do planejamento financeiro, é possível definir, antecipadamente, qual será a participação de cada sócio ou o estabelecimento de regras. Definição de cláusulas de impenhorabilidade impedem que o patrimônio seja dado em garantia para o cumprimento de uma obrigação assumida por algum herdeiro

Planejamento Tributário: Como citado, Greco (2008, p 117) conceitua planejamento tributário como sendo conjunto de condutas que o contribuinte pode realizar buscando a menor carga tributária em conformidade com o previsto na legislação fiscal. Onde na constituição de uma holding, assim aliado ao conceito de elisão fiscal citado anteriormente, temos que um bom planejamento tributário é minimizar o pagamento de tributos dentro da legislação em vigor. Um exemplo de planejamento tributário com uma holding "versus" pessoa física, é o aluguel de um imóvel (Instrução Normativa RFB 1.500/2014 Art. 22 e Lei nº 9.430/1996). Na pessoa física, os rendimentos são tributados a uma alíquota de até 27,5%, conforme Tabela Progressiva também citada anteriormente. Já na holding optante pelo sistema de apuração com base no lucro presumido a carga tributária total (IR + CSL + PIS/COFINS) será de aproximadamente 11,33% ou no máximo 14,53%, caso haja o adicional do imposto de renda.[37]

Blindagem patrimonial: Para Bianchini *et al.* (2014), a blindagem patrimonial promove a proteção dos bens da pessoa física através da criação de uma empresa gestora sujeita a regras diferenciadas de tributação e capaz de proporcionar proteção principalmente diante de questões sucessórias.Com a constituição de uma holding, diferente de pessoas físicas ou empresas "comuns" o sócio não possui bens e, sim, cotas de participação, pois os mesmos são transferidos para a pessoa jurídica, o que favorece a movimentação legal dos recursos, não bloqueando patrimônio por questões judiciais (ex. reclamações trabalhistas) – cláusula de incomunicabilidade. Também protege o capital da família de uniões estáveis "ruins", casamentos "por interesse" (cláusula de incomunicabilidade), entre outras possibilidades.

---

37 Na forma do art. 542 e 543 do Regulamento de **Imposto de Renda**, a parcela do lucro presumido ou real que exceder o valor da multiplicação de vinte mil reais pelo número de meses do respectivo período de apuração, ficará sujeita à incidência do **adicional do imposto** à alíquota de 10%.

Planejamento sucessório: Para Oliveira (2017), o planejamento sucessório se trata de um conjunto de medidas de cunho administrativo e jurídico que objetivam a escorreita transmissão de um patrimônio com a realização dos devidos recolhimentos tributários, dentro do ordenamento jurídico, onde intenta-se a eficiente conjugação entre os interesses familiares, empresariais e, também, do Estado. Dentro desse escopo citado, entende-se que a criação de uma holding familiar é muito segura na hora de fazer a transferência da empresa para os herdeiros e/ou sócios. A restrição neste caso é que, muitas vezes, o processo de criação da holding ocorre após a morte do fundador ou responsável, gerando disputas e atrapalhando o negócio. Problemas pessoais ou familiares não afetam diretamente as operações da holding. Em caso de dissidências entre parentes ou espólios, será ela que decidirá sobre as diretrizes a serem seguidas.

As principais desvantagens da criação de uma holding familiar são:

Elisão fiscal: Como citado anteriormente, a constituição de uma holding passa pelo conceito da elisão fiscal, que é trabalhar com o arcabouço tributário brasileiro, procurando "brechas" para uma menor tributação, dentro da lei, contudo existe uma linha tênue entre elisão e evasão, que se a primeira não for utilizada de forma correta poderá se caracterizar como evasão fiscal quando comprovado que houveram fraudes.

Possibilidade caracterização de fraude: A evasão fiscal está prevista na lei nº 8.137/90 – Lei dos Crimes Contra a Ordem Tributária, Econômica e contra as relações de consumo, onde em seu art. 1º, determina que constitui crime contra a ordem tributária suprimir ou reduzir tributo, ou contribuição social e qualquer acessório, mediante as condutas elencadas, como fraudar, omitir, sonegar, falsificar entre outras. Sendo assim, se for comprovado que a Holding foi constituída para fraudar o pagamento de impostos poderá ser penalizada conforme traz a lei citada. Para Araújo, Paulus e Queiroz (2017), se não existe proibição para praticar atos na gerência de negócios que possuam a finalidade precípua de economizar tributos, não há, portanto, que se falar em abuso de direito, fraude ou ilicitude. No entanto, o planejamento tributário não deve ser confundido com evasão, elusão ou sonegação fiscal. São institutos distintos dentro do direito tributário.

Juros sobre capital próprio: Pode-se caracterizar como uma desvantagem na criação da holding o pagamento de juros sobre o capital próprio, visto que a dedução é limitada à metade do lucro do próprio período de apuração ou metade da soma de reservas de lucros e lucros acumulados e somente é aplicável pelas empresas tributadas pelo lucro real. Além disso, o cálculo é feito com base no montante do patrimônio líquido (Lei nº 9.249/95). Onde para Rocha e Rios (2014) uma *holding* pura tem como objeto social e exclusivo a titularidade de quotas ou ações de uma ou mais sociedades, e como não desenvolve atividade operacional, a receita dessas sociedades é composta exclusivamente pela distribuição de lucros e juros sobre o capital próprio pagos pelas sociedades em que tem participação.

Distribuição disfarçada de lucro: A distribuição disfarçada de lucro é prevista no artigo 60 do Decreto-Lei nº 1.598/1977 e no art. Art. 528, inciso II, do Decreto nº 9.580/2018 (RIR/2018) e ocorre quando a pessoa física atribui às ações ou quotas de capital possuídas valor várias vezes superior ao do patrimônio líquido, sem laudo de avaliação, ou adquire, por valor notoriamente superior ao de mercado, bem de pessoa ligada; ou paga a pessoa ligada aluguéis, royalties ou assistência técnica em montante que excede notoriamente ao valor de mercado, entre outras possibilidades. Para Bellucci (2015) na distribuição disfarçada de lucros, o legislador presume ter havido simulação, admitindo-se prova em contrário pelo contribuinte no que se refere ao fato de que o negócio foi realizado no interesse da pessoa jurídica e em condições comutativas ou a que contraria em meio a terceiros.

Dentro dos estudos efetuados, foram estas as vantagens e desvantagens que foram consideradas as mais relevantes, contudo há outros estudos publicados com visões diferentes das levantadas aqui, porém isto não invalida os apontamentos feitos.

Metodologia

Classificação da pesquisa

A presente pesquisa busca um diagnóstico, através de consultoria na área tributária, e avaliação da legislação tributária pertinente, com foco no planejamento tributário. Esta pesquisa enquadra-se como aplicada, a qual distingue-se das pesquisas científicas. Conforme Thiollent (2009), as pesquisas aplicadas centralizam em torno de problemas existentes nas atividades das empresas ou grupos, dedicando-se a elaboração de diagnósticos, identificação de problemas e a busca de soluções, para atendimento as demandas dos clientes.

O estudo simula situações hipotéticas na administração de bens imóveis destinados a locação, caracterizando-se com uma pesquisa descritiva. Lakatos e Marconi (2001) fazem referência à formulação de hipóteses nos estudos descritivos, afirmam que uma pesquisa descritiva pode ser um estudo de verificação de hipóteses derivadas da teoria, consistindo-se em caso de associação de variáveis.

A revisão da literatura deu-se a partir da leitura de artigos científicos, livros, periódicos tributários e na legislação pertinente aplicável na pesquisa para atendimento ao suporte teórico necessário. Segundo Carvalho e Almeida (1991), a pesquisa bibliográfica é a procura em fontes já existentes para que com segurança se busque a informação desejada sobre determinado tema.

Por conveniência optou-se pela realização de um estudo de caso junto a uma holding familiar a qual teve-se acesso as informações patrimoniais necessárias para o cumprimento da análise comparativa objetivo desta pesquisa. A coleta de dados decorreu no recorte temporal entre 1º de janeiro e 31 de dezembro do exercício fiscal de 2017 e foram tratados a partir do uso da planilha eletrônica Microsoft Excel®.

Conforme Gil (2010, p. 37), um estudo de caso é "um trabalho aprofundado e exaustivo de um ou de poucos objetivos, de maneira que permita o seu amplo e detalhado conhecimento".

Ainda, esta pesquisa enquadra-se como qualitativa, com uma observação profunda de uma situação problema trazida neste trabalho. De acordo com Silva e Menezes (2005, p. 20), a pesquisa qualitativa "considera que há uma relação dinâmica entre o mundo real e o sujeito, isto é, um vínculo indissociável entre o mundo objetivo e a subjetividade do sujeito que não pode ser traduzido em números".

Contextualização do estudo de caso

O estudo de caso observa uma família constituída por 4 integrantes, sendo um casal e dois filhos adultos. O casal é proprietário de uma pequena empresa de vendas, instalação e assistência técnica em alarmes e portões eletrônicos, com lucro líquido mensal aproximado de R$ 6.000,00 (seis mil reais).

Patrimônio familiar objeto deste estudo:

- 02 terrenos, já doados aos 2 filhos (desconsiderados neste trabalho);
- 01 Casa de alvenaria localizada em condomínio fechado avaliada em R$ 650.000,00;
- 16 quitinetes de 28m² – construídas entre os anos de 2015 a 2018, com custos e ganhos em regime de "rachada" de 50% com um dos filhos (08 unidades consideradas nesse estudo);
- Valor do terreno na época da compra (2008) R$ 120.000,00 (cento e vinte mil reais), perfazendo R$ 7.500, por unidade – Memória de cálculo: R$ 120.000,00 / 16 unidades;
- Custos de construção de cada unidade estimados em R$ 40.000,00. Desta forma, o custo de ativação unitário é de R$ 47.500,00 (terreno + construção);
- As quitinetes encontram-se alugadas por R$ 1.000,00 (mil reais) cada, gerando uma receita bruta mensal de R$ 8.000,00 (oito mil reais).

Quadro 1 – Demonstrativo do Patrimônio Familiar

Item Patrimonial	Valor em R$
Residência – Quantidade 1	650.000,00
Quitinetes – Quantidade 8	380.000,00
Valor Total	1.030.000,00

Fonte: elaborado pela autora.

Para elaboração das simulações/hipóteses serão integralizados na holding familiar, apenas as quitinetes no montante de R$ 380.000,00, conforme destacado no quadro 1. Pois a residência do casal não será explorada comercialmente.

Hipóteses elaboradas nesta pesquisa:

- H1 – Gestão pela pessoa física, sem gastos administrativos e tributação pela Tabela do Imposto de Renda;
- H2 – Gestão terceirizada (imobiliária), com tributação na pessoa física;
- H3 – Gestão pela holding familiar, sem gastos administrativos e tributação pela modalidade Lucro Presumido;
- H4 – Gestão terceirizada (imobiliária), com gastos administrativos e tributação pela modalidade Lucro Presumido;

Resultados e discussões

Comparativo da tributação holding familiar versus pessoa física

Esta pesquisa tem entre seus objetivos específicos apresentar os tributos incidentes na locação de bens imóveis na holding familiar e na pessoa física, para atendimento apresenta-se o quadro 2.

Quadro 2 – Quadro comparativo da tributação holding familiar versus pessoa física

Pessoa Física	Holding Familiar – Lucro Presumido
Até 27,5% de IRPF conforme Tabela 1, prevista no art. 1º da Lei nº 11.482/2007.	11,33% (3% de COFINS, 0,65% de PIS, 4,80% IRPJ e 2,88% de CSLL) para empresas que optaram pelo lucro presumido, mais adicional de 10% sobre excedente, totalizando aproximadamente 14,53% conforme definido no artigo 14 da Lei nº 9.718/1998.

Fonte: elaborado pela autora.

Observando-se o quadro 2, percebe-se que a pessoa física está sujeita unicamente a tributação do imposto de renda, enquanto a holding familiar submete-se aos tributos: PIS, COFINS, IRPJ e CSLL. Entretanto, comparando-se a tributação efetiva temos até 14,53% na holding familiar, enquanto a tributação na pessoa física para um rendimento de R$ 8.000,00/mês é de 27,5% na pessoa física – demonstrando uma economia de aproximadamente 12,97 pontos percentuais em favor da holding.

Vantagens e desvantagens da holding familiar

Vantagens e desvantagens na constituição de uma holding familiar.

Quadro 3 – Resumo das vantagens e desvantagens

Vantagens	Desvantagens
Planejamento Financeiro	Elisão Fiscal x Evasão Fiscal
Planejamento Tributário	Caracterização de Fraude
Planejamento Sucessório	Juros sobre Capital Próprio
Blindagem Patrimonial	Distribuição Disfarçada de lucros

Fonte: elaborado pela autora.

O quadro 3 demonstra que as vantagens e desvantagens encontrados durante a pesquisa bibliográfica, confundem-se com riscos e oportunidades, pois o planejamento tributário, se realizado de maneira inadequada, poderá ser considerado como uma fraude com finalidade de evasão fiscal, sujeitando o grupo familiar a criminalização da atividade.

Comparativo da tributação holding familiar versus pessoa física

Este diagnóstico tem como objetivo específico comparar a tributação na locação de imóveis na holding familiar e na pessoa física. Diante disso, apresenta-se a tabela 2 com os cálculos realizados.

Tabela 2 – Tabela comparativa entre as hipóteses

Hipóteses	Valor Bruto dos aluguéis em (R$)	Impostos e taxas incidentes (R$)	Taxas de administ. (R$)	Valor líquido dos aluguéis em (R$)
H1 – Gestão pela pessoa física, sem gastos administrativos e tributação pela Tabela do Imposto de Renda.	8.000,00	1.330,64	-	6.669,36

continua...

continuação

Hipóteses	Valor Bruto dos aluguéis em (R$)	Impostos e taxas incidentes (R$)	Taxas de administ. (R$)	Valor líquido dos aluguéis em (R$)
H2 – Gestão terceirizada (imobiliária), com tributação na pessoa física.	8.000,00	1.330,64	400,16	6.269,20
H3 – Gestão pela holding familiar, sem gastos administrativos e tributação pela modalidade Lucro Presumido.	8.000,00	906,40	-	7.093,60
H4 – Gestão terceirizada (imobiliária), com gastos administrativos e tributação pela modalidade Lucro Presumido.	8.000,00	906,40	425,62	6.667,98

Fonte: elaborado pela autora.

Conforme tabela 2, H1, quando o imposto de renda é aplicado sobre a receita bruta de R$ 8.000,00 (oito mil reais), temos uma alíquota efetiva de 16,63%. Isto deve-se ao fato de que o cálculo do IRRF é progressivo, esta representação está posta no quadro 3, onde na 1ª faixa de tributação, até R$ 1.903,98 a alíquota é zero. Enquanto, após a 5ª faixa, que no exercício está fixada em R$ 3.335,32, incidindo a alíquota máxima de 27,5%.

Quadro 3 – Demonstrativo do cálculo do IRRF

Faixa da Base de Cálculo		Alíquota	Valor do Imposto
1ª Faixa	1.903,98	0,0%	–
2ª Faixa	922,67	7,5%	69,2
3ª Faixa	924,4	15,00%	138,66
4ª Faixa	913,63	22,50%	205,57
5ª Faixa	3.335,32	27,50%	917,21
Total	8.000,00	---	1.330,64

Fonte: elaborado pela autora.

Segundo tabela 2, H2, além do imposto de renda incidente sobre a base de cálculo de R$ 8.000,00, foram considerados a taxa de administração de 6% (seis por cento), incidentes sobre a receita líquida da pessoa física, com isto, esta opção apresenta-se como a de menor valor líquido disponível para a família.

De acordo tabela 2, H3, primeira simulação utilizando-se a holding familiar, os tributos incidentes são: PIS, Cofins, IRPJ e CSLL. No caso do lucro presumido, as alíquotas efetivas são respectivamente: 0,65%, 3,00%, 4,80% e 2,88%, num montante de 11,33% de tributos incidentes. Nesta opção, o valor líquido disponível de aluguéis atinge R$ 7.093,60, maior valor entre as quatro hipóteses analisadas.

Por último, a tabela 2, H4, também utilizando-se da holding familiar, os tributos incidentes mantem-se os mesmos. Entretanto, foram consideradas a taxa de administração de 6% (seis por cento), incidentes sobre a receita líquida da pessoa jurídica.

Assim, conforme estabelecido no objetivo geral da pesquisa, pode-se constatar que a opção mais econômica do ponto de vista fiscal é a H3, onde constitui-se uma holding familiar para locação dos bens imóveis, através da tributação pelo lucro presumido com administração própria.

Nesta situação, restou um valor líquido de R$ 7.093,60, contra R$ 6.669,36, quando projetado para pessoa física nas mesmas condições. Desta forma, temos uma economia fiscal para holding familiar de R$ 424,24. Enquanto na holding familiar a alíquota efetiva é de 11,33%, na pessoa física a alíquota salta para 16,63%, um ganho de 5,30 pontos percentuais favoráveis a pessoa jurídica.

Considerações finais

A alta carga tributária elevada em nosso país, tem feito com que muitas pessoas físicas e jurídicas busquem no planejamento tributário, uma forma legal para economizar impostos. Desde a Lei 6.404/1976, também conhecida como Lei das S/A é possível a constituição de holdings. Entre as espécies de holdings temos a familiar que pode ter propósito sucessório, administrativo e fiscal.

O objetivo deste estudo foi identificar se a constituição de uma holding familiar para administração de bens imóveis destinados a locação, poderia ser considerado uma modalidade de planejamento tributário, ocasionando em economia fiscal.

Para isso, foi realizado um estudo de caso junto a um núcleo familiar que tem entre suas rendas a locação de 8 quitinetes, que geram mensalmente uma receita bruta de R$ 8.000,00 (oito mil reais). Foram levantadas 4 hipóteses, sendo duas com a tributação incidente na pessoa física e duas com a tributação incidente sobre uma holding familiar tributada pelo lucro presumido.

Após a simulação das hipóteses, restou que respondido que sim, uma holding familiar tributada pelo lucro presumido para administração de bens imóveis destinados a locação, pode ser encarada como planejamento tributário. Pois demonstrou-se a situação mais econômica, gerando uma sobra de 5,30 pontos percentuais, que representaram R$ 424,24.

Para futuras pesquisas, sugerem-se a utilização de patrimônios maiores, famílias mais numerosas, bem como a simulação de outras possibilidades de opção tributária como acontece com o lucro real.

REFERÊNCIAS

ARAÚJO, J. J.; PAULUS, C. I.; QUEIROZ, A. Z. Planejamento tributário por meio de holding: aspectos econômico-financeiros. **Revista de Direito Internacional Econômico e Tributário – RDIET**, v. 12, n. 1, p. 597-631, jan./jun. 2017.

BARBOZA, E. M. Holding como estratégia de planejamento tributário. **Revista On-line IPOG**, dez. 2018.

BELLUCCI, M. **Tributação nos centros de serviços compartilhados.** 2015. Tese (Doutorado) – Pontifícia Universidade Católica de São Paulo, São Paulo, 2015.

BIANCHINI, J.; GONÇALVES, R. B.; ECKERT, A.; MECCA, M. S. Holding como ferramenta de sucessão patrimonial: um estudo sob o ponto de vista da assessoria contábil. **Revista de Administração, Contabilidade e Economia da FUNDACE**, v. 5, n. 2, p. 1-14, 2014.

BRASIL. **Constituição Federal, artigo 156**. Disponível em: https://www.senado.leg.br/atividade/const/con1988/con1988_14.12.2017/art_156_.asp. Acesso em: 27 maio 2019.

BRASIL. **Decreto nº 9.580, de 26 de novembro de 2018**. Regulamenta a tributação, a fiscalização, a arrecadação e a administração do Imposto sobre a Renda e Proventos de Qualquer Natureza. Disponível em: http://www.placonalto.gov.br/ccivil_03/_ato2015-2018/2018/decreto/D9580.htm. Acesso em: 9 jun. 2019.

BRASIL. **Decreto-lei nº 1.598, de 26 de dezembro de 1977**. Altera a legislação do imposto sobre a renda. Disponível em: http://www.planalto.gov.br/ccivil_03/decreto-lei/del1598.htm. Acesso em: 27 maio 2019.

BRASIL. **Lei nº 11.482, de 31 de maio de 2007**. Efetua alterações na tabela do imposto de renda da pessoa física e dá outras providências. Disponível em: http://www.planalto.gov.br/ccivil_03/_Ato2007-2010/2007/Lei/L11482.htm. Acesso em: 29 set. 2019.

BRASIL. **Lei nº 5.172, de 25 de outubro de 1966**. Dispõe sobre o Sistema Tributário Nacional e institui normas gerais de direito tributário aplicáveis à União, Estados e Municípios. Disponível em: http://www.planalto.gov.br/ccivil_03/leis/l5172.htm. Acesso em: 22 maio 2019.

BRASIL. **Lei nº 6.404, de 15 de dezembro de 1976**. Dispõe sobre as Sociedades por Ações. Disponível em: http://www.planalto.gov.br/ccivil_03/LEIS/L6404consol.htm. Acesso em: 27 maio 2019.

BRASIL. **Lei nº 8.137, de 27 de dezembro de 1990**. Dispõe sobre os Crimes contra a Ordem Tributário. Disponível em: http://www.planalto.gov.br/ccivil_03/leis/L8137.htm. Acesso em: 11 dez. 2019.

BRASIL. **Lei nº 9.249, de 26 de dezembro de 1995**. Altera a legislação do imposto de renda das pessoas jurídicas, bem como da contribuição social sobre o lucro líquido, e dá outras providências. Disponível em: http://www.planalto.gov.br/ccivil_03/leis/l9249.htm. Acesso em: 27 maio 2019.

BRASIL. **Lei nº 9.430, de 27 de dezembro de 1996**. Dispõe sobre a legislação tributária federal, as contribuições para a seguridade social, o processo administrativo de consulta e dá outras providências. Disponível em: http://www.planalto.gov.br/ccivil_03/LEIS/L9430compilada.htm. Acesso em: 23 maio 2019.

BRASIL. **Lei nº 9.718, de 27 de novembro de 1998**. Altera a Legislação Tributária Federal, disponível em: http://www.planalto.gov.br/ccivil_03/LEIS/L9718compilada.htm. Acesso em: 29 set. 2019.

CARVALHO, M. C. M. de; JR ALMEIDA, J. B. **Metodologia científica fundamentos e técnicas**: construindo o saber. 3. ed. Campinas: Papirus, 1991.

CARVALHO, P. de B. **Curso de Direito Tributário**. 23. ed. São Paulo: Saraiva, 2011.

CREPALDI, S. A. **Planejamento Tributário**: teoria e prática. 1. ed. São Paulo: Saraiva, 2012.

FABRETTI, L. C.; FABRETTI, D. R. **Direito tributário para cursos de administração e ciências contábeis**. São Paulo: Atlas, 2002.

GIL, A. C. **Como elaborar projetos de pesquisa**. 5. ed. São Paulo: Atlas, 2010.

GRECO, M. A. **Planejamento Tributário**. São Paulo: Dialética, 2008.

LAKATOS, E.; MARCONI, M. A. **A metodologia do trabalho científico**. São Paulo: Atlas, 2001.

LATORRACA, N. **Direito tributário**: imposto de renda das empresas. 15. ed. São Paulo: Atlas, 2000.

LIMA, E. M.; REZENDE, A. J. Um estudo sobre a evolução da carga tributária no Brasil: uma análise a partir da Curva de Laffer. Interações, Campo Grande, v. 10, n. 1, p. 239-255, 2018.

LODI, J. B.; LODI, E. P. **Holding**. São Paulo: Pioneira Thomson Learning, 2004.

MAMEDE, G.; MAMEDE, E. C. **Holding familiar e suas vantagens**: planejamento jurídico e econômico do patrimônio e da sucessão familiar. 10. ed. São Paulo: Atlas, 2018.

MOREIRA, A. M. Elisão e evasão fiscal – limites ao planejamento tributário. **Revista da Associação Brasileira de Direito Tributário**, Belo Horizonte, v. 21, p. 11-17, 2003.

OLIVEIRA, M. C. S. C. **As holdings familiares e o planejamento sucessório no direito brasileiro**. 2017.

QUEIROZ, F. E. A.; TAVEIRA, R. C.; OLIVEIRA, T. S. R.; GILBEITO, T. M. J. Holding Familiar: benefícios do planejamento sucessório e vantagens do regime tributário. **Diálogos em Contabilidade. Teoria e prática**, v. 1, n. 1, jan./dez. 2013.

RAMOS, A. V. R.; NIVEIROS, S. I.; CARNEIRO JÚNIOR, J. B. A. Planejamento Tributário: análise bibliométrica dos artigos publicados na base Atena no período de 2012 a 2016. **Desafio On-line**, v. 7, n. 2, p. 355-376, 2019.

RFB. **Instrução Normativa 1.500/2014 Art. 22**. Disponível em: http://normas.receita.fazenda.gov.br/sijut2consulta/link.action?visao=anotado&idAto=57670. Acesso em: 27 de maio 2019.

RFB. **Instrução Normativa 1.585/2015 de 31 de agosto de 2015**. Disponível em: http://normas.receita.fazenda.gov.br/sijut2consulta/link.action?visao=anotado&idAto=67494. Acesso em: 27 de maio 2019.

ROCHA, V. A. P.; RIOS, R. P. Holding para planejamento sucessório: estudo de caso em uma empresa familiar, **Revista Eletrônica Gestão e Negócios**, São Paulo: Ed. RE, v. 5, n. 1, 2014.

SILVA, E. L.; MENEZES, E. M. **Metodologia da pesquisa e elaboração de dissertação**. 4. ed. Florianópolis: UFSC, 2005.

TANG, T. H. **Book-tax differences, a function of accounting-tax misalignment, earnings management and tax management**. American Accounting Association, 2006.

TESOURO NACIONAL. **Estimativa da Carga Tributária Bruta no Brasil – 2018**. Nota Técnica. Disponível em: https://www.tesourotransparente.gov.br/publicacoes/nota-tecnica/carga-tributaria-do-governo-geral/publicacao-2019-03-29-6987170856. Acesso em: 22 maio 2019.

THIOLLENT, M. **Metodologia de Pesquisa-ação**. São Paulo: Saraiva, 2009.

YAMAMOTO, B. H. R.; TOFOLI, I. T. **Planejamento financeiro como ferramenta na tomada de decisão empresarial**: estudo de caso na empresa Cronos Marcas – Lins – SP. 2017. Monografia (Graduação em Administração) – Centro Universitário Católico Salesiano Auxilium – UniSALESIANO, Lins-SP, 2017.

YOUNG, L. H. **Planejamento Tributário**: coleção prática contábil – fusão, cisão e incorporação. Curitiba: Juruá, 2006.

A ECONOMIA TRIBUTÁRIA NA LOGÍSTICA COMO FATOR DE COMPETITIVIDADE

Clarisse Gonçalves da Rocha[38]
Thiago André Guimarães[39]

Introdução

O custo logístico no Brasil correspondeu a 11,73% do PIB em 2015, um percentual elevado se comparado aos EUA com 8,26% segundo relatório do Banco Mundial (FARIA; SOUZA; VIEIRA, 2015; FUNDAÇÃO DOM CABRAL, 2015), gradativamente vem ocorrendo uma evolução do resultado dos custos logísticos partindo de um índice de 17% do PIB em 1996 para 12,6% em 2004 (LIMA, 2006), e 11,73% em 2015, como citado anteriormente. Tal evidência deve-se em parte ao próprio crescimento da economia, mas também à melhoria das operações logísticas, em especial àquelas propiciadas pelo advento da tecnologia da informação.

O mercado brasileiro tem acompanhado o dinamismo do resto do mundo em termos de inovação, tecnologia e negócios. No entanto, muitos obstáculos permeiam as empresas brasileiras no contexto tributário, uma vez que cada organização deve conhecer sua classificação respectiva dentro da complexa legislação brasileira, com o propósito do enquadramento legal de sua atividade e produzir um conjunto de dados endereçados à otimização dos custos tributários.

Quadro 1 – Fatores determinantes do custo tributário logístico

A integração dos membros da cadeia de suprimentos (Supply Chain Management – SCM), onde fornecedores, distribuidores, manufaturas e revendas compartilham informações de custos, estoques, vendas, previsão de demanda, produção, compras e desenvolvimento de novos produtos (BALLOU, 2006);

continua...

---

[38] Acadêmica do Curso de Especialização em Gestão Empresarial, Contábil e Tributária do Instituto Federal do Paraná – IFPR. Campus Curitiba. Economista pelo Centro Universitário Franciscano do Paraná – FAE. Email: kla.rocha@hotmail.com

[39] Professor do Instituto Federal do Paraná – IFPR, Campus Curitiba e Professor da Universidade Federal do Paraná – UFPR, Departamento de Administração Geral e Aplicada. Economista pela UFPR e Engenheiro de Produção Civil pela Universidade Tecnológica Federal do Paraná – UTFPR. Mestre e Doutor em Métodos Numéricos em Engenharia pela UFPR. Email: thiago.guimaraes@ifpr.edu.br

continuação

Localização estratégica do centro de distribuição, optando por localidades que possibilitem atender a demanda adequadamente e que ofereçam incentivos ou isenções fiscais dos tributos como ISS e ICMS, de competência dos municípios e estados respectivamente;
A escolha dos modais de transporte: a modalidade de transporte rodoviário é a mais utilizada no Brasil, e devido à grande distância entre os pontos de distribuição e dos valores de impostos incidentes, o custo do frete tem muita importância na estrutura de custos logísticos (BALLOU, 2006), sendo assim, para que a cadeia de logística obtenha redução nos custos, a questão da localização do site de produção/distribuição é fator importante na escolha da modalidade de transporte mais indicada, de acordo com a infraestrutura que a região oferece;
A mão de obra adotada pode ser um dos fatores determinantes da redução dos custos, inclusive tributários, ao passo que com a opção pela terceirização da mão de obra, a organização transfere para a contratada o ônus da tributação em folha de pagamento, e recolhe apenas o ISS (Imposto Sobre prestação de Serviços de competência municipal) que incide sobre a prestação de serviços do terceiro (DUARTE, 2013).

Fonte: elaborado pelo autor com base em fontes citadas.

A avaliação da economia tributária na logística pauta-se como elemento estratégico, integrando os custos tributários de todos os membros componentes da cadeia de suprimentos, que devem obedecer a critérios legais e tributários definidos pelo governo.

Em alguns países como a China, o governo procura compensar com incentivos fiscais as empresas que investem em tecnologia na redução de emissão de dióxido de carbono. Exemplos dessa medida apresentam redução de até 9,2% os custos logísticos de organizações contempladas (YANG et al., 2016). Na Índia o imposto sobre vendas interestaduais (CST-Central Sales Tax), as empresas optam por instalar seus centros de distribuição em localidades distintas ao longo do país. Além de atender demandas regionais, a taxação condicionada permite sensível redução nos custos logísticos (AVITTATHUR et al., 2005).

No Brasil, as diferentes alíquotas impostas pelos estados e municípios, influenciam as empresas a se instalarem em localidades com maiores incentivos fiscais. Neste contexto, destaca-se o porto de Vitória (ES), que oferece vantagens através do Fundap (Fundo de Desenvolvimento das Atividades Portuárias). Dentre os atratores tributários, destaca-se a isenção das despesas de importação e prazo maior para recolhimento do ICMS das mercadorias importadas, passando de recolhimento no momento da liberação aduaneira para o 26º dia do mês subsequente (DUARTE, 2013), facilitando a gestão das operações logísticas e das obrigações relativas aos tributos gerados.

O custo logístico está entre os mais importantes de uma empresa, e dentro do mesmo, os custos tributários representam cerca de 50% (PRESTEX, 2018), sendo assim, é necessário identificar e detalhar claramente os custos logísticos relativos à venda, compra e produção de mercadorias, sejam eles internos (estoque, armazenagem, gestão de pedidos e transporte) ou externos (modal de transporte, despesas relacionadas ao desembaraço, políticas alfandegárias, taxas e impostos e ineficiência de terceiros). Tal esforço possibilita a melhor gestão dos custos e consequentemente o aumento da competitividade.

Os estudos que abordam a gestão de custos logísticos no Brasil, estão focados em sua maioria na localização da cadeia de suprimentos. Essa particularidade deve-se ao largo arcabouço necessário ao entendimento da complexa estrutura tributária, em especial aos espaços interpretativos no que tange à legislação.

A falta de confiabilidade e visibilidade na previsão da gestão de custos no processo de logística geram informações inconsistentes ao longo da cadeia de suprimentos. Consequentemente, a abordagem isolada das questões tributárias conduz a decisões estratégicas ineficientes, particularmente no âmbito dos incentivos fiscais, isenções tributárias, ICMS (crédito e débito) e impostos estaduais, municipais e federais, e ainda os tributos diretos e indiretos que incidem no custo de transporte. Ademais, é necessário que se observe com vigilância a normativa de prazos e alíquotas, com a finalidade de evitar multas e penalidades que desequilibram as operações da cadeia (DUARTE, 2013).

Esta complexa estrutura exige uma gestão tributária integrada dos membros participantes da cadeia de logística. Para melhor entendimento técnico da questão tributária envolvida nos processos de compras, gestão de estoques, produção, armazenagem, manuseio e vendas, as organizações investem em treinamento de pessoal e parceria com consultorias (LIMA, 2006).

Por outro lado, a escassez da abordagem nos trabalhos científicos que considerem o estudo dos tributos logísticos se justifica pela simplicidade da estrutura tributária de outros países, uma vez que estes custos são considerados irrelevantes (LIMA, 2006).

Diante da lacuna exposta, este trabalho tem por objetivo identificar os aspectos tributários nas atividades logísticas, com base no conceito de economia tributária logística e sua utilização como ferramenta de gestão competitiva. Para responder este questionamento, traçou-se os seguintes objetivos específicos:

a) Realizar um levantamento dos diferentes tributos existentes, bem como suprir carga ou alíquota predominante, e a relação percentual dos custos tributários nas atividades logísticas;
b) Identificar as lacunas na legislação tributária que viabilizem a economia tributária através dos benefícios utilizados no planejamento tributário na logística.

O trabalho será dividido em cinco seções, na segunda seção apresentará uma revisão de literatura, discorrendo sobre cadeia logística, custos tributários, tributação e economia tributária. A terceira seção compõe a metodologia utilizada nesta pesquisa, após na quarta seção serão apresentados os resultados, bem como a análise destes, e finalizando com a quinta seção, com as considerações finais, incluindo as limitações e sugestões de trabalhos futuros.

Revisão de literatura

Esta seção contempla 4 divisões, sendo que a primeira aborda a gestão da cadeia de suprimentos, na sequência custos tributários na cadeia de suprimentos, uma contribuição sobre tributação e por final o fator economia tributária.

Gestão da cadeia de suprimentos

Vista anteriormente como atividade de apoio às vendas no âmbito de atender a demanda, a gestão da logística vem cada vez mais ganhando importância no cenário organizacional como atividade componente do valor agregado ao produto, focada na mudança de hábitos do mercado consumidor e consequentemente na satisfação do cliente cada vez mais exigente (BALLOU, 2006). Dessa forma foi necessário evoluir os processos logísticos para a cadeia de suprimentos, em que todas as empresas atuam de forma integrada e coordenada, não somente na gestão de fornecedores, produção e distribuição, mas também na gestão de informações ao fornecedor e ao cliente final. Essa integração estreita o relacionamento entre os elos da cadeia, ensejando o gerenciamento integrado da Gestão da Cadeia de Suprimentos (SCM – Supply Chain Management) (EVANGELISTA *et al.*, 2018). Segundo Ballou (2006), a concepção da logística de agrupar os fluxos de estoque, transporte e comunicação iniciou antes mesmo da expansão comercial entre regiões, mas ganhou foco nas organizações somente após os benefícios obtidos da coordenação dessas atividades através da gestão de custos logísticos.

Custos tributários na cadeia de suprimentos

Segundo a art. 3º do CTN (Lei n. 5172, de 25 de outubro de 1966) "Tributo é toda prestação pecuniária compulsória, em moeda cujo valor nela possa exprimir, que não constitua sanção de ato ilícito, instituída em lei e cobrada mediante atividade administrativa plenamente vinculada", ou seja, a prestação monetária imposta pelo Estado de forma obrigatória ao contribuinte, mediante fato gerador, independente do seu consentimento (EVANGELISTA *et al.*, 2018).

Os tributos que oneram a produção, classificados como tributos indiretos, são incorporados aos custos de cada etapa da cadeia produtiva, recolhidos pelas empresas que absorvem tanto o custo de produção como da tributação embutidos e repassados aos preços na transação com os agentes consumidores no final do processo produtivo (ROSSETTI, 1997).

Os custos tributários na logística ocorrem no processo produtivo em cada elo do fluxo da cadeia de suprimentos, dando origem ao fato gerador, e a soma destes custos são embutidos no preço final do produto ao consumidor final. A figura1 demonstra o fluxo financeiro de vendas que geram automaticamente custos tributários em cada movimentação entre os membros no elo da cadeia, sendo que *n* representa o intervalo entre as vendas (COSTA *et al.*, 2016).

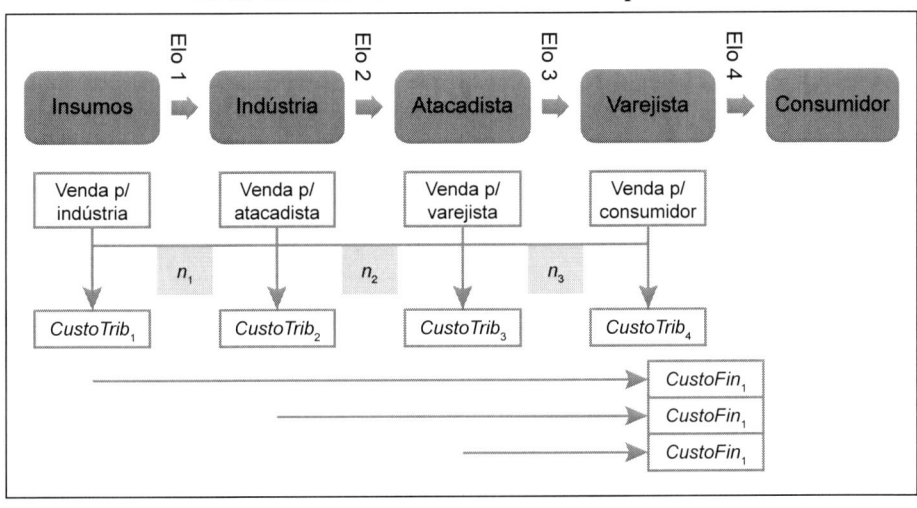

Figura 1 – Demonstração da proposta de mensuração dos custos financeiros em uma cadeia de suprimentos

Fonte: COSTA, D. F. *et al.* (2019).

Uma contribuição sobre o tema tributação

Os tributos que fazem parte da estrutura tributária do Brasil são classificados como impostos, contribuições, taxas e empréstimo compulsório e alguns têm incidência sobre os processos da cadeia produtiva, sendo relevante na formação do custo e no preço final do produto, influenciando o padrão de consumo (COSTA *et al.*, 2016).

ICMS (Imposto sobre operações relativas à Circulação de Mercadorias e Prestação de Serviços de Transporte de Comunicação, Intermunicipal e Interestadual): Nas alíquotas do ICMS as variações são de 7% ou 12% nas operações interestaduais e 17% ou 18% nas operações estaduais, representa 70% dos tributos logísticos e justifica a escolha da localização com menor alíquota como opção que reflete significativamente o custo logístico das organizações. A figura 2 apresenta a alíquota interna entre origem e destino para os estados brasileiros.

Figura 2 – Alíquotas de ICMS entre origens e destinos

Alíquota Interna do ICMS		DESTINO																										
		AC	AL	AM	AP	BA	CE	DF	ES	GO	MA	MT	MS	MG	PA	PB	PR	PE	PI	RN	RS	RJ	RO	RR	SC	SP	SE	TO	IM
ORIGEM	AC	17	12	12	12	12	12	12	12	12	12	12	12	12	12	12	12	12	12	12	12	12	12	12	12	12	12	12	4
	AL	12	18	12	12	12	12	12	12	12	12	12	12	12	12	12	12	12	12	12	12	12	12	12	12	12	12	12	4
	AM	12	12	18	12	12	12	12	12	12	12	12	12	12	12	12	12	12	12	12	12	12	12	12	12	12	12	12	4
	AP	12	12	12	18	12	12	12	12	12	12	12	12	12	12	12	12	12	12	12	12	12	12	12	12	12	12	12	4
	BA	12	12	12	12	18	12	12	12	12	12	12	12	12	12	12	12	12	12	12	12	12	12	12	12	12	12	12	4
	CE	12	12	12	12	12	18	12	12	12	12	12	12	12	12	12	12	12	12	12	12	12	12	12	12	12	12	12	4
	DF	12	12	12	12	12	12	18	12	12	12	12	12	12	12	12	12	12	12	12	12	12	12	12	12	12	12	12	4
	ES	12	12	12	12	12	12	12	17	12	12	12	12	12	12	12	12	12	12	12	12	12	12	12	12	12	12	12	4
	GO	12	12	12	12	12	12	12	12	17	12	12	12	12	12	12	12	12	12	12	12	12	12	12	12	12	12	12	4
	MA	12	12	12	12	12	12	12	12	12	18	12	12	12	12	12	12	12	12	12	12	12	12	12	12	12	12	12	4
	MT	12	12	12	12	12	12	12	12	12	12	17	12	12	12	12	12	12	12	12	12	12	12	12	12	12	12	12	4
	MS	12	12	12	12	12	12	12	12	12	12	12	17	12	12	12	12	12	12	12	12	12	12	12	12	12	12	12	4
	MG	7	7	7	7	7	7	7	7	7	7	7	7	18	7	7	12	7	7	7	12	12	7	7	12	12	7	7	4
	PA	12	12	12	12	12	12	12	12	12	12	12	12	12	17	12	12	12	12	12	12	12	12	12	12	12	12	12	4
	PB	12	12	12	12	12	12	12	12	12	12	12	12	12	12	18	12	12	12	12	12	12	12	12	12	12	12	12	4
	PR	7	7	7	7	7	7	7	7	7	7	7	7	12	7	7	18	7	7	7	12	12	7	7	12	12	7	7	4
	PE	12	12	12	12	12	12	12	12	12	12	12	12	12	12	12	12	18	12	12	12	12	12	12	12	12	12	12	4
	PI	12	12	12	12	12	12	12	12	12	12	12	12	12	12	12	12	12	18	12	12	12	12	12	12	12	12	12	4
	RN	12	12	12	12	12	12	12	12	12	12	12	12	12	12	12	12	12	12	18	12	12	12	12	12	12	12	12	4
	RS	7	7	7	7	7	7	7	7	7	7	7	7	12	7	7	12	7	7	7	18	12	7	7	12	12	7	7	4
	RJ	7	7	7	7	7	7	7	7	7	7	7	7	12	7	7	12	7	7	7	12	20	7	7	12	12	7	7	4
	RO	12	12	12	12	12	12	12	12	12	12	12	12	12	12	12	12	12	12	12	12	12	17,5	12	12	12	12	12	4
	RR	12	12	12	12	12	12	12	12	12	12	12	12	12	12	12	12	12	12	12	12	12	12	17	12	12	12	12	4
	SC	7	7	7	7	7	7	7	7	7	7	7	7	12	7	7	12	7	7	7	12	12	7	7	17	12	7	7	4
	SP	7	7	7	7	7	7	7	7	7	7	7	7	12	7	7	12	7	7	7	12	12	7	7	12	18	7	7	4
	SE	12	12	12	12	12	12	12	12	12	12	12	12	12	12	12	12	12	12	12	12	12	12	12	12	12	18	12	4
	TO	12	12	12	12	12	12	12	12	12	12	12	12	12	12	12	12	12	12	12	12	12	12	12	12	12	12	18	4
	IMP	4	4	4	4	4	4	4	4	4	4	4	4	4	4	4	4	4	4	4	4	4	4	4	4	4	4	4	

Fonte: https://www.jornalcontabil.com.br/icms-2019-tabela-completa-com-as-aliquotas-dos-estados/

Encargos sociais sobre a folha de salários: Tributação sobre a folha de pagamento, inclusive o pró-labore e serviços de terceiros, com o objetivo de financiar a seguridade social. De um modo geral é composto por: INSS (20% para as empresas em geral e 22,5% para as empresas financeiras), FGTS (8%), Seguro de Acidentes do Trabalho (1% 2% ou 3%, dependendo do grau de risco da atividade), Salário-Educação (2,5%), Incra (0,2% a 2,7%), Sebrae (0,3% a 0,6%), Senai/Senac (1%), Sesi/Sesc (1,5%) e outras contribuições (0,2% a 2,5%) (CINTRA, 2010).

Como mostra a figura 3, o custo elevado dos encargos sociais da folha de pagamento no Brasil representam entre 31,5% e 33,98% dependendo do nível de salário do funcionário, motivo pelo qual as organizações buscam alternativas para desoneração da folha de pagamento de funcionários (CINTRA, 2010), através da terceirização de mão de obra principalmente nas atividades meio, no caso da logística, por exemplo, entram os transportadores, os operadores logísticos e a terceirização na carga e descarga de caminhões.

Figura 3 – Tributação sobre salários no Brasil 2005 (% do salário bruto)

Salários mínimos	Empregado (1)	Empregador (2)	Total
Até 2	7,65	31,50	39,15
2 a 3	8,65	31,50	40,15
3 a 5	10,57	32,60	43,17
5 a 6	15,42	32,60	48,02
6 a 8	17,27	32,60	49,87
8 a 10	21,26	33,17	54,43
10 a 15	22,92	33,17	56,09
15 a 20	24,23	33,17	57,40
20 a 30	25,21	33,98	59,19
30 a 50	27,07	33,98	60,05
Mais de 50	26,81	33,98	60,79
Média	20,43	32,98	42,50

(1) INSS ou previdência pública e imposto de renda.
(2) INSS ou previdência pública, seguro de acidentes do trabalho, sistema 'S' e salário educação
Fonte: Instituto Brasileiro de Planejamento Tributário (IBPT) *apud* CINTRA, 2019

COFINS (Contribuição para o Financiamento da Seguridade Social): de competência do governo federal, envolvendo toda a sociedade na contribuição de forma indireta, com o objetivo de financiar a área social, incide sobre a receita bruta das empresas com alíquota de 3,0% (regime de lucro presumido) ou 7,6% (regime de lucro real) dependendo do regime tributário do imposto de renda em que a empresa se enquadra.

PIS-PASEP: Os fundos do Programa de Integração Social (PIS) e do Programa de Formação do Patrimônio do Servidor Público (PASEP) são constituídos com as contribuições dos trabalhadores para subsidiar o seguro-desemprego e o abono salarial. A alíquota para as empresas optantes pelo lucro presumido é de 0,65%, e para o lucro real é 1,65%, da receita bruta mensal.

IRPJ: O Imposto de Renda da Pessoa Jurídica de competência do governo federal, incide uma alíquota de 15% sobre o lucro e acréscimos patrimoniais das organizações no exercício anterior;

CSLL (Contribuição Social sobre o Lucro Líquido) e competência do governo federal, é destinada a manutenção da seguridade social e incide com alíquota de 9% sobre o lucro líquido antes da provisão do imposto de renda para optantes pelo lucro real, o que altera quando o regime da apuração do lucro passa para presumido, sendo:
- 12% da receita bruta nas atividades comerciais, industriais, serviços hospitalares e de transporte;
- 32% para a) prestação de serviços em geral, exceto a de serviços hospitalares e de transporte; b) intermediação de negócios; c) administração, locação ou cessão de bens imóveis, móveis e direitos de qualquer natureza.

Imposto de importação (I.I.) incide sobre o valor (ad-valorem) da entrada de mercadorias e bagagens estrangeiras, ou retorno de mercadoria nacional pela aduana do país, sendo a emissão da Declaração de Importação como fato gerador do imposto.

C.I.D.E. Contribuição de Intervenção no Domínio Econômico incide sobre comercialização e importação de combustíveis, as alíquotas variam de acordo com o tipo de combustível comercializado, seja gasolina e diesel, taxados a R$100,00 e R$50,00 respectivamente por metro cúbico, e isentos de taxação o álcool, o óleo combustível, o gás e querosene (BRASIL. Receita Federal).

ISS Imposto sobre serviços, de competência dos municípios, incide sobre a prestação de serviços remunerados por pessoa jurídica ou física que não configure vínculo empregatício, seja autônomo ou liberal (Lei Complementar 116/2003). Nas operações da logística deve ser calculado sobre a prestação de serviços do transportador, do operador logístico, da mão de obra para carga e descarga, entre outros.

Uma das estratégias de economia tributária mais conhecidas é o processo de compensação do ICMS e IPI(crédito e débito), em que a organização que estabelece um controle sobre os tributos, contabiliza o crédito do ICMS/IPI (a recuperar) que é repassado ao fornecedor na operação de compra de insumos ou mercadoria para revenda, sendo assim, na operação de venda o valor da obrigação de ICMS é apenas sobre o valor agregado do produto.

O fator economia tributária

Economias são resultados gerados pela estratégia determinada na minimização dos custos e capazes de contribuir para o aumento dos lucros, com efeito relativo ao custo de transportes, armazenagem e produção/compras no cenário da logística (BALLOU, 2006, p. 61). No planejamento fiscal as organizações realizam a estratégia de economia tributária de forma lícita e legal, onde os benefícios e incentivos previstos na legislação são aplicados para redução ou até mesmo a eliminação de custos tributários, a elisão fiscal, que contrária à evasão fiscal, é amparado pela lei (DE PAULA, 2018). Na visão de Krauspenhar (2005), o propósito da elisão fiscal amparada pela legislação tributária na possibilidade de menor incidência de tributos por meio lícito é fomentar a economia tributária, através das brechas e favores oferecidos ao contribuinte que busca adequar suas atividades com o objetivo de reduzir ou evitar o ônus tributário, observando a licitude dos atos antes da ocorrência do fato gerador do tributo.

A economia tributária é aliada importante do planejamento fiscal na contribuição de redução de custos, e na capacidade das organizações em gerar lucros beneficiando-se das alternativas disponíveis na legislação ao contribuinte, particularmente no custo tributário logístico que geralmente é vinculado ao custo do processo produtivo, sendo desconsiderada a necessidade de sua avaliação autônoma pelos gestores. As opções fiscais que podem ser adotadas pelas organizações como estratégica na redução de custos tributários podem partir tanto da escolha do regime fiscal de acordo com o perfil do seu negócio, como na desoneração da folha de pagamento através da incidência da contribuição previdenciária pela receita bruta da empresa, ou mesmo os regimes especiais oferecidos pelo governo a determinado setor da economia (DE PAULA, 2018).

Metodologia

A metodologia qualitativa na abordagem da economia tributária em particular da logística no Brasil foi realizada por pesquisa bibliográfica tanto na visão da academia quanto no cenário empresarial, destacando os principais tributos incorridos na logística como o ICMS, Encargos sociais sobre salários, Cofins, Pis-Pasep, IRPJ, CSLL, Imposto de Importação (I.I.), CIDE e ISS, e os desafios encontrados pelas organizações na gestão tributária.

A pesquisa de exploração de informações para análise e interpretação de referencial teórico, objetivou estudar o impacto da questão da economia tributária brasileira na logística, seu efeito na competitividade econômica das organizações, identificando as lacunas no planejamento tributário do setor logístico brasileiro, através das alternativas estratégicas encontradas na busca por redução de custos tributários na logística.

Análise e discussão de resultados

O conceito de gestão da cadeia de suprimentos na logística (Supply Chain Management – SCM) originou-se da necessidade das organizações se adequarem às exigências de agregar valor ao produto no mercado cada vez mais dinâmico e competitivo em virtude da globalização, e anexo a esse novo conceito surgiram novos modelos de gestão focados na integração e coordenação, capazes de exceder os limites entre as empresas membros da cadeia com o objetivo de maximizar a competitividade no mercado.

Nesse novo conceito de gestão, a questão tributária implícita no custo logístico das organizações, passa a ocupar uma proporção de relevância ao considerar a participação de 50% dos custos logísticos (PRESTEX, 2018), sendo assim, verifica-se como fundamental a gestão tributária da logística objetivando a economia tributária no contexto estratégico de redução de custos produtivos. No entanto, a complexidade da estrutura da legislação tributária brasileira dificulta o planejamento das organizações na utilização dos benefícios e favores previstos em lei, visto que as alterações na legislação acontecem quase diariamente, e ainda a dificuldade da compreensão dos conceitos jurídicos por parte das áreas envolvidas no planejamento: contábil, jurídica e financeira.

Outra dificuldade no planejamento é a falta de histórico de dados de custos logísticos para análise. Duarte (2013) menciona a escassez no ambiente acadêmico da abordagem da economia tributária na logística como estratégia competitiva.

> "[...] a questão tributária não é considerada de forma específica. Isso pode ser justificado pela origem de tais trabalhos, uma vez que os mesmos foram desenvolvidos em países onde tal questão é muito mais simples do que no Brasil. Neste contexto questões como proximidade do mercado consumidor, fornecedores e custos de frete apresentam relevância muito maior".

A investigação em relação ao tributo na logística trouxe à tona inicialmente o termo "logística tributária", se estendendo posteriormente ao termo do seu resultado financeiro, a "economia tributária", que nada mais é do que a economia financeira proveniente de atos lícitos aplicados na gestão dos custos tributários, aproveitando-se das brechas, benefícios e favores previstos em lei, em favor da redução desses custos nas organizações.

Para Krauspenhar (2005), a economia tributária pode ocorrer tanto através do planejamento tributário que prevê o custo tributário sem afetar o fato gerador, quanto da elisão fiscal que pode alterar licitamente o fato gerador para reduzir ou eliminar a tributação.

> "Não se deve confundir elisão fiscal com planejamento tributário latu sensu. No planejamento tributário latu sensu, a atividade do contribuinte

objetivando a economia tributária pode se dar em qualquer atividade ou em qualquer setor, no caso de pessoa jurídica. Já na elisão fiscal, a economia tributária se dará quando o contribuinte usa de favores legais e lacunas da lei, sem infringi-la, para amoldar seus atos e negócios jurídicos".

Algumas estratégias de redução de custos tributários na logística são bem conhecidas pelas organizações, como por exemplo:

a) a escolha da localização estratégica que ofereça menor carga tributária possível, como as áreas de livre comércio (DUARTE, 2013);
b) a opção pela substituição tributária, que transfere a responsabilidade de recolhimento dos impostos ao componente mais forte da cadeia de suprimentos, evitando a cumulatividade (DUARTE, 2013);
c) as políticas de incentivo na redução de poluentes (AVITTATHUR *et al.*, 2005);
d) a possibilidade de pagamento dos impostos sobre compras somente após venda do produto, reduzindo o capital imobilizado (DUARTE, 2013);
e) o benefício da diferenciação tributária por setor econômico da organização, dentre outros (COSTA *et al.*, 2016).

Essas são as principais opções utilizadas no planejamento na intenção de obter economia tributária, no entanto é necessário conhecer profundamente a legislação e estar atento as alterações para aproveitar outros benefícios nas lacunas tributárias.

Considerações finais

No Brasil a tarefa de identificar lacunas, benefícios ou favores previstos em lei com o objetivo de minimizar os custos tributários envolvidos na cadeia de suprimentos, exige domínio por parte do planejamento tributário das organizações sobre a complexa legislação tributária estruturada por um emaranhado de leis, normas, portarias, decretos etc.

O estudo sugere que a questão tributária nas operações logísticas necessita de atenção individualizada, visto que de acordo com a simulação abaixo o custo tributário se aproxima de 50% do custo logístico. Portanto, considerando os índices tributários nas operações logísticas baseado no faturamento e serviços prestados podemos sugerir estudos mais aprofundados no âmbito das operações logísticas de especificamente na tributação aplicada. As alíquotas predominantes nas operações logísticas consideradas nos estudos pesquisados, ilustram a alta tributação no processo produtivo como um todo.

Tabela 1 – Índice da tributação na cadeia produtiva

O CUSTO TRIBUTÁRIO NA CADEIA PRODUTIVA		
PRODUTO DA CESTA BÁSICA (ARROZ/ FEIJÃO/...)	RESUMO GERAL (R$)	ANÁLISE VERTICAL
1 - RECEITA BRUTA DE VENDAS	1.436.000,00	
Matéria-prima 1	– 212.500,00	–14,80%
Matéria-prima 2	–42.500,00	–2,96%
MOD	–622.099,89	–43,32%
Salários	–458.100,00	–31,90%
Encargos Sociais	–163.999,80	–11,42%
INSS	–127.351,80	–8,87%
FGTS	–36.648,00	–2,55%
PIS CUMULATIVO	–9.334,00	–0,65%
COFINS CUMULATIVO	–43.080,00	–3,00%
LUCRO BRUTO	**506.486,20**	**35,27%**
IRPJ	–61.779,23	–4,30%
CONTRIBUIÇÃO SOCIAL	–42.237,14	–2,94%
ICMS	–244.120,00	–17,00%
PIS NÃO CUMULATIVO	–18.232,50	–1,27%
COFINS NÃO CUMULATIVO	–83,980	–5,85%
LUCRO LÍQUIDO	41.313,54	2,88%
TRIBUTOS PAGOS NA CADEIA	**–681.586,46**	**–47,46%**

Fonte: Adaptado de Kirchner, A. E.; Cardoso, J. L., 2004

A gestão destes custos tem em contrapartida a economia tributária, que impacta na redução do preço do produto e consequentemente no aumento da competitividade no mercado. No entanto, na aplicação da estratégia de economia tributária é necessário cautela sobre a atualização jurídica na organização e o que a lei permite em termos de elisão fiscal.

Na logística a economia tributária vem se tornando fator decisivo de competitividade, os produtos são de certa forma competitivos entre si, o que os difere um do outro é o valor agregado ao produto, logo as empresas adequam suas operações logística influenciadas pela demanda cada vez mais exigente a um custo menor.

REFERÊNCIAS

AVITTATHUR, B. A.; SHAH, J. B.; GUPTA, O. K. Distribution centre location modelling for differential sales tax structure. **European Journal of Operational Research**, n. 162, 191-205, 2005. Disponível em: https://doi.org/10.1016/j.ejor.2003.10.012. Acesso em: 31 mar. 2019.

BALLOU, R. H. **Gerenciamento da cadeia de suprimentos/logística empresarial**. 5. ed. Porto Alegre: Bookman, 2006.

BRASIL. Ministério da Economia. **Tributos Federais administrados pela Secretaria da Receita Federal do Brasil**. Disponível em: http://receita.economia.gov.br/acesso-rapido/tributos. Acesso em: 15 abr. 2019.

BRASIL. Receita Federal. **Cide-combustíveis (Contribuição de intervenção no domínio econômico incidente sobre as operações realizadas com combustíveis)**. Disponível em: http://receita.economia.gov.br/acesso-rapido/tributos/cide. Acesso em: 15 abr. 2019.

CINTRA, M. Movimentação financeira: a base de uma contribuição para o INSS em substituição à folha de pagamentos. **Revista de Administração Pública**, Rio de Janeiro, v. 44, n. 6, 2010. Disponível em http://dx.doi.org/10.1590/S0034-76122010000600010. Acesso em: 26 jun. 2019.

COSTA, D. F. et al. O custo financeiro dos tributos sobre consumo nas cadeias de suprimento brasileiras: uma proposta metodológica. **Revista Contemporânea de Contabilidade**, Florianópolis, v. 13, n. 29, p. 91-112, ago. 2016. Disponível em: https://periodicos.ufsc.br/index.php/contabilidade/article/view/2175-8069.2016v13n29p91/32263. Acesso em: 29 ago. 2019. ISSN: 2175-8069.

DUARTE, J. M. O. **Gestão tributária da cadeia de suprimentos – Problema de localização de empresa do setor de varejo eletrônico brasileiro**. Programa de Pós-Graduação (Engenharia de Produção do Departamento de Engenharia Industrial) – PUC – Pontifícia Universidade Católica do Rio de Janeiro, 2013. Disponível em https://www.maxwell.vrac.puc-rio.br/colecao.php?strSecao=resultado&nrSeq=23007@1. Acesso em: 17 nov. 2018.

EVANGELISTA, G. H.; SENA, C. A. R.; TELES EVANGELISTA, F. F.; JESUS, R. A. de. A contribuição da gestão da cadeia de suprimentos como estratégia na redução de custos com tributos. *In:* SIMPÓSIO DE ENGENHARIA DE PRODUÇÃO, 4, 2018, Goiás. **Anais** [...]. Goiás: Universidade Federal de Goiás, Regional Catalão, SIEMPRO, 2018. Disponível em: http://sienpro.catalao.ufg.br/up/1012/o/109._A_CONTRIBUI%C3%87%-C3%83O_DA_GEST%C3%83O_DA_CADEIA_DE_SUPRIMENTOS_COMO_ESTRAT%C3%89GIA_NA_REDU%C3%87%C3%83O_DE_CUSTOS_COM_TRIBUTOS.pdf Acesso em: 29 ago. 2019.

FARIA, R. N.; SOUZA, C. S.; VIEIRA, J. G. V. Evaluation of logistic performance indexes of Brazil in the international trade. **Revista de Administração Mackenzie**, São Paulo, v. 16, n. 1, p. 213-235, 2015. Disponível em: http://ref.scielo.org/wfgz9j. Acesso em: 12 set. 2019.

KRAUSPENHAR JUNIOR, D.; LEONETTI, C. A. **A Elisão fiscal como forma de planejamento tributário após a lei complementar 104/01 e suas implicações na gestão empresarial.** 2005. 95 f. Dissertação (Mestrado) – Universidade do Estado de Santa Catarina, 2005. Disponível em https://pergamumweb.udesc.br/biblioteca/index.php. Acesso em: 22 set. 2018

LIMA, M. P. Custos logísticos na economia brasileira. **Revista Tecnologística – Coppead/UFRJ**, Rio de Janeiro, 2006. Disponível em: http://www.coppead.ufrj.brpt-bruploadpublicacoesArtLog_JAN_2006.pdf. Acesso em: 11 nov. 2018.

PRESTEX LOGÍSTICA. **Planejamento tributário na logística.** Disponível em: https://www.prestex.com.br/blog/planejamento-tributario-na-logistica/ Acesso em: 24 abr. 2019.

ROSSETTI, J. P. **Introdução à Economia**. 17. ed. rev. e atual. São Paulo: Atlas,1997.

YANG, J.; GUO, J.; MA, S. Low-carbon city logistics distribution network design with resource deployment. **Journal of cleaner production**, China, v. 119, p. 223-228., 2016. Disponível em: https://doi.org/10.1016/j.jclepro.2013.11.011. Acesso em: 25 mar. 2019.

A APURAÇÃO DA RENDA DO MEI NA PESSOA JURÍDICA E A DECLARAÇÃO DO IMPOSTO DE RENDA PESSOA FÍSICA

Giovanni Andreoli Neto[40]
Paulinho Rene Stefanello[41]

Introdução

A forma de ofertar a tributação das rendas obtidas pela pessoa física proprietária de uma empresa enquadrada como microempreendedor se sujeita a análises individualizadas de cada empreendedor, em função das nuances normativas. A personalidade jurídica do Microempreendedor Individual – MEI surgiu no ano de 2006, por meio do artigo 18-A, da Lei Complementar nº 123/2006, tendo sua previsão na Lei nº 10.406/2002 em seu Art. 966.

Desde sua difusão operacional no Brasil, alguns modelos de declaração foram propostos, deixando lacuna entre a norma e os fatos.

Por meio de uma pesquisa bibliográfica procurou o diálogo entre a personalidade jurídica do MEI e a pessoa física a fim de encontrar por meio da literatura, normas, leis e consultoria técnica, como separar a renda da pessoa física da pessoa jurídica na personalidade do MEI, bem como identificar a Receita Bruta da pessoa jurídica e a renda para a pessoa física, objetivando descrever formas de mensurar as rendas isentas e tributadas do MEI para a pessoa física, e propor um modelo baseado nos gastos pessoais e evolução patrimonial, com a finalidade de apresentar um modelo fundamentado na legislação.

Microempreendedor individual – MEI

O Microempreendedor Individual – MEI está previsto no Código Civil Brasileiro, aprovado pela Lei nº 10.406/2002 que determina tratamento especial ao empresário rural e ao pequeno empresário, porém sem uma definição precisa do significado de "pequeno empresário". A Lei Complementar

---

[40] Consultor Tributário, estudante do Curso de Especialização em Gestão Empresarial, Contábil e Tributária do Instituto Federal do Paraná – IFPR, Campus Curitiba.
[41] Professor do Curso de Especialização em Gestão Empresarial, Contábil e Tributária do Instituto Federal do Paraná – IFPR, Campus Curitiba.

nº 123/2006 que trouxe essa definição, dando o inicial significado a uma categoria considerada de pequeno empresário.

Atualmente o empresário individual é caracterizado como microempresa o que aufere receita bruta por ano até o limite de R$81.000,00, de acordo com a Lei Complementar nº 123/2006, e que instituiu o que se conhece hoje como Microempreendedor Individual (MEI). Essa definição passou a fazer parte do Art. 18-A, da Lei Complementar nº 123/2006, artigo responsável também por instituir a forma própria de tributação do MEI, bem como de isenção de impostos e contribuições, no caso:

a) Imposto Produtos Industrializados – IPI;
b) Imposto de Renda Pessoa Jurídica – IRPJ;
c) Contribuição Social sobre Lucro Líquido – CSLL;
d) Contribuição para o Financiamento da Seguridade Social – COFINS;
e) Programa de Integração Social – PIS;
f) Contribuição Patronal Previdenciária -CPP.

O Art. 18-A, da Lei Complementar nº 123/2006 prevê o regime para o MEI chamado SIMEI – Sistema de Recolhimento em Valores Fixos Mensais dos Tributos abrangidos pelo Simples Nacional, e sua forma de opção está regulamentada pelo Art. 102, da Resolução do Comitê Gestor do Simples Nacional (CGSN) nº 140/2018, determinando que a opção pelo SIMEI:

I. será irretratável para todo o ano-calendário;
II. para o empresário individual já inscrito no CNPJ, deverá ser realizada no mês de janeiro, até seu último dia útil, e produzirá efeitos a partir do primeiro dia do ano-calendário da opção, por meio de aplicativo disponibilizado no Portal do Simples Nacional.

Para o empresário individual em início de atividade, a realização da opção pelo Simples Nacional e enquadramento no SIMEI será simultânea à inscrição no CNPJ.

O Microempreendedor Individual – MEI empresário individual é caracterizado como microempresa, e quando desenquadrado do SIMEI, a sucessão de natureza jurídica não ocorre, ele continua sendo empresário individual na modalidade de microempresa e apenas para o regime tributário do Simples Nacional pagará os tributos conforme as atividades pelas alíquotas dos Anexos I a V, de acordo com o Art. 18-A, § 9º, da Lei Complementar nº 123/2006.

A Lei nº 13.874/2019 que instituiu a declaração de direitos de liberdade econômica e estabelece garantias de livre mercado, alterou o Código Civil Lei nº 10.406/2002 Arts. 49-A e 50 que dispõem sobre o princípio da autonomia patrimonial, determinando que os bens e direitos da sociedade não se confundem com os dos seus sócios, associados, instituidores ou administradores.

Rendimentos isentos na pessoa física proprietária do MEI

A apuração e mensuração da renda serão realizadas com a análise do Art. 14, da Lei Complementar nº 123/2006, regulamentada pelo Art. 145, da Resolução CGSN nº 140/2018, e Art. 15, da Lei nº 9.249/1995, que determinam a forma de distribuição e presunção do lucro da pessoa jurídica MEI para estabelecer o limite de distribuição desse lucro com isenção do imposto de renda no momento do efetivo pagamento ao beneficiário. Dispõe o Art. 145, da Resolução CGSN[42] nº 140/2018, com a seguinte redação:

> Art. 145 – Consideram-se isentos do imposto sobre a renda na fonte e na declaração de ajuste do beneficiário os valores efetivamente pagos ou distribuídos ao titular ou sócio da ME ou da EPP optante pelo Simples Nacional, salvo os que corresponderem a pró-labore, aluguéis ou serviços prestados (Lei Complementar nº 123, de 2006, art. 14, caput)
> Parágrafo 1º – A isenção de que trata o caput fica limitada ao valor resultante da aplicação dos percentuais de que trata o art. 15 da Lei nº 9249, de 26 de dezembro de 1995, sobre a receita bruta mensal, no caso de antecipação de fonte, ou sobre a receita bruta total anual, no caso de declaração de ajuste, subtraído do valor devido no âmbito do Simples Nacional no período, relativo ao IRPJ (Lei Complementar nº 123, de 2006, art. 14, Parágrafo 1º)
> Parágrafo 2º – O disposto no Parágrafo 1º não se aplica na hipótese de a ME ou a EPP manter escrituração contábil e evidenciar lucro superior àquele limite (Lei Complementar nº 123, de 2006, art. 14, Parágrafo 2º)
> Parágrafo 3º – O disposto neste artigo aplica-se ao MEI (BRASIL, 2006, art. 3º, inciso I; art. 18-A, Parágrafo 1º).

De acordo com o Art. 15, da Lei nº 9.249/1995, os percentuais de presunção sobre a receita bruta são estabelecidos conforme as atividades da pessoa jurídica, e que estão demonstrados na tabela a seguir:

Tabela 1 – Percentuais de Presunção Sobre a Receita Bruta Conforme Atividade pelo Art. 15 da Lei nº 9.249/1995

Atividade	% de presunção do Lucro
Construção por administração ou empreitada com fornecimento do material juntamente com a mão de obra	8%

continua...

---

42 Comitê Gestor do Simples Nacional (CGSN) criado para normatizar questões tributárias relacionadas as Microempresas e Empresas de Pequeno Porte, nos termos do Art. 2º, inciso I, da Lei Complementar nº 123/2006 – *Regulamento da Lei Complementar nº 123/2006*.

continuação

Atividade	% de presunção do Lucro
Atividade Imobiliária (loteamento, incorporação, venda de imóveis construídos ou adquiridos para revenda	8%
Indústria e Comércio em geral	8%
Serviços de Industrialização por encomenda	8%
Atividades Hospitalares e equiparadas*	8%
Atividade Rural	8%
Transporte de cargas	8%
Transporte de passageiros	16%
Construção Civil, unicamente de mão de obra	32%
Serviços em geral, sem percentual específico	32%
Intermediação de negócios (corretoras e representação comercial)	32%
Administração, Locação, Cessão de bens móveis e direitos de qualquer natureza	32%
Atividades de Factoring	32%
Serviços profissionais das profissões regulamentadas, exceto os de natureza comercial	32%
Revenda de Combustíveis	1,6%
Instituições financeiras (Bancos em geral)	32%

Fonte: Art. 15 da Lei nº 9.249/1995 (adaptada).

Em situações em que houver distribuição de valor acima do limite daquilo que for apurado, tendo como referência a presunção de lucro, isso deverá ser validado pelo balanço de resultado, pois, as regras são as mesmas que se aplicam às empresas enquadradas em outros regimes, Art. 238, da IN nº 1.700/2017 e Art. 145, § 3º, da Resolução CGSN nº 140/2018.

Rendimentos auferidos a pessoa física e o acréscimo patrimonial

O significado de rendimentos tributáveis está previsto pelo Art. 3º, da IN nº 1.500/2014, com a seguinte redação:

> Art. 3º – Constituem rendimentos tributáveis todo o produto do capital, do trabalho ou da combinação de ambos, os alimentos e pensões percebidos em dinheiro e, ainda, os proventos de qualquer natureza, assim também entendidos os acréscimos patrimoniais não correspondentes aos rendimentos declarados.

A soma dos rendimentos líquidos deverá, sempre, ser superior ao acréscimo patrimonial no respectivo período. Caso contrário, se o aumento for superior ao total de rendimentos declarados, caracteriza-se como "acréscimo patrimonial a descoberto", sendo rendimento tributável pelo imposto de renda, conforme o Art. 47, Inciso XIII e Parágrafo 1º, do Decreto nº 9.580/2018 – Regulamento do Imposto sobre a Renda – RIR/2018.

Para fins tributários, o acréscimo patrimonial somente poderá ser justificado com base no total dos rendimentos e receitas líquidas, sejam eles tributáveis, não tributáveis ou sujeitos à tributação exclusiva na fonte, acrescido de outras receitas (como a venda de bens integrantes do patrimônio do próprio contribuinte), de acordo com o Art. 77, da IN nº 1.500/2014.

O acréscimo patrimonial a descoberto consiste justamente na comparação entre a renda líquida e a variação patrimonial do contribuinte, em conformidade com o Art. 3º, da IN nº 1.500/2014, conforme segue:

Quadro 1 – Condição da Receita Liquida Auferida pelo Contribuinte

Renda liquida	Situação da Receita Liquida
Maior > acréscimo patrimonial	Suficiente
Menor < acréscimo patrimonial	Insuficiente

Fonte: Art. 3º, IN nº 1.500/2014 (adaptada).

Da declaração anual do MEI

A Declaração Anual do imposto de renda do MEI é instituída enquanto pessoa jurídica através do Art. 25, da Lei Complementar nº 123/2006 e Art. 109, da Resolução CGSN nº 140/2018. É por meio dela que a empresa apresenta o seu faturamento e mostra que está respeitando os limites do programa. Essa entrega pode ser feita no Portal do Empreendedor ou no site da Receita Federal. O processo é muito simples, bastando preencher somente dois campos que são o total de receitas brutas recebidas no ano anterior à entrega e se possuí algum funcionário contratado no mesmo ano, (Art. 25, da Lei Complementar nº 123/2006 e Art. 109, da Resolução CGSN nº 140/2018).

O conceito de faturamento para o MEI está descrito no Art. 3º, §1º, e Art.18-A, §1º, da Lei Complementar nº 123/2006, e corresponde ao produto da venda de bens e serviços nas operações de conta própria, o preço dos serviços prestados e o resultado nas operações em conta alheia, não incluídas as vendas canceladas e os descontos incondicionais concedidos.

Para a distribuição do lucro, as referidas legislações tributárias exigem que a pessoa jurídica mantenha a escrituração contábil ou procedam a presunção do lucro com a finalidade de estabelecer o limite que poderá ser distribuído com a isenção do imposto de renda e o seu valor excedente sujeito a incidência pela tabela progressiva nos termos do Art. 35, inciso IV, alínea 'b', e Art. 698, do Decreto nº 9.580/2018.

Segundo Higuchi (2017), os valores efetivamente pagos ou distribuídos ao MEI têm a seguinte classificação:

> Consideram-se isentos do imposto de renda, na fonte e na declaração de ajuste do beneficiário, os valores efetivamente pagos ou distribuídos ao titular ou sócio da empresa no Simples Nacional, salvo os que corresponderem a pró-labore, aluguéis ou serviços prestados (BRASIL, 2006, Art. 14).

Os rendimentos distribuídos pela pessoa jurídica ao MEI, serão informados na declaração de rendimentos anual da pessoa física que está regulamentada pelo Art. 2º, da IN nº 1.871/2019, com a seguinte redação:

> Art. 2º, está obrigada a apresentar a declaração de Ajuste Anual referente ao exercício de 2019 a pessoa física residente no Brasil que, no ano-calendário de 2018:
> I – recebeu rendimentos tributáveis, sujeitos ao ajuste na declaração, cuja soma foi superior a R$ 28.559,70 (vinte e oito mil, quinhentos e cinquenta e nove reais e setenta centavos);
> II – recebeu rendimentos isentos, não tributáveis ou tributados exclusivamente na fonte, cuja soma foi superior a R$ 40.000,00 (quarenta mil reais);
> III – obteve, em qualquer mês, ganho de capital na alienação de bens ou direitos sujeito à incidência do imposto, ou realizou operações em bolsas de valores, de mercadorias, de futuros e assemelhadas;
> IV – relativamente à atividade rural:
> a) obteve receita bruta em valor superior a R$ 142.798,50 (cento e quarenta e dois mil, setecentos e noventa e oito reais e cinquenta centavos); ou
> b) pretenda compensar, no ano-calendário de 2018 ou posteriores, prejuízos de anos-calendário anteriores ou do próprio ano-calendário de 2018;
> V – teve, em 31 de dezembro, a posse ou a propriedade de bens ou direitos, inclusive terra nua, de valor total superior a R$ 300.000,00 (trezentos mil reais);
> VI – passou à condição de residente no Brasil em qualquer mês e nessa condição encontrava-se em 31 de dezembro; ou
> VII – optou pela isenção do Imposto sobre a Renda incidente sobre o ganho de capital auferido na venda de imóveis residenciais cujo produto da venda seja aplicado na aquisição de imóveis residenciais localizados no País, no prazo de 180 (cento e oitenta) dias, contado da celebração do contrato de venda, nos termos do art. 39 da Lei nº 11196, de 21 de novembro de 2005.

As disposições baixadas pelo Código Civil Brasileiro, Lei nº 10.406/2002 decorrente do Art. 1.179, foi redigido de forma impositiva aos profissionais da área, no sentido de que o empresário e a sociedade empresária são obrigados a seguir um sistema de contabilidade, mecanizado, ou não, com base na escrituração uniforme de seus livros, em correspondência com a documentação respectiva, e a levantar anualmente o balanço patrimonial e o resultado econômico, e comporta destacar que o disposto pelo Art. 1.009 do vigente Código Civil é ainda mais preocupante aos contabilistas, impondo uma perfeição vinculativa.

Acerca do disposto no Art. 1.009, da Lei nº 10.406/2002 Código Civil Brasileiro: a distribuição de lucros ilícitos ou fictícios acarreta responsabilidade solidária dos administradores que a realizem e dos sócios que os receberem, conhecendo ou devendo conhecer-lhes a ilegitimidade.

A escrituração contábil para as ME e EPP está prevista no CPC PME, aprovada pela Resolução CFC nº 1.255/2009 e regulamentada pela norma de contabilidade NBC TG 1000[43], na qual dispõe que o objetivo das demonstrações contábeis de pequenas e médias empresas é oferecer informação sobre a posição financeira (balanço patrimonial), o desempenho (resultado e resultado abrangente) e fluxos de caixa da entidade, que é útil para a tomada de decisão por vasta gama e usuários que não estão em posição de exigir relatórios feitos sob medida para atender suas necessidades particulares de informação. As demonstrações contábeis também mostram os resultados da diligência e responsabilidade da administração pelos recursos confiados a ela.

Segundo Santiago (2013), o MEI está dispensado da escrituração contábil, de acordo com o Art. 1.179, da Lei nº 10.406/2002 em consonância ao Art. 68, da Lei Complementar nº 123/2006, e também de escriturar o livro caixa, em face do Art. 26 desta mesma lei. Portanto, o MEI fica apenas obrigado a comprovar a receita bruta mediante apresentação do Relatório Mensal de Receitas Brutas, conforme previsto no Art. 106, da Resolução CGSN nº 140/2018 e no modelo instituído em seu Anexo X, na forma abaixo demonstrada:

Quadro 2 – relatório mensal das receitas brutas

CNPJ:	
Empreendedor individual:	
Período de apuração:	
RECEITA BRUTA MENSAL – REVENDA DE MERCADORIAS (COMÉRCIO)	
I – Revenda de mercadorias com dispensa de emissão de documento fiscal	R$
II – Revenda de mercadorias com documento fiscal emitido	R$
III – Total das receitas com revenda de mercadorias (I + II)	R$
RECEITA BRUTA MENSAL – VENDA DE PRODUTOS INDUSTRIALIZADOS (INDÚSTRIA)	
IV – Venda de produtos industrializados com dispensa de emissão de documento fiscal	R$

continua...

---

43 NBC TG 1000: Norma Contábil que visa atender a contabilidade para Pequenas e Médias Empresas, aprovada pela **Resolução** CFC nº 1.255/2009.

continuação

V – Venda de produtos industrializados com documento fiscal emitido	R$
VI – Total das receitas com venda de produtos industrializados (IV + V) R$	
RECEITA BRUTA MENSAL – PRESTAÇÃO DE SERVIÇOS	
VII – Receita com prestação de serviços com dispensa de emissão de documento fiscal	R$
VIII – Receita com prestação de serviços com documento fiscal emitido	R$
IX – Total das receitas com prestação de serviços (VII + VIII) R$	
X – Total geral das receitas brutas no mês (III + VI + IX) R$	
LOCAL E DATA:	ASSINATURA DO EMPRESÁRIO:
ENCONTRAM-SE ANEXADOS A ESTE RELATÓRIO: Os documentos fiscais comprobatórios das entradas de mercadorias e serviços tomados referentes ao período; As notas fiscais relativas às operações ou prestações realizadas eventualmente emitidas.	

Fonte: Art. 106, Resolução CGSN nº 140/2018.

Atribuição do MEI

Cabe ao pequeno empreendedor enviar a Declaração Anual Simplificada do MEI (chamada de DASN-SIMEI) até a data limite que corresponde ao último dia de maio de cada ano. Da mesma forma, é preciso pagar o Documento de Arrecadação do Simples Nacional (DAS) mensalmente, no valor que depende da área que a empresa atua, pois, de acordo com o Art. 18-A, inciso V, da Lei Complementar nº 123/06, o MEI, recolherá valor fixo mensal correspondente à soma das seguintes parcelas conforme a (Tabela 2), independentemente da obtenção de faturamento:

Tabela 2 (Ano 2018) – Atividades e Valores Recolhidos pelo Microempresário Individual – MEI

Atividade	INSS	ICMS	ISS	Total
Indústria / Comércio	45,65	1,00	0,00	46,65
Serviços	45,65	0,00	5,00	50,65

Fonte: Art. 18-A, LC nº 123/2006 (adaptada).

A receita bruta auferida pelo microempreendedor individual pertence à pessoa jurídica que possui o Cadastro Nacional de Pessoa Jurídica (CNPJ) e deve ser declarada à Receita Federal do Brasil (RFB) por meio da DASN-MEI, cujo modelo foi aprovado pelo Comitê Gestor do Simples Nacional (CGSN), conforme o Art. 109, da Resolução CGSN nº 140/2018.

Vínculo da pessoa jurídica (MEI) com a pessoa física

O MEI pode realizar a distribuição de lucro para sua pessoa física. Neste caso, o valor disponível está limitado ao resultante da aplicação dos percentuais de que trata o Art. 15, da Lei nº 9.249/1995, em relação à receita bruta de cada mês, ou da receita bruta total referente ao ano, no caso de declaração de ajuste da pessoa física.

Os valores efetivamente pagos ou distribuídos ao MEI são considerados como rendimentos isentos, tanto na fonte como na declaração de ajuste anual, de acordo com o Art. 145, §3º, da Resolução CGSN nº 140/2018, desde que correspondam:

I. ao limite de aplicação dos percentuais fixados para cálculo do Lucro Presumido, conforme previsto no Art. 15 da Lei nº 9.249/1995.
II. ao lucro contábil, quando este for superior ao valor presumido com base no cálculo acima, nos casos de existência de escrituração mercantil regular.

Ressaltando que o MEI tem isenção do IRPJ e outros tributos, conforme o Art. 18-A, §3º, Inciso VI, da Lei Complementar nº 123/2006, e Art. 103, §2º da Resolução CGSN nº 140/2018.

Essa isenção "é uma política pública que tem por objetivo a formalização de pequenos empreendimentos e a inclusão social e previdenciária, a formalização de MEI não tem caráter eminentemente econômico ou fiscal", conforme o Art. 18-E, da Lei Complementar nº 123/2006. Todo benefício previsto nesta Lei Complementar aplicável à microempresa estende-se ao MEI sempre que lhe for mais favorável, e o MEI é modalidade de microempresa.

Metodologia

O estudo foi composto por meio de pesquisa bibliográfica, constituído de livros, artigos e periódicos.

População e amostra

As empresas caracterizadamente tituladas de MEI, atuam e possuem abrangência nacional, sendo desconsiderado o estado ou município de atuação.

Procedimento de coleta de dados

A pesquisa teve como base dados primários e secundários. Os dados de fontes primárias foram coletados mediante levantamento de questionamentos gerados a partir do trabalho de consultoria tributária (ANEXO I), na qual foram analisados e respondidos os questionamentos por meio de consulta na legislação.

Foi considerado o período de janeiro a dezembro de 2018 para coleta e análise. Para coleta dos dados de fontes secundárias, foi feito um levantamento bibliográfico em livros, artigos e legislações por meio de sites e periódicos.

Procedimentos para tratamento e análise dos dados

Os questionamentos foram analisados e adequados ao ordenamento jurídico do período, sendo fundamentado na legislação e buscou-se a forma mais preventiva para evitar erro de cálculo e informação na declaração do imposto de renda.

Resultados e discussões

O MEI – Microeempreendedor Individual é o profissional que atua por conta própria de maneira formal, como microempreendedor, sendo representado por uma personalidade jurídica. Essa categoria jurídica surgiu com a Lei Complementar nº 123/2006. Na prática, o trabalhador autônomo, quando representado por uma personalidade jurídica, na modalidade MEI, recebe isenção de impostos e contribuições como o Imposto de Produtos Industrializados – IPI; Imposto de Renda Pessoa Jurídica – IRPJ; Contribuição Social sobre Lucro Líquido – CSLL; Contribuição para o Financiamento da Seguridade Social – COFINS; Programa de Integração Social – PIS; Contribuição Patronal Previdenciária -CPP.

O enquadramento na categoria de microempreendedor individual – MEI, é permitida para quem fatura no máximo R$81.000,00 por ano, o que representa uma média de R$6.750,00 por mês, e isso não o impede de ganhar mais do que essa média em um mês ou outro, desde que no fim do ano não ultrapasse o limite previsto. O MEI é impedido de ter qualquer participação em outra empresa, seja como sócio ou como titular e pode contratar apenas um empregado recebendo o salário mínimo vigente ou o piso de sua categoria, de acordo com o Art. 18-C, da Lei Complementar nº 123/2006. No entanto, é necessário distinguir a figura do MEI – Microempreendedor Individual, portador de CNPJ, da pessoa física, portadora de CPF, em relação ao cumprimento de obrigações tributárias e acessórias, principalmente quanto as declarações da pessoa física e da pessoa jurídica.

Ausência de escrituração contábil e livro caixa na condição de MEI

O MEI que não possuir a escrituração contábil e não adotar o livro caixa, terá apenas o controle da receita bruta auferida conforme o Art. 106, da Resolução CGSN nº 140/2018 e no modelo instituído em seu Anexo X, através do "Relatório Mensal de Receitas Brutas", e que no final do ano-calendário terá o resultado anual da receita bruta auferida.

Tabela 3 – Receita Bruta Anual, Lucro Isento a Distribuir e Pressuposto Custo da Atividade

Receita Bruta Anual	Presunção de Lucro da Atividade	Lucro Isento a Distribuir	Pressuposto Custo da Atividade
R$81.000,00	8%	R$6.480,00	R$74.520,00
R$81.000,00	16%	R$12.960,00	R$68.040,00
R$81.000,00	32%	R$25.920,00	R$55.080,00

Fonte: Art. 15, Lei nº 9.249/1995 (adaptada).

Assim, para uma receita bruta anual no valor de R$81.000,00 e considerando uma presunção de lucro de 32%, resulta em um "lucro presumido e isento" de R$25.920,00. Este lucro isento vincula-se na pessoa física, no entanto a empresa (MEI) fica com um valor de R$55.080,00 como pressuposto de custo da atividade.

Dentre o pressuposto custo de atividade, poderá, uma parcela ser destinado para a pessoa física a título de pró-labore, ficando esse rendimento sujeito a incidência do IRRF conforme tabela progressiva. A retirada de pró-labore mensal a título de remuneração do sócio, traz benefícios previdenciários na pessoa física e fornece elementos financeiros para a composição do custo e evolução patrimonial pessoal.

Para as atividades com receitas presumidas à 8%, sendo o caso das indústrias e Comércio (Tabela 3 – Receita Bruta Anual), o valor isento somaria a casa dos R$6.480,00. Sua receita Bruta anual de R$81.000,00 representa um volume financeiro expressivo no contexto da pessoa jurídica. No entanto na pessoa física o valor de R$6.480,00, pode ser insignificante na composição dos gastos pessoais, o que eleva a necessidade da retirada de um pró-labore com vistas aos gastos pessoais e evolução patrimonial. Também deverá ser considerado que a pessoa física poderá ter evolução patrimonial, que devem ser acobertados por rendas isentas, tributadas ou indenizatórias (Arts. 3º a 11 da IN nº 1.500/2014), provindas de outras fontes não vinculadas a atividade, sendo de particular análise.

Observando somente as rendas auferidas pelo MEI, sem o amparo da escrituração contábil para a apuração do resultado, com suporte superior ao permitido em lei por meio das presunções, a retirada de pró-labore figura-se como uma alternativa para suporte de gastos e evolução patrimonial na pessoa física, no entanto, deve-se observar que a pessoa jurídica, poderá obter patrimônios, isentando o proprietário do MEI, da necessidade de obter um pró-labore elevado ou recorrer a escrituração contábil em busca de um resultado econômico.

Pode-se observar também que existe uma relação direta entre o percentual de presunção e a parcela isenta constantes na (Tabela 3 – Receita Bruta Anual), assim, quanto menor o percentual de presunção da atividade menor será o valor do lucro isento.

Quadro 3 – Relação de receita bruta e pressuposto de custo relacionado aos MEI e lucros isentos para a pessoa física

Receita Bruta	8%	Lucro Isento	Pressuposto de custo	16	Lucro Isento	Pressuposto de custo	32	Lucro Isento	Pressuposto de custo
R$10.000,00		R$800,00	R$9.200,00		R$1.600,00	R$8.400,00		R$3.200,00	R$6.800,00
R$20.000,00		R$1.600,00	R$18.400,00		R$3.200,00	R$16.800,00		R$6.400,00	R$13.600,00
R$30.000,00		R$2.400,00	R$27.600,00		R$4.800,00	R$25.200,00		R$9.600,00	R$20.400,00
R$40.000,00		R$3.200,00	R$36.800,00		R$6.400,00	R$33.600,00		R$12.800,00	R$27.200,00
R$50.000,00		R$4.000,00	R$46.000,00		R$8.000,00	R$42.000,00		R$16.000,00	R$34.000,00
R$60.000,00		R$4.800,00	R$55.200,00		R$9.600,00	R$50.400,00		R$19.200,00	R$40.800,00
R$70.000,00		R$5.600,00	R$64.400,00		R$11.200,00	R$58.800,00		R$22.400,00	R$47.600,00
R$80.000,00		R$6.400,00	R$73.600,00		R$12.800,00	R$67.200,00		R$25.600,00	R$54.400,00
R$81.000,00		R$6.480,00	R$74.520,00		R$12.960,00	R$68.040,00		R$25.920,00	R$55.080,00

Fonte: Art. 15, Lei nº 9.249/1995 (adaptada).

O MEI que apurar o lucro pelo percentual de presunção da atividade deverá ainda tomar o cuidado com a correta destinação dos valores para a sua Declaração do Imposto de Renda da Pessoa Física, pois, mediante a exigência de apresentação do Relatório Mensal de Receitas Brutas, a Receita Federal tem condições de acompanhar a sua movimentação financeira na atividade através dos documentos fiscais comprobatórios das entradas de mercadorias e serviços tomados referentes ao período e as notas fiscais relativas às operações ou prestações realizadas eventualmente.

Dessa forma, ocorre a necessidade da escrituração do livro caixa para pelo menos ter o controle das receitas e das despesas na atividade com a finalidade de separar e destinar de forma correta os rendimentos tributáveis e isentos que irão compor a Declaração do Imposto de Renda da Pessoa Física.

É também necessário complementar as informações utilizando o Modelo de Escrituração Mensal descrito no quadro a seguir:

Quadro 4 – Modelo de escrituração mensal sugerido

CNPJ:	
Empreendedor individual:	
Período de apuração:	
RECEITA BRUTA MENSAL – REVENDA DE MERCADORIAS (COMÉRCIO)	
I – Revenda de mercadorias com dispensa de emissão de documento fiscal	R$

continua...

continuação	
II – Revenda de mercadorias com documento fiscal emitido	R$
III – Total das receitas com revenda de mercadorias (I + II)	R$
RECEITA BRUTA MENSAL – VENDA DE PRODUTOS INDUSTRIALIZADOS (INDÚSTRIA)	
IV – Venda de produtos industrializados com dispensa de emissão de documento fiscal	R$
V – Venda de produtos industrializados com documento fiscal emitido	R$
VI – Total das receitas com venda de produtos industrializados (IV + V) R$	
RECEITA BRUTA MENSAL – PRESTAÇÃO DE SERVIÇOS	
VII – Receita com prestação de serviços com dispensa de emissão de documento fiscal	R$
VIII – Receita com prestação de serviços com documento fiscal emitido	R$
IX – Total das receitas com prestação de serviços (VII + VIII) R$	
X – Total geral das receitas brutas no mês (III + VI + IX) R$	
LOCAL E DATA:	ASSINATURA DO EMPRESÁRIO:
ENCONTRAM-SE ANEXADOS A ESTE RELATÓRIO: Os documentos fiscais comprobatórios das entradas de mercadorias e serviços tomados referentes ao período; As notas fiscais relativas às operações ou prestações realizadas eventualmente emitidas.	

Fonte: Art. 106, Resolução CGSN nº 140/2018.

Considerando a possibilidade de distribuição de resultados calculados a partir de base presumida, portanto não evidenciados em sistema de escrituração contábil, é importante alertar sobre o que prescreve o Art. 1.009, da Lei nº 10.406/2002 do Código Civil Brasileiro, textualmente versando sobre o assunto, já focalizado anteriormente:

> Art. 1.009 – A distribuição de lucros ilícitos ou fictícios acarreta responsabilidade solidária dos administradores que a realizarem e dos sócios que os receberem conhecendo ou devendo conhecer-lhes a ilegitimidade.

Vale destacar que o dispositivo visa proteger credores da empresa que poderiam ser prejudicados com distribuição de lucros fictícios ou inexistentes. Conforme a Lei nº 10.406/2002, procura reforçar a importância e a necessidade da escrituração contábil revestida das formalidades.

Os rendimentos derivados de atividades ou transações ilícitas ou percebidos com infração à lei são tributáveis por força do Art. 26, da Lei nº 4.506/1964, sem prejuízo das demais sanções legais que couberem em cada caso, Art. 118, da Lei nº 5.172/1966 – Código Tributário Nacional; Art. 47, Inciso X, do Decreto nº 9.580/2018 – Regulamento do Imposto sobre a Renda – RIR/2018; e Parecer Normativo CST nº 28, de 29 de dezembro de 1983.

MEI com escrituração contábil

Em uma análise do (Quadro 3 – Relação de Receita Bruta e Pressuposto de Custo), a receita isenta é proporcional a receita tributada, logo empresas do MEI que tenham receita bruta de R$10.000,00, e presunção de lucro de 32%, o lucro isento corresponde a R$3.200,00. Inversamente ao lucro isento, aparece o pressuposto de custo no valor de R$6.800,00, também proporcional as receitas. Já para as empresas com presunção de atividade de 8%, o lucro isento corresponde a R$800,00 e o pressuposto de custo no valor de R$9.200,00. As empresas que apuram o lucro contábil, se apropriam das receitas menos as despesas retratando a realidade do resultado (lucro contábil), onde o proprietário do MEI, poderá ter os benefícios tributários aumentando a renda isenta e refletindo o real custo da atividade, com a demonstração das receitas deduzidas pelas despesas, desvinculando-se da presunção de lucro previsto na norma legal.

Pela presunção do lucro sobre a receita bruta, a parte tributável para a pessoa física está demonstrada na tabela de presunção e contida no valor do pressuposto custo da atividade, pois, dependendo da destinação efetuada para esse valor, poderá ser integral ou parcial para a pessoa jurídica custear a sua atividade ou da mesma forma como pró-labore para a pessoa física custear seus gastos pessoais.

Em se tratando da pessoa física, a obrigatoriedade da entrega da declaração de imposto sobre a renda de 2018, será obrigatória para quem recebeu rendimentos tributáveis acima de R$28.559,70 e rendimentos isentos superiores a R$40.000,00 conforme determina a IN nº 1.871/2019.

Analisando pela receita bruta da pessoa jurídica MEI e demonstrada pela tabela de presunção do lucro, não seria obrigatória a declaração do Imposto de Renda para determinadas faixas de receitas brutas, e não sendo apenas esse o objetivo, mas também demonstrar as formas corretas de mensuração e separação das rendas entre a pessoa jurídica e física e a correta informação na declaração para a receita federal, e independentemente dessa obrigação, essa declaração pode ser apresentada de forma facultativa e para diversas finalidades, tais como financiamentos, empréstimos pessoais, outras.

Tabela 4 – Apuração do lucro contábil anual e do lucro isento a distribuir

Lucro Contábil Anual	Lucro Isento a Distribuir
R$30.000,00	R$30.000,00
R$40.000,00	R$40.000,00
R$50.000,00	R$50.000,00

Fonte: Art. 238, IN nº 1.700/2017 (adaptada).

Para uma análise comparativa entre as atividades que apuraram pela presunção do lucro sobre a receita bruta e as que apuraram o lucro contábil no mesmo período anual, e obtiveram os valores isentos demonstrados na (Tabela 3 – Receita Bruta Anual) e na (Tabela 4 – Apuração do Lucro Contábil Anual), ficou evidenciado que é mais vantajoso para o MEI a apuração do lucro através da escrituração contábil e que através dessa forma de procedimento poderá comprovar os custos da atividade, e poder destinar valores maiores a título de lucros isentos para a sua Declaração do Imposto de Renda da Pessoa Física, e com a precisão e comprovação dos valores declarados que justificarão a sua evolução patrimonial proveniente dos seus rendimentos isentos e tributáveis.

Determina a NBC TG 1000 em seu item 2.36, que a entidade deve elaborar suas demonstrações contábeis, exceto informações de fluxo de caixa, usando o regime contábil de competência. No regime de competência, os itens são reconhecidos como ativos, passivos, patrimônio líquido, receitas ou despesas quando satisfazem as definições e critérios de reconhecimento para esses itens.

Tendo como viés a contabilidade, e toda sua forma de atuação societária, legal e contábil, a Lei Complementar nº 123/2006 comparou o MEI com outras formas de regime tributário existentes: lucro real, lucro presumido, lucro arbitrado e "simples nacional". Portanto, o MEI **é isento de imposto de renda**, desde que tenha controle financeiro de suas receitas e despesas da empresa e dos pessoais, sendo importante ter ao menos um livro caixa e guardar os comprovantes, mantendo organizado caso seja preciso.

Figura 1 – Informação que Deverá Constar na Linha 13 da Ficha "Rendimentos Isentos e Não tributáveis" na Declaração do Imposto de Renda da Pessoa Física

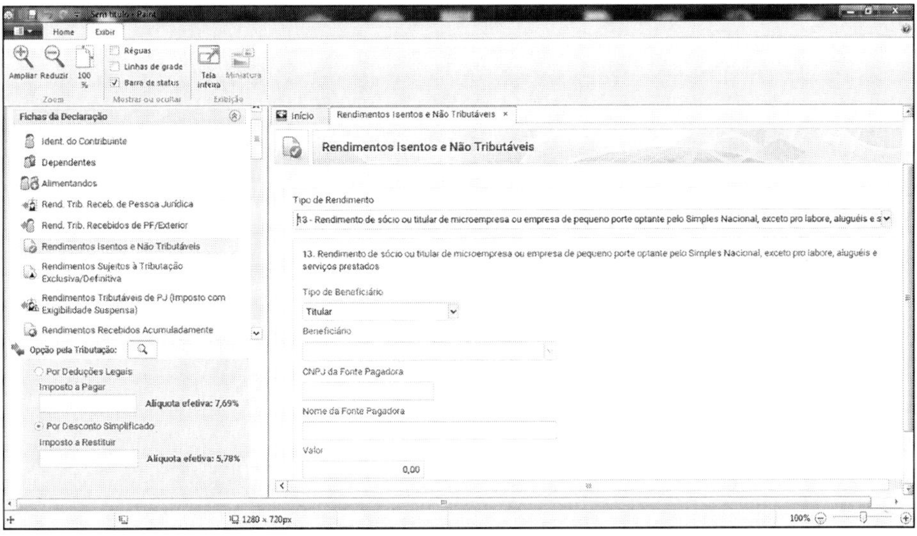

Fonte: Programa da declaração imposto de renda (adaptada).

A pessoa física pode ter os rendimentos provenientes de sua situação como MEI, entre eles, os lucros e o chamado pró-labore, ou ainda, aluguéis e outros serviços. Esses valores precisam ser informados na declaração anual de imposto de renda da pessoa física.

A pessoa física não é obrigada a fazer a Declaração Anual do Imposto de Renda se tiver um rendimento tributável anual abaixo de R$28.559,70, independentemente de ter uma empresa aberta em seu nome, regulamentação dada pelo Art. 2º, Inciso I, da IN nº 1.871/2019.

Acima desse valor, o MEI mesmo tendo que declarar os rendimentos de sua empresa por meio da declaração anual, também deve declarar seus rendimentos pessoais para a Receita Federal, portanto, são duas obrigações: a que diz respeito à pessoa jurídica, a declaração DASN-SIMEI, e a que diz respeito à pessoa física, a Declaração Anual do Imposto de Renda da Pessoa Física.

O MEI possui isenção de imposto de renda enquanto pessoa jurídica, entretanto, é preciso atenção em relação às obrigações da pessoa física, que deverá ocorrer através da referida Declaração Anual do Imposto de Renda da Pessoa Física, pois ela terá que prestar contas a respeito de diferentes rendimentos tais como: o pró-labore, aluguel de bens, serviços e lucros recebidos.

A Lei nº 7.713/1988, que reformulou o imposto sobre a renda da pessoa física, em seu Artigo 3º, declara que o rendimento bruto é constituído por todo o produto do capital, do trabalho ou da combinação de ambos, dos alimentos e pensões recebidos em dinheiro e demais proventos de qualquer natureza, e, também os acréscimos patrimoniais não correspondentes aos rendimentos declarados.

De acordo com o Art. 77, da IN nº 1.500/2014, será constituído como rendimento tributável na Declaração Anual do Imposto de Renda da Pessoa Física o valor correspondente ao acréscimo patrimonial, apurado mensalmente, não justificado pelos rendimentos tributáveis, não tributáveis, isentos, tributados exclusivamente na fonte ou de tributação definitiva.

Os acréscimos patrimoniais não compreendidos no conceito de renda, para a incidência do Imposto de Renda, é necessária a ocorrência do fato gerador do rendimento, que é a aquisição da disponibilidade econômica ou jurídica de renda ou proventos de qualquer natureza, ou seja, para gerar o pagamento do referido tributo.

Assim, pode-se afirmar que o acréscimo patrimonial nada mais é do que a incorporação de riqueza nova ao patrimônio existente, conforme demonstrado no (Quadro1 – Condição da Receita Liquida Auferida pelo Contribuinte).

Considerações finais

Foi demonstrado que é mais vantajoso para o MEI manter a escrituração contábil para apurar o lucro, e assim poder tomar decisões concretas quanto a destinação desse lucro para a subsistência da pessoa física.

Conclui-se que o modelo mais apropriado para o MEI apurar, separar e declarar a sua renda da pessoa física para a Receita Federal, é pela apuração do lucro através da escrituração contábil. Portanto, por meio da contabilidade é possível apurar e demonstrar os lucros reais e legais isentos de tributação. No entanto o mínimo que o MEI deverá ter como instrumento de controle fiscal, é o livro caixa que vai demonstrar a receita bruta auferida e as despesas realizadas para o custeio da atividade durante o ano-calendário. A regra do benefício tributário em forma de isenção não se aplica sobre rendimentos pagos ou creditados ao titular da ME, quando os pagamentos realizados se refiram a aluguéis, a retiradas de pró-labore e a outros serviços prestados, os quais serão objeto de tributação normal, tanto na fonte quanto na declaração anual, com base em tabelas progressivas do imposto de renda da pessoa física.

REFERÊNCIAS

BRASIL. Decreto nº 9.580 de 22 de novembro de 2018 – Regulamento do Imposto de Renda. Brasília: **Diário Oficial da União**, 2018.

BRASIL. Instrução Normativa RFB nº 1.500 de 29 de outubro de 2014. Brasília: **Diário Oficial da União**, 2014.

BRASIL. Instrução Normativa RFB nº 1.700 de 14 de março de 2017. Brasília: **Diário Oficial da União**, 2017.

BRASIL. Instrução Normativa RFB nº 1.871 de 20 de fevereiro de 2019. Brasília: **Diário Oficial da União**, 2019.

BRASIL. Lei Complementar nº 123 de 14 de dezembro de /2006. Brasília: **Diário Oficial da União**, 2006.

BRASIL. Lei nº 10.406 de 10 de janeiro de 2002. Brasília: **Diário Oficial da União**, 2002.

BRASIL. Lei nº 13.874 de 20 de setembro de 2019. Brasília: **Diário Oficial da União**, 2019.

BRASIL. Lei nº 4.506 30 de novembro de 1964. Brasília: **Diário Oficial da União**, 1964.

BRASIL. Lei nº 5.172 de 25 de outubro de 1966. Brasília: **Diário Oficial da União**, 1966.

BRASIL. Lei nº 7.713 de 22 de dezembro 1988. Brasília: **Diário Oficial da União**, 1988.

BRASIL. Lei nº 9.249 de 26 de dezembro de 1995. Brasília: **Diário Oficial da União**, 1995.

BRASIL. Parecer Normativo CST nº 28 de 29 de dezembro de 1983. Brasília: **Diário Oficial da União**, 1983.

BRASIL. Resolução CFC nº 1.255 de 10 de dezembro de 2009. Brasília: **Diário Oficial da União**, 2009.

BRASIL. Resolução CGSN nº 140 de 22 de maio de 2018. Brasília: **Diário Oficial da União**, 2018.

CFC. NBC TG 1000 de 17 de dezembro de 2009: Brasília: Contabilidade para Pequenas e Médias Empresas. Brasília: **Diário Oficial da União**, 2009.

HIGUCHI, Hiromi. **Imposto de Renda das Empresas – Interpretação e Prática**. São Paulo: IR Publicações, 2017.

SANTIAGO, Silas. **Simples Nacional**: o exemplo do federalismo fiscal brasileiro. São Paulo: Saraiva, 2013.

ANEXO I – TABELA DE CONSULTAS REFERENTES AOS CONTRIBUINTES MEI NO PERÍODO DO MÊS DE JANEIRO A DEZEMBRO DE 2018

Consulta	Cliente	Consultor	Data da Consulta	Data da Resposta	Área	Acervo	Assunto
4693	5005	giovanni	21/01/2018	21/01/2018	CT	Não	Contabilidade de MEI – Lucros Isentos
5100	4867	giovanni	28/03/2018	29/03/2018	IR	Não	Rendimentos MEI – Lucros
5143	40278	giovanni	29/05/2018	29/05/2018	IR	Não	MEI –Rendimentos Isentos Lucros/ Limite
5149	4867	giovanni	29/09/2018	29/09/2018	IR	Não	Tributação do MEI no IRPF
7828	23969	giovanni	23/12/2018	23/12/2018	FE	Não	Tributação do MEI – Distribuição de Lucro Contábil /Isenção

EMPREGADOS VERSUS AUTÔNOMOS:
uma análise quanto a contração no Brasil pós-reforma trabalhista

Danielle Castegnaro dos Santos[44]
Cleverson Pereira Leal[45]

Introdução

Com a promulgação da Lei nº 13.467/2017, denominada como Reforma Trabalhista, regulamentou-se a figura do autônomo. Destaca-se este ponto diante de um mercado de trabalho em crise no Brasil, pairando diversos questionamentos sobre o assunto.

Dentre as dúvidas e controvérsias existentes podemos apontar a incerteza da substituição do empregado pelo autônomo, as diferenças de cada categoria de trabalhador, o custo representativo de cada categoria para o empresário, e as beneficies de cada tipo de contratação.

Diante destas dúvidas, esta pesquisa vem a responder a seguinte problemática: diante da Reforma Trabalhista de 2017, a substituição de empregados celetistas por autônomos de fato é benéfica, ou não, ao empresário brasileiro?

O objetivo geral foi analisar o impacto, pós reforma trabalhista, entre a substituição de empregados celetistas por autônomos, nas despesas trabalhistas e tributárias das empresas.

Para atingir o objetivo geral, delinearam-se os seguintes objetivos específicos:

a) definir as distinções entre os Empregados e os Autônomos no Brasil;
b) comparar os custos de contratação para o empresário em cada categoria de trabalhador;
c) simular os benefícios e perdas para o trabalhador, diante da sociedade;
d) identificar qual é a melhor proposta para a empresa e para o trabalhador.

Assim, como muito se questiona a viabilidade da substituição dos empregados por trabalhadores autônomos, que a primeiro momento repercutiu para

---

44 Estudante do Curso de Especialização em Gestão Empresarial, Contábil e Tributária do IFPR, Campus Curitiba – daniellecastegnaro@gmail.com.
45 Mestre em Desenvolvimento e Tecnologia, Especialista em Gestão de Negócios, Bacharel em Ciências Contábeis, Professor Orientador do Curso de Especialização em Gestão Empresarial, Contábil e Tributária do IFPR, Campus Curitiba – cleverson.leal@ifpr.edu.br.

o empregado em rompimentos contratuais por aparentar redução de gastos trabalhistas e da carga tributária.

A pesquisa propõe-se demonstrar os prós e os contras sobre a substituição da modalidade de trabalhadores contratados, analisando as distinções entre estes, os custos do contratante e qual seria a melhor opção de regime tributário para fins de contribuição previdenciária patronal.

Reforma trabalhista

A Reforma Trabalhista, aprovada a Lei nº 13.467/2017, com início de vigência em 11 de novembro de 2017, foi idealizada e promulgada com o objetivo de fomentar o crescimento econômico, a geração de empregos, bem como, flexibilizar as relações de trabalho e emprego.

Dentre as diversas alterações e inovações trazidas pela Reforma Trabalhista, destaque-se a previsão do autônomo na Consolidação das Leis do Trabalho (CLT). E, a qual seja a diferença entre o empregado e o autônomo, cujo principal embasamento legal está no artigo 442-B da CLT.

Relação de trabalho

A partir do século XX que o trabalho recebeu a configuração que conhecemos, com novas formas de organização para modificar sua natureza. Passou-se a perceber o desaparecimento de empregos permanentes e duradouros e, simultaneamente, o surgimento de novas tecnologias e formas inovadoras de organização do trabalho, assim como novas formas de trabalho (MORIN, 2001).

Segundo Netto e Braz (2012), trabalho é uma categoria central quanto ao entendimento do fenômeno humano-social. Por expressar a complexidade das relações entre os homens e a natureza e salientar, assim, tal relação numa dada sociedade, o trabalho apresenta sua dimensão histórica.

Percebemos que os conceitos de trabalho são resultados de um processo de criação histórica, no qual o desenvolvimento e a propagação de cada uma são concomitantes à evolução dos modos e relações de produção, da organização da sociedade como um todo e das formas de conhecimento humano. Assim, a criação de cada concepção do trabalho associa-se a interesses econômicos, ideológicos e políticos (BORGES, 1999).

> A expressão relação de trabalho representa o gênero, do qual a relação de emprego é uma espécie. Podemos dizer que o gênero "relação de trabalho" engloba, além da relação de emprego, outras formas de prestação/realização de trabalho como, por exemplo, o trabalho voluntário, o trabalho autônomo, o trabalho portuário avulso, o trabalho eventual, o trabalho

institucional e o trabalho realizado pelo estagiário. Assim, toda relação de emprego (espécie) é uma relação de trabalho, mas nem toda a relação de trabalho é uma relação de emprego (JAHN, 2018).

Empregado

Empregado é a pessoa física que presta pessoalmente a outrem serviços não eventuais, subordinados e assalariados. "Considera-se empregado toda pessoa física que prestar serviços de natureza não eventual a empregador, sob dependência deste e mediante salário". Dessa forma, não deve haver distinções relativas à espécie de emprego e à condição de trabalhador, nem entre o trabalho intelectual, técnico e manual (art. 7º, XXXII e XXXIV, CF; art. 3º, parágrafo único, CLT).

Segundo o autor Amauri Mascaro Nascimento (1992), empregado "é a pessoa física que com ânimo de emprego trabalha subordinadamente e de modo não eventual para outrem, de quem recebe salário".

Para José Martins Catharino (1972), empregado "é o trabalhador a serviço de outra pessoa em virtude de uma relação de emprego, privada e não estatutária. Não o é o trabalhador que põe a sua força de trabalho a serviço de outra pessoa em virtude de uma relação jurídica de outra espécie".

Já Maurício Godinho Delgado (2013) conceitua empregado como "toda pessoa natural que contrate, tácita ou expressamente, a prestação de seus serviços a um tomador, a este efetuados com pessoalidade, onerosidade, não eventualidade e subordinação".

Autônomo

Para o autor Carlos Henrique Bezerra Leite (2019):

> Autônomo propriamente dito é aquele que trabalha por conta própria, assumindo os riscos do negócio. Vale dizer, o trabalhador autônomo não transfere para terceiro o poder de organização de sua atividade, pois a desenvolve com discricionariedade, iniciativa e organização próprias, escolhendo o lugar, o modo, o tempo e a forma de execução dos serviços. É o que ocorre com os profissionais liberais, como o médico em seu consultório, o advogado em seu escritório, o representante comercial autônomo ou qualquer outro profissional que trabalha por conta própria (LEITE, 2019, p. 4).

Os autores Francisco Ferreira Jorge Neto e Jouberto de Quadros Pessoa Cavalcante (2019), trazem que o:

> Trabalhador autônomo é o que não se submete ao poder diretivo de quem contrata os seus serviços". Tendo como "elementos característicos: o

exercício livremente a sua atividade, estabelecendo quando e como os seus serviços serão realizados; assume os riscos da sua atividade; é comum que os serviços prestados estão vinculados a um determinado resultado do trabalho; o resultado do trabalho pode ser obtido de forma individual pelo próprio trabalhador autônomo ou com o auxílio de outros trabalhadores por ele remunerados (NETO; CAVALCANTE, 2019, p. 4).

Para Arion Sayão Romita (2014), o trabalho se diz:

> Autônomo quando o trabalhador se obriga não a prestar – isto é, a colocar à disposição de outrem – a sua energia de trabalho, mas executar ou fornecer a um tomador uma obra determinada ou um serviço em conjunto, encarado como o resultado de sua atividade, que é exercida fora do âmbito da organização econômica do tomador. Essa atividade é desempenhada pelo trabalhador só ou com auxílio de terceiros, com organização própria e por sua inteira iniciativa, com livre escolha de lugar, tempo e modo de execução e, por isso, sem qualquer vínculo de subordinação com o tomador. Este pode dar instruções de caráter geral referente às características da obra ou dos serviços executados, mas não dá ordens ao prestador de serviços. A prestação a que se obriga o tomador remunera o produto fornecido ou o serviço executado. O risco econômico da atividade recai sobre o trabalhador autônomo.

O autônomo, presta serviços a uma ou mais empresas, ou ainda, presta serviço a outras pessoas físicas, o que pode ocorrer concomitantemente, ou em períodos diferentes, contudo, sem a relação de emprego (artigo 20, inciso XXI, da Instrução Normativa INSS/PRES nº 77/2015).

Ainda neste sentido, o autônomo como sendo a pessoa física que exerce, por conta própria, atividade econômica de natureza urbana, com fins lucrativos ou não (artigo 12 da Lei nº 8.212/91).

Com a Reforma Trabalhista, aprovada a Lei nº 13.467/2017, houve a inserção da regra disciplinando a contratação do autônomo, de modo que sua contratação, cumpridas por este todas as formalidades legais, com ou sem exclusividade, de forma contínua ou não, afasta a qualidade de empregado (art. 442-B, CLT).

Assim o elemento fundamental que distingue empregados e trabalhadores autônomos é a subordinação; empregado é trabalhador subordinado; autônomo trabalha sem subordinação; para alguns, autônomo é quem trabalha por conta própria e subordinado é quem trabalha por conta alheia; outros sustentam que a distinção será efetuada verificando-se quem suporta os riscos da atividade; se os riscos forem suportados pelo trabalhador, ele será autônomo (Direito do trabalho – 9. ed. 2019).

Regras de contratação do autônomo

A Reforma Trabalhista – Lei nº 13.467/2017 acrescentou o artigo 442-B na Consolidação das Leis do Trabalho (CLT).

> **Art. 442-B.** A contratação do autônomo, cumpridas por este todas as formalidades legais, com ou sem exclusividade, de forma contínua ou não, afasta a qualidade de empregado prevista no art. 3º desta Consolidação (BRASIL, 2017)

A Portaria MTb nº 349/2018 trouxe algumas regras para a organização das regras de contratação do autônomo:

> **Art. 1º** A contratação do autônomo, cumpridas por este todas as formalidades legais, com ou sem exclusividade, de forma contínua ou não, afasta a qualidade de empregado prevista no art. 3º do Decreto-Lei nº 5.452, de 1º de maio de 1943, que aprova a Consolidação das Leis do Trabalho.
> § 1º Não caracteriza a qualidade de empregado prevista no art. 3º da Consolidação das Leis do Trabalho o fato de o autônomo prestar serviços a apenas um tomador de serviços.
> § 2º O autônomo poderá prestar serviços de qualquer natureza a outros tomadores de serviços que exerçam ou não a mesma atividade econômica, sob qualquer modalidade de contrato de trabalho, inclusive como autônomo.
> § 3º Fica garantida ao autônomo a possibilidade de recusa de realizar atividade demandada pelo contratante, garantida a aplicação de cláusula de penalidade, caso prevista em contrato.
> § 4º Motoristas, representantes comerciais, corretores de imóveis, parceiros, e trabalhadores de outras categorias profissionais reguladas por leis específicas relacionadas a atividades compatíveis com o contrato autônomo, desde que cumpridos os requisitos do caput, não possuirão a qualidade de empregado prevista o art. 3º da Consolidação das Leis do Trabalho.
> § 5º Presente a subordinação jurídica, será reconhecido o vínculo empregatício (BRASIL, 2018, p.01).

Custos previdenciários

A Constituição Federal determina que a Seguridade Social seja financiada por toda a sociedade, de forma direta e indireta, nos termos da lei, mediante recursos provenientes dos orçamentos da União, dos Estados, do Distrito Federal e dos Municípios e das contribuições sociais do empregador, da empresa e da entidade a ela equiparada na forma da lei, do trabalhador e dos demais segurados, sobre a receita de concursos de prognósticos e do importador de bens ou serviços do exterior, ou de quem a lei a ele equiparar (art. 195, CF/88).

A Contribuição Previdenciária Patronal (CPP) é um recolhimento devido pelas empresas e equiparados, nos moldes do artigo 22 da Lei nº 8.212/91.

> **Art. 22.** A contribuição a cargo da empresa, destinada à Seguridade Social, além do disposto no art. 23, é de:
> I – vinte por cento sobre o total das remunerações pagas, devidas ou creditadas a qualquer título, durante o mês, aos segurados empregados e trabalhadores avulsos que lhe prestem serviços, destinadas a retribuir o trabalho, qualquer que seja a sua forma, inclusive as gorjetas, os ganhos habituais sob a forma de utilidades e os adiantamentos decorrentes de reajuste salarial, quer pelos serviços efetivamente prestados, quer pelo tempo à disposição do empregador ou tomador de serviços, nos termos da lei ou do contrato ou, ainda, de convenção ou acordo coletivo de trabalho ou sentença normativa.
> II – para o financiamento do benefício previsto nos arts. 57 e 58 da Lei nº 8.213, de 24 de julho de 1991, e daqueles concedidos em razão do grau de incidência de incapacidade laborativa decorrente dos riscos ambientais do trabalho, sobre o total das remunerações pagas ou creditadas, no decorrer do mês, aos segurados empregados e trabalhadores avulsos:
> a) 1% (um por cento) para as empresas em cuja atividade preponderante o risco de acidentes do trabalho seja considerado leve;
> b) 2% (dois por cento) para as empresas em cuja atividade preponderante esse risco seja considerado médio;
> c) 3% (três por cento) para as empresas em cuja atividade preponderante esse risco seja considerado grave.
> III – vinte por cento sobre o total das remunerações pagas ou creditadas a qualquer título, no decorrer do mês, aos segurados contribuintes individuais que lhe prestem serviços (BRASIL, 1991).

A obrigatoriedade do pagamento está prevista em legislação, o que faz com que a Contribuição Previdenciária Patronal (CPP) também faça parte do custeio da Seguridade Social, que é um sistema contributivo, ou seja, fomentado, em grande parte, com as contribuições recolhidas por empresas, equiparadas e contribuintes pessoas físicas (artigo 195, inciso I, da CF/88, artigo 22 da Lei nº 8.212/91, artigo 201 do Decreto nº 3.048/99 e artigo 72 da IN RFB nº 971/2009).

Contratante

A Contribuição Previdenciária Patronal é devida pelos empregadores, pessoas físicas e jurídicas, e o seu recolhimento é composto de: 20% patronal (CPP), RAT – Risco Ambiental do Trabalho (1%, 2% ou 3%, conforme o CNAE da empresa/equiparada) e outras entidades ou fundos – terceiros (artigo 22 da Lei nº 8.212/91).

As empresas, de um modo geral, estão obrigadas ao recolhimento da contribuição previdenciária patronal de 20% sobre sua folha de pagamento (salário, pro labore e remuneração de contribuintes individuais prestadores de serviço) (artigo 22, incisos I e III, da Lei nº 8.212/91).

Ainda, ficam obrigadas ao recolhimento do RAT (Risco de Acidente de Trabalho), que pode ser de 1%, 2% ou 3%, conforme o CNAE da atividade da empresa, por sua vez, incide tão somente sobre a remuneração paga a empregados, ou seja, não é calculada sobre a remuneração dos prestadores de serviços ou sócios da empresa (inciso II do artigo 22 da Lei nº 8.212/91).

As empresas do Simples Nacional, com exceção das enquadradas no Anexo IV, estão desobrigadas do recolhimento da CPP (20%), RAT e Outras Entidades (artigo 13, inciso VI e § 3º da Lei Complementar nº 123/2006).

Apenas as empresas do Anexo IV do Simples Nacional são obrigadas a recolher CPP (20%) e RAT (conforme a atividade), ficando dispensadas, porém, do recolhimento de Outras Entidades.

O MEI, ao contratar empregado, fica obrigado ao recolhimento da contribuição previdenciária patronal de 3% sobre a remuneração do trabalhador (artigo 18-C, § 1º, inciso III, da Lei Complementar nº 123/2006).

Contratado

Considerando o empregado, sua contribuição previdenciária está condicionada em percentuais que variam de 8% a 11% sobre a remuneração percebida, limitada a base de cálculo do teto máximo do salário de contribuição previdenciário (artigo 20 da Lei nº 8.212/91).

O autônomo na condição de contribuinte individual, deverá contribuir com a alíquota de 20% sobre a remuneração percebida, também limitada a base de cálculo do teto máximo do salário de contribuição previdenciário (artigo 21 da Lei nº 8.212/91).

Atualmente, o artigo 2º da Portaria ME nº 009/20019 fixa base do teto máximo do salário de contribuição previdenciário em R$ 5.839,45 (BRASIL, 2019).

Microempreendedor individual

O autônomo poderá se constituir na figura do Microempreendedor Individual – MEI, criado pela Lei Complementar nº 128/2008, alterando a Lei Complementar nº 123/2006.

O MEI é o pequeno empresário individual que atende as seguintes condições:

a) tenha faturamento limitado a R$ 81.000,00 por ano;
b) que não participe como sócio, administrador ou titular de outra empresa;
c) contrate no máximo um empregado;
d) exerça uma das atividades econômicas previstas no Anexo XI da Resolução CGSN nº 140/2018, o qual relaciona todas as atividades permitidas ao MEI.

O MEI que se formalizar durante o ano em curso, tem seu limite de faturamento proporcional a R$ 6.750,00, por mês, até 31 de dezembro do mesmo ano (§ 1º do artigo 100 da Resolução CGSN nº 140/2018).

Ao se inscrever como MEI, este deverá proceder com o recolhimento de 5% sobre o salário-mínimo, a título de INSS, acrescentado de R$ 1,00 para o Estado, a título de ICMS (atividades de indústria, comércio e transportes de cargas interestadual) e/ou R$ 5,00 destinado ao município, a título de ISS (atividades de prestação de serviços e transportes municipal).

No entanto, o MEI não poderá realizar cessão ou locação de mão de obra, sob pena de exclusão do Simples Nacional (artigo 112 da Resolução CGSN nº 140/2018).

A empresa contratante de serviços de hidráulica, eletricidade, pintura, alvenaria, carpintaria e de manutenção ou reparo de veículos executados por intermédio do MEI fica obrigada (artigo 113 da Resolução CGSN nº 140/2018):

a) em relação a essa contratação, ao recolhimento de 20% patronal, sobre o total das remunerações pagas ou creditadas a qualquer título, no decorrer do mês, aos segurados contribuintes individuais que lhe prestem serviços, até o dia 20 do mês seguinte ao da competência, ou até o dia útil imediatamente anterior se não houver expediente bancário naquele dia;
b) prestar as informações, declarando à Secretaria da Receita Federal do Brasil e ao Conselho Curador do FGTS, na forma, prazo e condições estabelecidos por esses órgãos, dados relacionados a fatos geradores, base de cálculo e valores devidos da contribuição previdenciária e outras informações de interesse do INSS ou do Conselho Curador do FGTS;
c) cumprir as demais obrigações acessórias relativas à contratação de contribuinte individual (BRASIL, 2018).

Empresa individual de responsabilidade limitada

Outra opção ao autônomo é a sua constituição como Empresa Individual de Responsabilidade Limitada (EIRELI), trata-se de uma condição jurídica prevista no Código Civil, estabelecendo que tal modalidade empresarial poderá ser constituída por somente uma única pessoa, a qual seja titular da totalidade do capital social. Do ato constitutivo da EIRELI constituída por pessoa natural, deverá constar cláusula com a declaração de que o seu titular não participa de nenhuma outra empresa dessa modalidade (artigo 980-A da Lei nº 10.406/2002).

A partir de 2.05.2017, passou a ser permitido que uma Pessoa Jurídica seja titular de Empresa Individual de Responsabilidade Limitada (alínea "c" do item 1.2.5 do anexo V da Instrução Normativa DREI nº 38/2017).

O capital integralizado não poderá ser inferior ao resultado do maior salário mínimo vigente no País multiplicado por 100. Para fins de registro, o salário-mínimo a ser considerado é o nacional (Decreto nº 8.948/2016).

A EIRELI poderá optar pela Simples Nacional, desde que atenda os pressupostos necessários (Lei Complementar nº 123/2006, artigo 3º).

Também poderá oferecer suas receitas à tributação tendo como base o Lucro Presumido ou Real (Instrução Normativa RFB 1.700/2017, artigos 59 e 214).

O SEBRAE (2019) nos apresenta a EIRELI como aquela constituída por uma única pessoa titular da totalidade do capital social, devidamente integralizado. O titular não responderá com seus bens pessoais pelas dívidas da empresa. A pessoa natural que constituir empresa individual de responsabilidade limitada somente poderá figurar em uma única empresa dessa modalidade. A EIRELI também poderá resultar da concentração das quotas de outra modalidade societária num único sócio, independentemente das razões que motivaram tal concentração. A Empresa individual de responsabilidade limitada será regulada, no que couber, pelas normas aplicáveis às sociedades limitadas.

Formal versus informal

Afirma a autora Carla Teresa Martins Romar que

> tudo o que vise à conservação da fonte de trabalho, a dar segurança ao trabalhador, constitui não apenas um benefício para ele, enquanto lhe transmite uma sensação de tranquilidade, mas também redunda em benefício da própria empresa e, através dela, da sociedade, na medida em que contribui para aumentar o lucro e melhorar o clima social das relações entre as partes (ROMAR, 2018, p.).

Ainda, para a mesma autora "quanto mais duradoura for a relação de emprego, maior será o equilíbrio pessoal e familiar do empregado, possibilitando que se atinja um maior nível de desenvolvimento social" (ROMAR, 2018, p.).

Pesquisas noticiadas pelo IBGE apontam que o número de desempregados caiu 3,6% no terceiro trimestre do ano de 2019, em comparação com o mesmo período do ano passado. No entanto, a melhora na taxa de desemprego está relacionada ao aumento do trabalho informal. No trimestre encerrado em julho de 2019, o total de empregados do setor privado sem carteira de trabalho assinada atingiu 11,7 milhões de pessoas, o maior contingente desde o ano de 2012. O aumento em relação ao trimestre anterior foi de 3,9%, o que representa 441 mil pessoas nessa categoria. Já em relação ao trimestre encerrado em julho do ano passado, a elevação foi de 5,6%, um adicional de 619 mil pessoas (IBGE, 2019).

O site de Agência de Notícias do IBGE ainda cita que outro fator relacionado à informalidade são os trabalhadores por conta própria, que também atingiram o maior patamar desde 2012: 24,2 milhões de pessoas. O crescimento registrado foi de 1,4% na comparação com o trimestre anterior (fevereiro a abril de 2019), significando mais 343 mil pessoas nesta situação. Em relação ao ano anterior, o indicador também apresentou elevação (5,2%), um adicional estimado de 1,2 milhão de pessoas.

Metodologia

Para atender os objetivos deste estudo, a metodologia utilizada foi a pesquisa bibliográfica exploratória sobre os temas conceituais da relação de trabalho, para as figuras dos empregados e dos trabalhadores autônomos, levantamento de dados legais quanto aos custos trabalhistas e tributário previdenciário, bem como, personalidades que o autônomo poderá assumir, principalmente, artigos acadêmicos coletados por mecanismos de buscas acadêmicas.

Os procedimentos adotados se deram de forma documental com as extrações de textos legais. Para a abordagem do problema a pesquisa foi qualitativa, com o intuito de descrever o tema e interpretá-lo.

Como população da pesquisa, definida no empresariado do ramo de bares e restaurantes (Vide Quadros 2 e 3) e para amostra, a cidade de Curitiba, que trataremos das distinções dos custos para pessoas jurídicas optantes pelo Simples Nacional e a regra geral. O instrumento de pesquisa utilizado foi o de observação do conteúdo levantado.

Resultados e discussões

Dentre as relações de trabalho, destaca-se o vínculo empregatício caracterizado pela pessoalidade, subordinação, continuidade na prestação do serviço e mediante a remuneração pactuada, salário. Nesta relação, o risco da atividade empresarial é devido ao seu empregador, e ainda lhe sendo devidos direitos constitucionais, como, salário, descanso semanal remunerado, férias, décimo terceiro salário, aviso prévio, seguro desemprego, FGTS e demais.

Já para a relação com o autônomo, primeiro observa-se que este trabalhador não está garantido com os mesmos direitos que o empregado, sendo aquele que presta serviços de forma independente a diversos contratantes e cabe a si a responsabilidade de sua atividade econômica.

Tal responsabilidade que até então fomentava a informalidade desta relação, fez que sua figura fosse caracterizada na CLT – Consolidação das Leis do Trabalho, com inserção pela Reforma Trabalhista – Lei nº 13.467/2017.

No quadro 1, é descrito a comparação entre as formas e benefícios entre trabalhadores contratados pelo regime CLT e os contratados como Autônomos.

Quadro 1 – comparativo entre os trabalhadores

EMPREGADO	AUTÔNOMO
Exerce seu trabalho sob subordinação	Presta serviço de forma independente
Recebe salário	Recebe honorários pela prestação de serviço
Registro em CTPS	Regido por contrato de prestação serviço
Contrato de trabalho	Contrato comercial
Direitos trabalhistas (13º salário, férias etc.)	Direito de receber pelos serviços prestados

FONTE: a autora (2019).

A Reforma Trabalhista foi idealizada para alavancar o mercado de trabalho, com a flexibilização das regras e novos formatos de relações de trabalho.

Os direitos resguardados aos empregados podem ser o vilão para os índices levantados pelo IBGE, pois representam alto custo na contratação, observado o Quadro 2.

Quadro 2 – simulação de custo empregado

5611-2/04 – Bares e outros estabelecimentos especializados em servir bebidas, sem entretenimento			
1. Lucro Presumido		**2. SIMPLES – Anexo I**	
Custo Total	R$ 4.742,75	Custo Total	R$ 3.797,53
Total Remuneração Mês	**R$ 4.012,02**	**Total Remuneração Mês**	**R$ 3.220,02**
Remunerações	**R$ 2.750,02**	**Remunerações**	**R$ 2.750,02**
Salário Base	R$ 1.500,00	Salário Base	R$ 1.500,00
Comissões	R$ 1.000,00	Comissões	R$ 1.000,00
RSR Comissões	R$ 250,00	RSR Comissões	R$ 250,00
Outros (VA e VT)	**R$ 250,00**	**Outros (VA e VT)**	**R$ 250,00**
Vale Transporte	R$ 90,00	Vale Transporte	R$ 90,00
Vale Alimentação	R$ 160,00	Vale Alimentação	R$ 160,00
FGTS 8%	**R$ 220,00**	**FGTS 8%**	**R$ 220,00**
INSS	**R$ 792,00**	**INSS**	**R$ 00,00**
20%	R$ 550,00	20%	R$ 0,00
RAT 3,00%	R$ 82,50	RAT 3,00%	R$ 0,00
Outras Entidades e Fundos 5,80%	R$ 159,50	Outras Entidades e Fundos 5,80%	R$ 0,00

continua...

continuação

5611-2/04 – Bares e outros estabelecimentos especializados em servir bebidas, sem entretenimento			
Total Direitos Trabalhistas	R$ 731,51	Total Direitos Trabalhistas	R$ 577,51
Direitos Trabalhistas	R$ 534,73	Direitos Trabalhistas	R$ 534,73
Férias Proporcionais	R$ 229,17	Férias Proporcionais	R$ 229,17
1/3 das Férias Proporcionais	R$ 76,39	1/3 das Férias Proporcionais	R$ 76,39
Décimo Terceiro Salário	R$ 229,17	Décimo Terceiro Salário	R$ 229,17
FGTS 8%	R$ 42,78	FGTS 8%	R$ 42,78
INSS	R$ 154,00	INSS	R$ 00,00
20%	R$ 106,95	20%	R$ 0,00
RAT 3,00%	R$ 16,04	RAT 3,00%	R$ 0,00
Outras Entidades e Fundos 5,80%	R$ 31,01	Outras Entidades e Fundos 5,80%	R$ 0,00

FONTE: a autora (2019).

O baixo custo do autônomo traz o trabalho informal como uma alternativa para os brasileiros se manterem ativos no mercado de trabalho, como demonstra o quadro 3.

Quadro 3 – simulação de custo autônomo

5611-2/04 – Bares e outros estabelecimentos especializados em servir bebidas, sem entretenimento			
1. Lucro Presumido		2. SIMPLES – Anexo I	
Custo Total	R$ 3.900,00	Custo Total	R$ 3.250,00
Remunerações	R$ 3.000,00	Remunerações	R$ 3.000,00
Outros (VA e VT)	R$ 250,00	Outros (VA e VT)	R$ 250,00
Vale Transporte	R$ 90,00	Vale Transporte	R$ 90,00
Vale Alimentação	R$ 160,00	Vale Alimentação	R$ 160,00
INSS	R$ 650,00	INSS	R$ 00,00
20%	R$ 600,00	20%	R$ 0,00
20% – Outros (VA e VT)	R$ 50,00	20% – Outros (VA e VT)	R$ 0,00

FONTE: a autora (2019).

Para contextualizar os valores que envolvem a contratação de empregados para o empresariado brasileiro, a atividade de Bares e outros estabelecimentos especializados em servir bebidas, sem entretenimento, sob o CNAE 5611-2/04, está representado os quadros 2 e 3.

Para o levantamento de dados comparativos nos quadros nº 2 e 3, observamos a remuneração média pactuada no mercado de trabalho da grande Curitiba, no Estado do Paraná, considerando o trabalhador de bares e outros estabelecimentos.

Assim, consideradas a remuneração dada, a concessão de alimentação e do vale transporte, bem como, a projeção de 1/12 de férias e do décimo terceiro salário devidos na relação de emprego, temos que o custo para a contratação de um empregado gera em torno de R$ 4.742,75, se optante pelo regime do Simples, R$ 3.797,53.

Se a contratação se der pela modalidade autônoma, não são devidos os mesmos benefícios que para os empregados, podendo ser pactuado em contrato a concessão de auxílios para alimentação e transportes, logo, os custos do contratando se transformam para R$ 3.900,00, se Simples, R$ 3.250,00.

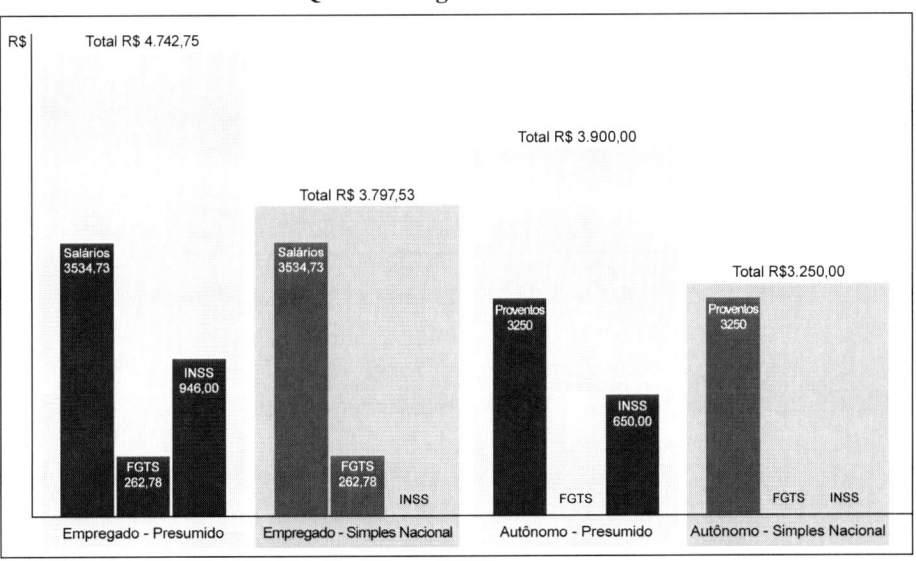

Quadro 4 – gráfico sintético

(Quadros 5 e 6 – Gráficos Analíticos)

Sendo a contratação do autônomo mais atraente devido à redução de custos em comparação do empregado, conforme representado no gráfico sintético do Quadro 4, cabendo ao empresário analisar se a falta da segurança de continuidade da prestação de serviço, que está assegurada dentro do vínculo empregatício, não prejudicará a rotina da sua atividade empresarial.

A formalização, pode se dar através da personalidade do MEI – Microempreendedor Individual, ou como, EIRELI – Empresa Individual de Responsabilidade Limitada, na primeira opção, o contratante não fica sujeito a CPP – Contribuição Previdenciária Patronal, salvo para a contratação de serviços de hidráulica, eletricidade, pintura, alvenaria, carpintaria e de manutenção ou reparo de veículos. Cabendo ao MEI o recolhimento de sua carga tributária em condições diferenciadas e mais benéficas. Na segunda opção, na condição de EIRELI, o trabalhador também assume o custo de sua atividade, não acarretando para os seus contratantes ônus com a folha de pessoal.

Seja sua formalização como MEI ou como EIRELI, sua figura no mercado de trabalho muda para contratante, podendo se tornar empregador, aplicando-se os mesmos custos trabalhistas e previdenciários apresentados na pesquisa realizada.

Conclusão

A presente pesquisa trata-se da análise da melhor proposta de contratação de empregados ou de autônomos para o empresariado do ramo de bares e restaurantes. Para tanto, a pesquisa trouxe os seguintes objetivos:

a) relativo à distinção entre o empregado do autônomo está que o primeiro possui a segurança do vínculo empregatício, garantido direitos que o possibilitam ter programação financeira para seu planejamento pessoal, não lhe sendo devida a responsabilidade da atividade. Diferente do segundo, que lhe cabe o risco da atividade a qual se propõe, sem direitos trabalhistas garantidos, exceto se por negociação de benefícios contratuais, e que ainda o mantenham competitivo para o mercado de trabalho.

b) quanto aos custos de contratação entre estes trabalhadores para o empresário foram comparados nesta pesquisa, sendo optante ou não pelo Simples Nacional, chegando à constatação que o menor custo se dá na contratação de trabalhadores autônomos.

c) as perdas aos trabalhadores diante da sociedade são imensuráveis na predileção pela contratação de trabalhadores autônomos, pois a dignidade do indivíduo fica fragilizada diante da dificuldade de prover a sua subsistência e muitas vezes do seu núcleo familiar.

Por fim, concluiu a pesquisa em seu último objetivo específico, que apesar das perdas ao trabalhador, a substituição de empregados celetistas por trabalhadores autônomos é de fato benéfica ao empresário brasileiro por reduzir custos.

Quadro 5 – gráfico analítico I

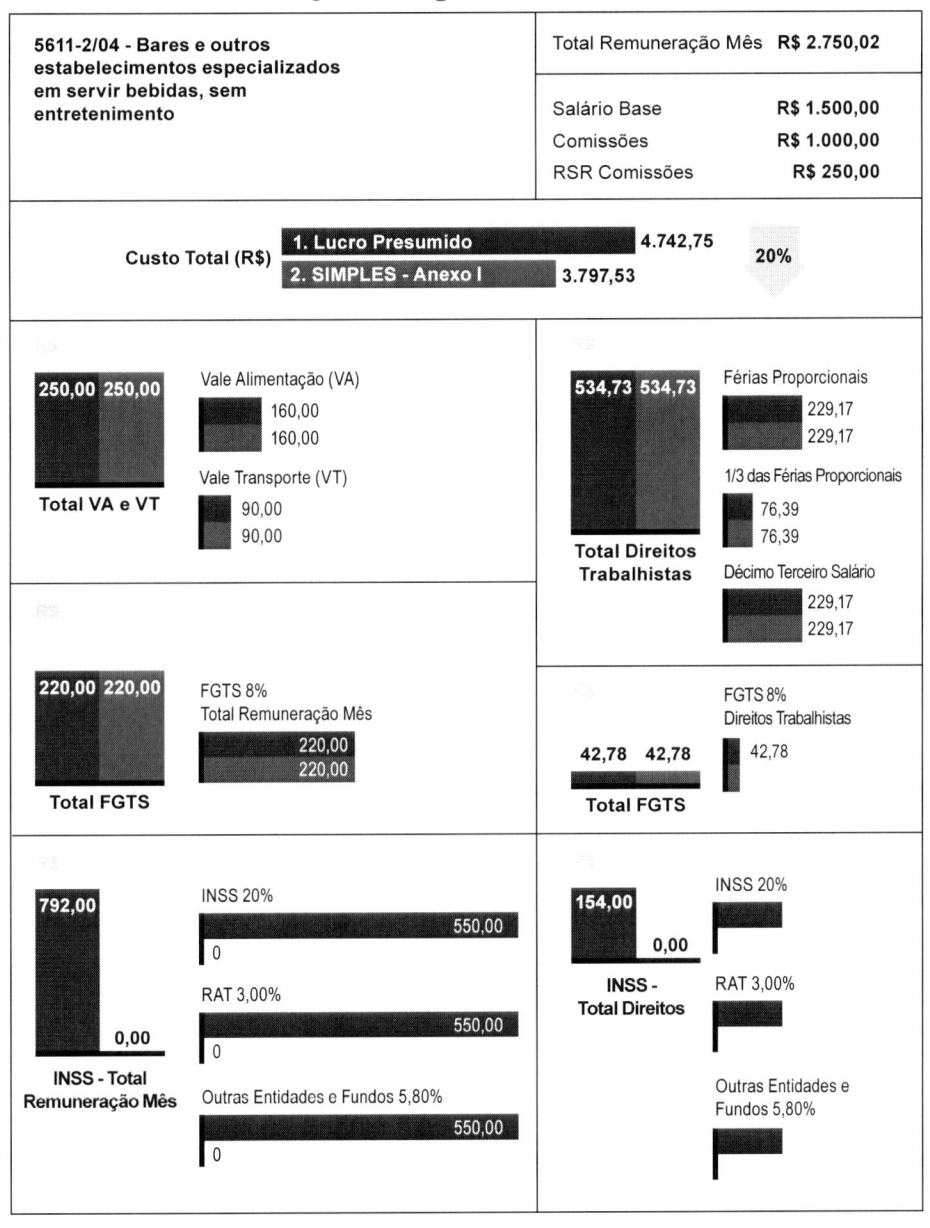

5611-2/04 - Bares e outros estabelecimentos especializados em servir bebidas, sem entretenimento	Total Remuneração Mês R$ 2.750,02
	Salário Base R$ 1.500,00
	Comissões R$ 1.000,00
	RSR Comissões R$ 250,00

Custo Total (R$)
- 1. Lucro Presumido: 4.742,75
- 2. SIMPLES - Anexo I: 3.797,53
- 20%

Total VA e VT: 250,00 / 250,00
- Vale Alimentação (VA): 160,00 / 160,00
- Vale Transporte (VT): 90,00 / 90,00

Total Direitos Trabalhistas: 534,73 / 534,73
- Férias Proporcionais: 229,17 / 229,17
- 1/3 das Férias Proporcionais: 76,39 / 76,39
- Décimo Terceiro Salário: 229,17 / 229,17

Total FGTS: 220,00 / 220,00
- FGTS 8% Total Remuneração Mês: 220,00 / 220,00

Total FGTS: 42,78 / 42,78
- FGTS 8% Direitos Trabalhistas: 42,78

INSS - Total Remuneração Mês: 792,00
- INSS 20%: 550,00 / 0
- RAT 3,00%: 550,00 / 0
- Outras Entidades e Fundos 5,80%: 550,00 / 0
- 0,00

INSS - Total Direitos: 154,00
- INSS 20%: 0,00
- RAT 3,00%
- Outras Entidades e Fundos 5,80%

Quadro 6 – gráfico sintético – II

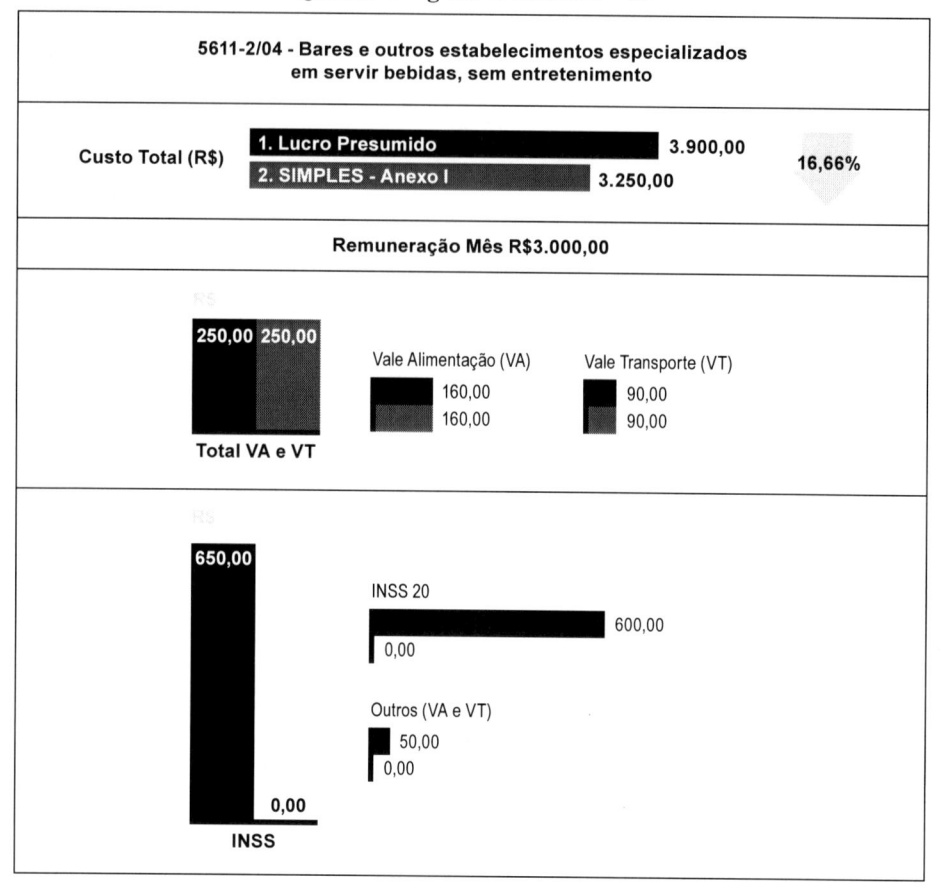

5611-2/04 - Bares e outros estabelecimentos especializados em servir bebidas, sem entretenimento

Custo Total (R$)
- 1. Lucro Presumido: 3.900,00
- 2. SIMPLES - Anexo I: 3.250,00
- 16,66%

Remuneração Mês R$3.000,00

Total VA e VT: 250,00 | 250,00

Vale Alimentação (VA): 160,00 / 160,00
Vale Transporte (VT): 90,00 / 90,00

INSS: 650,00 | 0,00

INSS 20: 600,00 / 0,00
Outros (VA e VT): 50,00 / 0,00

REFERÊNCIAS

AMAURI MASCARO NASCIMENTO. **Curso de direito do trabalho**. 10. ed. São Paulo: Saraiva, 1992.

BOMFIM CASSAR, Vólia; DIAS BORGES, Leonardo. **Comentários à Reforma Trabalhista**. 3. ed. São Paulo: Método, 2018.

BOMFIM, Vólia. **Direito do trabalho**: de acordo com a reforma trabalhista. 16. ed. rev. e atual. São Paulo: Método, 2018.

BRASIL. **Constituição da República Federativa do Brasil** de 05 de outubro de 1988. Brasília: **Diário Oficial da União**, 1988.

BRASIL. **Decreto nº 3.048**, de 06 de maio de 1999. Regulamento Geral da Previdência Social. Brasília: **Diário Oficial da União**, 1999.

BRASIL. **Decreto nº 8.948, 29 de dezembro** de 2016. Brasília: **Diário Oficial da União**, 2016.

BRASIL. **Decreto-lei nº 5.452**, de 01 de maio de 1943. Consolidação das Leis do Trabalho – CLT. Brasília: **Diário Oficial da União**, 1943.

BRASIL. Instrução Normativa INSS/PRES nº 77, de 21 de janeiro de 2015. Brasília: **Diário Oficial da União**, 2015.

BRASIL. Instrução Normativa RFB 1.700, de 14 de março de 2017. Brasília: **Diário Oficial da União**, 2017.

BRASIL. Instrução Normativa RFB nº 971, de 13 de novembro de 2009. Brasília: **Diário Oficial da União**, 2009.

BRASIL. Lei Complementar nº 123, de 14 de dezembro de 2006. Brasília: **Diário Oficial da União**, 2006.

BRASIL. Lei nº 10.406 de 10 de janeiro de 2002. Brasília: **Diário Oficial da União**, 2002.

BRASIL. Lei nº 13.467 de 13 de julho 2017 – Reforma Trabalhista. Brasília: **Diário Oficial da União**, 2017.

BRASIL. Lei nº 8.036 de 11 de maio de 1990 – Fundo de Garantia do Tempo de Serviço. Brasília: **Diário Oficial da União**, 1990.

BRASIL. Lei nº 8.212 de 24 de julho de 1991 - LEI ORGÂNICA DA SEGURIDADE SOCIAL. Brasília: **Diário Oficial da União**, 1991.

BRASIL. Portaria ME nº 009, de 15 de janeiro de 2019. Brasília: **Diário Oficial da União**, 2019.

BRASIL. Portaria MTb nº 349, de 23 de maio de 2018. Brasília: **Diário Oficial da União**, 2018.

BRASIL. Resolução CGSN nº 140, de 22 de maio de 2018. Brasília: **Diário Oficial da União**, 2018.

CAIRO JÚNIOR, José. **Curso de direito do trabalho**: direito individual e coletivo do trabalho. 15. ed. atual. e ampl. Salvador: JusPODIVM, 2018.

CARVALHO, Sandro Sacchet de. **Uma visão geral sobre a reforma trabalhista**. Mercado de Trabalho, v. 6, out. 2017. Disponível em: http://repositorio.ipea.gov.br/bitstream/11058/8130/1/bmt_63_visão.pdf

CATHARINO, José Martins. **Compêndio universitário de direito do trabalho**. Rio de Janeiro: Jurídica Universitária, 1972.

DELGADO, Maurício Godinho. **Curso de direito do trabalho**. 12. ed. São Paulo: LTr, 2013.

GARCIA, Gustavo Filipe Barbosa. **Manual de direito do trabalho**. 11. ed. rev., ampl. e atual. Salvador: JusPODIVM, 2018.

LEITE, Carlos Henrique Bezerra. **Curso de direito do trabalho**. 11. ed. São Paulo: Saraiva Educação, 2019.

LEITE, Carlos Henrique Bezerra. **Curso de direito do trabalho**: de acordo com a Reforma Trabalhista (Lei n. 13.467, de 13-7-2017). 10. ed. São Paulo: Saraiva, 2018.

MARTINS, Sergio Pinto. **Reforma Trabalhista**. Local: Saraiva. 2018.

NETO, Francisco Ferreira Jorge; CAVALCANTE Jouberto de Quadros Pessoa. **Direito do trabalho**. 9. ed. São Paulo: Atlas, 2019.

PAULO NETO, J.; BRAZ, M. **Economia política**: uma introdução crítica. 8. ed. São Paulo: Cortez, 2012.

RENZETTI, Rogério. **Direito do trabalho**: teoria e questões práticas. 5. ed. rev. e ampl. São Paulo: Método, 2018.

ROMAR, Carla Teresa Martins. **Direito do Trabalho**. 5. ed. São Paulo: Saraiva Educação, 2018.

ROMAR, Carla Teresa Martins. **Direito do trabalho**: esquematizado. 5. ed. São Paulo: Saraiva, 2018.

ROMITA, Arion Sayao. **Direitos Fundamentais nas Relações de Trabalho**. 5. ed. São Paulo: LTR Editora, 2014.

TOLFO, Suzana da Rosa; PICCININI, Valmíria. **Sentidos e significados do trabalho**: explorando conceitos, variáveis e estudos empíricos brasileiros. Psicologia & Sociedade, v. 19, ed. especial I, p. 38-46, 2007. Disponível em: http://www.scielo.br/pdf/psoc/v19nspe/v19nspea07. Acesso em: 5 out. 2020.

Sites:

www.ibge.gov.br/

www.portaldoempreendedor.gov.br/duvidas-frequentes

www.sebrae.com.br/sites/PortalSebrae/sebraeaz/o-que-e-ser-mei,e0ba-13074c0a3410VgnVCM1000003b74010aRCRD

www.trt4.jus

MODELO DINÂMICO DE FLEURIET E MODELO TRADICIONAL DE ANÁLISE FINANCEIRA APLICADOS ÀS CONCESSIONÁRIAS DE RODOVIAS NO ESTADO DO PARANÁ

Maira Farias Carneiro[46]
Divane Dias dos Santos Nascimento [47]

Introdução

Análise financeira de uma empresa é o estudo ou o modo que ela possui de mensurar a capacidade de geração do lucro. Por intermédio dela consegue-se avaliar a situação financeira do negócio com o objetivo de determinar o seu desempenho para obter eficiência no uso dos seus recursos. Segundo Assaf Neto (2002), para que haja equilíbrio financeiro, é necessária uma adequação entre a maturidade dos passivos e a capacidade de geração de caixa dos ativos.

Para verificar o equilíbrio financeiro de uma empresa, o capital de giro recebe notoriedade, pois segundo Modro *et al.* (2012), a administração deste, tem sido considerado essencial para o equilíbrio financeiro [...] sendo que os métodos tradicionalmente utilizados mais amplamente difundidos são baseados, sobretudo, na utilização de indicadores retirados do Balanço Patrimonial, sendo os principais: índices de liquidez (IL) e capital circulante líquido (CCL), no entanto, Michel Fleuriet (2003) propôs um modo alternativo de análise, que divide o Balanço Patrimonial em elementos de curto e longo prazo, considerando assim a realidade dinâmica da empresa.

Sendo assim, esta pesquisa visa obter informações sobre a situação financeira das companhias do sistema de concessão de rodovias explorando a seguinte questão: Qual a situação financeira das concessionárias de rodovias, à luz do modelo de Fleuriet (modelo dinâmico) e pelo método tradicional (modelo estático)?

Este estudo tem por objetivo geral realizar a análise da situação financeira das concessionárias de rodovias Econorte, Ecovia, Ecocataratas, RodoNorte,

---

46 Estudante do Curso de Especialização em Gestão Empresarial, Contábil e Tributária, do Instituto Federal do Paraná.

47 Professora do Curso de Especialização em Gestão Empresarial, Contábil e Tributária do Instituto Federal do Paraná – IFPR, Campus Curitiba.

Viapar e Caminhos do Paraná pelos métodos de Fleuriet e Tradicional, no período de 2014 a 2018. Como objetivos específicos a pesquisa busca comparar os modelos tradicional e dinâmico, identificar as principais vantagens e desvantagens de cada método e apresentar o segmento das companhias do sistema de concessão rodoviárias.

A pesquisa justifica-se pela necessidade de fazer uma análise sobre a real situação financeira das concessionárias de rodovias operantes no Brasil visto que, segundo Muller *et al.* (2013) seu equilíbrio ecônomico-financeiro garante a manutenção das taxas contratadas, sendo a remuneração compulsoriamente arcada pelos usuários. Segundo notícia publicada no *site* da Thomsom Reuters por Fonseca e Pestre (2018), os recursos bem utilizados favorecem e são um anseio da sociedade, no entanto o cenário vivido pelo país evidencia um panorama diferente: indícios de corrupção, fraudes a licitações e lavagem de dinheiro que segundo o Ministério Público Federal (MPF), também originam um artifício fraudulento contábil para aumentar despesas operacionais com finalidades como a facilitação de desvios de valores das tarifas pagas pelo usuário. Por isso, foram escolhidas as concessionárias do Paraná envolvidas na operação Lava Jato.

Este artigo foi organizado em cinco tópicos que compreendem primeiro a introdução, depois o referencial teórico que trata dos temas: concessionárias de rodovias, modelo tradicional de análise de balanço, modelo dinâmico Fleuriet. No terceiro tópico apresentam-se os procedimentos metodológicos e a forma que está configurada a pesquisa, seguido da análise e discussão dos resultados e por último, as considerações finais com as limitações e sugestões para novas pesquisas.

Análise das demonstrações financeiras

O desempenho financeiro de uma empresa é identificado por meio da sua capacidade em honrar os compromissos assumidos e de contrair dívidas que tenham quantidade e qualidade adequadas e rentáveis, já o desempenho ecônomico é assinalado pela sua eficiência ao converter suas receitas em retorno para os seus proprietários, e por fim, o desempenho econômico-financeiro é conhecido pela faculdade que a empresa tem de converter suas atividades e seus esforços de vendas em lucro, traduzido pelos seus indicadores de retorno ou lucratividade (NASCIMENTO *et al.* 2016).

Para Herrera Freire *et al.* (2017), a análise financeira por meio de índices torna mais fácil o processo de tomada de decisão de investimento e planos de ação, pois pode constatar pontos fortes e fracos das organizações, além de analisar comparativamente com outras empresas sua atuação produtiva, uma vez que a informação traz o necessário para conhecer o procedimento operacional das empresas e sua situação financeira.

As análises de balanços ocorrem através de técnicas de uso generalizado que, periodicamente, sofrem alterações naturais para aprimoramento e sofisticações, dentre as principais estão: Análise Horizontal, Análise Vertical, Indicadores Econômicos Financeiros e o Diagrama de Índices (ASSAF NETO, 2002).

As técnicas ou métodos de análise habitualmente utilizados pelos autores, para análise das demonstrações contábeis, são a análise vertical e horizontal, e a análise por meio dos indicadores (BASTOS, 2008), dentre eles, Ludícibus (2013) avalia a análise por quocientes um dos mais importantes desenvolvimentos da Contabilidade, já que é o mais indicado para retratar o passado e utilizar estes dados para se preparar para o futuro.

Sendo assim, a verificação da situação econômico-financeira de uma empresa realizada por meio de monitoramento dos resultados utilizando-se de alguns indicadores de liquidez permitem melhorar o uso dos recursos. Alguns destes indicadores estão dispostos nos modelos de análise Tradicional e de Fleuriet.

Modelo tradicional de análise

Os indicadores de liquidez revelam a situação financeira de uma empresa frente a seus diversos compromissos financeiros e inclui o estudo dos indicadores: Liquidez Imediata, Liquidez Seca, Liquidez Corrente, Liquidez Geral, além do Capital Circulante Líquido (ASSAF NETO, 2002).

A análise tradicional de Balanço para fins de investigação financeira permite uma visão estratégica sobre o gerenciamento dos recursos de uma empresa e é constituída por índices que medem o desempenho econômico e financeiro. Para Cancelier (2015) estes índices são calculados por meio dos dados extraídos dos demonstrativos financeiros, pois assim, facilitam a visualização das informações.

A estruturação do modelo tradicional é dada a partir de indicadores de liquidez que mostram a situação da empresa na elaboração do balanço patrimonial (NASCIMENTO et al., 2016). Neste padrão os índices de liquidez (IL) e capital circulante líquido (CCL) são principais indicadores para investigação (MODRO et al., 2012). Segundo Assaf Neto (2012) estes índices medem a folga financeira da empresa e estão representadas no Quadro 1.

Quadro 1 – Índices de liquidez tradicionais

Índice	O que analisa	Fórmula
Liquidez Imediata (LI)	Mede a capacidade da empresa saldar seus compromissos	Disponível / Passivo Circulante

continua...

continuação

Índice	O que analisa	Fórmula
Liquidez Geral (LG)	Identifica o quanto existe de direitos e haveres no circulante e no realizável a longo prazo	Ativo Circulante + Realizável a Longo Prazo Passivo Circulante + Passivo Não Circulante
Liquidez Seca (LS)	Identifica o percentual de dívidas de curto prazo e suas condições de serem liquidadas	Ativo Circulante – Estoques – Despesas Antecipadas Passivo Circulante
Liquidez Corrente (LC)	Mede o quanto a empresa mantém em seu ativo circulante para cada $1 de dívida	Ativo Circulante Passivo Circulante
Capital Circulante Líquido (CCL)	Representa o volume de recursos de longo prazo	ativo circulante – passivo circulante

Fonte: Assaf Neto, Alexandre (2012).

Observa-se no Quadro 1 paradigmas para análise de liquidez empresarial que, para Matarazzo (2010), a partir do confronto dos Ativos Circulantes com as Dívidas (Passivos Circulante), procuram determinar a solidez da base financeira da empresa.

A liquidez imediata considera os valores imediatamente disponíveis no saldo de caixa para quitação das obrigações, ou seja, analisa a empresa sob a visão no curtíssimo prazo e tem a função de medir a capacidade da empresa em honrar seus compromissos imediatamente na ocorrência de alguma adversidade, e, quanto maior o resultado, melhor. No entanto, é um quociente geralmente baixo pelo pouco interesse das empresas em manter valores em caixa (ASSAF NETO, 2002).

Segundo Reis (2018), a liquidez geral avalia se o negócio é capaz de arcar com suas obrigações à medida que o prazo de vencimento se aproxima. Dessa forma, pode-se saber o potencial de solvência do negócio.

A liquidez seca mostra o disponível para saldar as dívidas de curto prazo, excluindo o estoque e as despesas antecipadas. Estudo realizado por Zago (2015), demonstra que com uma liquidez seca maior, a organização possui melhor capacidade de pagamento das obrigações pois as disponibilidades financeiras de curto prazo, excluindo o estoque, refletem positivamente na rentabilidade, percebendo-se indícios de folga financeira impactando na redução da dependência de recursos de terceiros e assim, redução de juros, proporcionando um retorno maior para a empresa.

O quociente de liquidez corrente relaciona os valores imediatamente disponíveis e conversíveis em curto prazo, com relação às dívidas de curto prazo. Este índice é frequentemente considerado o melhor indicador de liquidez da empresa (LUDÍCIBUS, 2013). Assim, quanto mais alta for a liquidez, melhor será a capacidade da empresa em financiar seu capital de giro.

O Capital Circulante Líquido (CCL) também chamado de capital de giro líquido (CGL) mostra a folga nos ativos de curto prazo em relação aos passivos de curto prazo, níveis negativos evidenciam um risco maior. No entanto, Modro *et al.* apontam que um CCL muito elevado pode indicar mau uso dos recursos financeiros, já que estes envolvem custos elevados.

Novos conceitos e metodologias de avaliação são desenvolvidos constantemente pela necessidade de verificação sob variados ângulos. Uma desta nova técnica foi desenvolvida por Michel Fleuriet, que estuda um modelo dinâmico da situação de equilíbrio financeiro da empresa.

Modelo dinâmico de Fleuriet

Devido ao capital de giro ser extremamente dinâmico e exigir modelos eficientes e rápidos de avaliação Michel Fleuriet, Ricardo Kehdy e Georges Blanc, desenvolveram uma técnica que avalia a dinâmica operacional da empresa integrada com os indicadores tradicionais de giro (ASSAF NETO, 2002). Este novo modelo de avaliação financeira que recebeu a denominação de Modelo Dinâmico de Fleuriet nasceu na década de 70 e atualmente é possível encontrá-lo em diversas citações acadêmicas.

O Balanço Patrimonial é uma representação estática do patrimônio sendo necessário ajustá-lo tornando-o um modelo mais dinâmico, reclassificando as contas do circulante, considerando a sua ligação com a atividade operacional da empresa (contas cíclicas) e as de valores monetários, ou aleatórios, que não estão ligadas diretamente à atividade principal da empresa, as chamadas contas erráticas (MACHADO *et al.*, 2016).

Para as empresas é um desafio gerenciar o capital de giro nos aspectos financeiros e operacionais que podem identificar desvios e distorções em busca de soluções. Segundo Oliveira (2002), a empresa pode avaliar da melhor forma os elementos do capital de giro, através da reestruturação dos mesmos de acordo com sua operacionalidade patrimonial que está evidenciada em suas demonstrações financeiras e apontam, a cada exercício social, todos os fatos patrimoniais incorridos, podendo, por meio desta evidenciação, auxiliar o administrador na tomada de decisões, de modo a permitir a continuidade das operações da empresa e também o alcance de seus objetivos. Para Modro *et al.* (2012, p. 92) "O capital de giro está, diretamente ligado à sustentação da atividade operacional das organizações, de modo que sua administração deve possibilitar a liquidez sem comprometer a rentabilidade da empresa".

Através do Modelo Dinâmico de Fleuriet é possível a verificação atual da situação da empresa, demonstrando a eficiência para uma análise de capital de giro pois analisa a realidade e o dinamismo das organizações (PINHEIRO, 2017). O Quadro 2 apresenta a reorganização do Balanço Patrimonial nos parâmetros indicados por Fleuriet.

Quadro 2 – Balanço Patrimonial segundo classificação de Fleuriet

ATIVO CIRCULANTE	PASSIVO CIRCULANTE
> Contas Erráticas >Disponível >Títulos negociáveis >Outros ativos de curto prazo	> Contas Erráticas >Duplicatas descontadas >Obrigações de curto prazo
> Contas Cíclicas >Clientes >Estoques >Despesas pagas antecipadamente	> Contas Cíclicas >Fornecedores >Outras obrigações de curto prazo
ATIVO NÃO CIRCULANTE	**PASSIVO NÃO CIRCULANTE**
> Contas não Cíclicas >Realizável a longo prazo >Investimentos >Ativo Imobilizado >Ativo diferido	> Contas não Cíclicas >Exigível a longo prazo >Resultados de exercícios futuros >Capital realizado >Reservas de lucros >Reservas de Capital >Reservas de reavaliação

Fonte: Fleuriet, Kehdy e Blanc (2003).

O Quadro 2 demonstra as contas erráticas que são indicadores de curto prazo que podem ou não ser ligadas à atividade operacional da empresa, as contas cíclicas são contas de curto prazo renováveis e ligadas à atuação da empresa, contas não cíclicas do ativo as aplicações com prazo maior que 1 ano, já as contas não cíclicas do passivo aquelas que compõem o passivo permanente da instituição (FLEURIET, KHEDY, BLANC, 2003).

Segundo Fleuriet, Kehdy e Blanc (2003) o capital de giro (CDG), é dado pela diferença entre o passivo permanente (contas não cíclicas do passivo) e o ativo permanente (contas não cíclicas do ativo)

$$CDG = passivo\ permanente - ativo\ permanente$$

Já a necessidade de capital de giro (NCG) pode ser mensurado através do ativo cíclico (soma das contas cíclicas do ativo) menos o passivo cíclico (soma das contas cíclicas do passivo)

NCG = ativo cíclico − passivo cíclico

O saldo de tesouraria (T) é definido como a diferença entre o ativo e passivo erráticos (contas que não estão diretamente ligadas à operação)
T = ativo errático − passivo errático ou seja:

T = CDG − NCG

Mediante o cálculo e combinação dos elementos NCG, CDG e T, é possível a constatação da situação financeira da empresa, conforme seis tipos de estrutura financeira (Modro *et al.*, 2012). As estruturas financeiras podem variar de excelente a alto risco, conforme Quadro 3:

Quadro 3 − Tipos de estrutura e situação Financeira

Tipo	CDG (CCL)	NCG	T	Situação
I	+	−	+	Excelente
II	+	+	+	Sólida
III	+	+	−	Insatisfatória
IV	−	+	−	Péssima
V	−	−	−	Muito Ruim
VI	−	−	+	Alto Risco

Fonte: Marques e Braga (1995, p. 56).

O Quadro 3, apresenta a variação do tipo I um alto nível de liquidez e ciclo financeiro reduzido. O tipo II, empresas suscetíveis a variações no nível operacional. O tipo III demonstra maior vulnerabilidade financeira devido ao uso de financiamentos de curto prazo. O tipo IV grande uso financiamentos de curto prazo, podendo significar quase falência. O tipo V situação financeira muito ruim, porém menos grave que o tipo IV, já que a NCG negativa reduz os efeitos sobre o Saldo de Tesouraria. E o tipo VI, marca uma gestão inadequada, mas aplicação eficiente dos recursos de curto prazo. Situação que não pode ser mantida por muito tempo (FLEURIET *et al.*, 2003).

Vantagens e desvantagens dos métodos tradicional e Fleuriet

Para Ludícibus (2013), desde os primórdios da Contabilidade existe a necessidade de se anotar as variações quantitativas e qualitativas dos bens incluídos no inventário, pode-se dizer que se origina daí a importância de analisar demonstrações, sendo os banqueiros os responsáveis em boa parte pela disseminação da análise de balanços através de quocientes, e hoje é relativamente comum a verificação do relacionamento entre valores a receber e o valores a pagar a fim de determinar riscos.

Como já afirmado anteriormente são vários os métodos de análise financeira, sendo que muitos precisam ser avaliados em conjunto para se ter uma visão adequada da conjuntura da empresa. Conforme Assaf (2002), a análise de balanços não é desenvolvida somente através de aplicações técnicas, mas também orientadas pela sensibilidade e experiência do analista.

Alguns autores como: Prado *et al.* (2018) e Modro *et al.* (2012) evidenciam que o modelo Fleuriet apresentam melhores resultados, enquanto Medeiros (2005) e Medeiros e Rodrigues (2004) questionam o modelo.

Para Medeiros e Rodrigues (2004), o modelo Fleuriet não resulta um resultado plausível, pois, em estudo realizado em 80 empresas não financeiras, foi constatado que 3/4 destas empresas estão em desequilíbrio financeiro, contrariamente ao conceito de CCL positivo utilizado na análise convencional de liquidez, cerca de 2/3 das empresas estão em situação equilibrada no período, o que é bem mais plausível.

No entanto, para Prado *et al.* (2018) os indicadores propostos por Michel Fleuriet foram significativos para classificar empresas solventes e insolventes.

O Quadro 4 descreve vantagens e desvantagens de cada método, na perspectiva de alguns autores, a fim de expor as características de cada um.

Quadro 4 – Vantagens e desvantagens dos modelos tradicional e dinâmico

Modelo	Vantagens	Desvantagens
Tradicional	Decorre essencialmente de sua simplicidade conceitual e da mística de precisão e conservadorismo que cerca o Balanço Patrimonial (HOPP; LEITE, 1989).	Necessário relativa experiência e capacidade técnica do analista para interpretar adequadamente a situação do capital de giro (MODRO *et al.*, 2012).
	Maior Facilidade nos cálculos (MODRO *et al.* 2012).	Depende da interpretação de índices, tornando a análise subjetiva (MODRO *et al.* 2012).
Fleuriet	As variações do capital de curto prazo são apresentadas mais claramente e entendidas de forma mais fácil (MODRO *et al.*, 2012).	Exige reclassificação do Balanço Patrimonial (BRAGA, 1991).
	Oferece parâmetros que apresentam sensibilidade mais apurada (Junior *et al*,2000).	Exige conhecimento técnico na reclassificação das contas do Balanço (MODRO *et al.*, 2012).
	Simplifica a análise financeira, em três variáveis (ARAÚJO; COSTA; CAMARGOS, 2010 *apud* CANELIER, 2015).	Restritivo para certos tipos de análise (ARAÚJO; COSTA; CAMARGOS, 2010 *apud* CANELIER, 2015).

Fonte: Elaborado pela autora.

O Quadro 4 expõe as contradições que, para Canelier (2015) torna-se impraticável a escolha de um modelo de análise de capital de giro para a empresa sem conhecê-los, também faz-se necessário que o gestor tenha conhecimento das variáveis apresentadas por cada modelo, bem como conheça a interpretação dos seus resultados, para poder definir quais indicadores são relevantes para sua empresa.

A seguir discorre-se sobre as concessionárias de rodovias para analisar seus pontos fortes e fracos.

Concessionárias de rodovias

A eficiente oferta de serviços públicos de infraestrutura é um desejo constante da sociedade e dos governos para o desenvolvimento econômico e social, dentre estes interesses encontra-se a infraestrutura das rodovias pois, conforme Câmara (2009) esta caracteriza-se como serviço público, atividade essencial para sociedade. Devido à necessidade constante de melhorias e ampliações, o setor público busca melhorar a malha viária brasileira por um método alternativo, já que não dispunha destes recursos para fazê-lo.

Assim surgiram as concessionárias de rodovias no Brasil, segundo Müller *et al.* (2010), de forma mais concreta, no ano de 1995 com a Lei 8.987/95, quando o Ministério dos Transportes desenvolveu estudos para adotar no Brasil um modelo de outorga para a recuperação e manutenção das estradas, regulamentando o regime de concessão e permissão da prestação de serviços públicos, previstos no art. 175 da Constituição Federal.

Na concessão, a rodovia é cedida ao setor privado mediante contrato por prazo determinado, a empresa fica responsável por obras de melhorias e manutenções em alguns casos observa-se também o pagamento de um valor inicial (outorga) ao poder público, em contrapartida obtém o direito de cobrar uma tarifa para direito a passagem de veículos para ressarcimento dos investimentos a fiscalização dos serviços prestados a cargo do governo.

Em notícia publicada no *site* da ABCR – Associação Brasileira de Concessionárias de Rodovias, segundo a Pesquisa CNT de Rodovias 2017, dezenove das melhores ligações rodoviárias brasileiras são concessionadas. Já nas rodovias federais geridas pelo setor público, 70,4% foram avaliadas como regular, ruim ou péssimo, enquanto 74,4% das rodovias concedidas atingiram a classificação ótimo ou bom.

Segundo a ABCR, 2018, o modal rodoviário cresceu apenas 0,5% no período entre 2009 e 2017, em contrapartida o crescimento da frota de veículos foi de 65,4%, que demonstra o descompasso de oferta e demanda, além disso o orçamento destinado ao investimento em rodovias está em retrocesso sendo em 2014 de R$ 10,38 bilhões, em 2017, R$ 7,89 bilhões e o orçamento de 2018 ainda menor: R$ 6 bilhões. Este cenário destaca a necessidade da Parceria Público-Privada (PPP) pois, segundo cálculos dos associados da ABCR, há um potencial de investimento da ordem de R$ 25 bilhões a ser destinado à modernização e melhoria dos 10 mil quilômetros de rodovias federais concedidas.

Para Campos Neto (2018), é preciso destacar que a legislação que rege os contratos de concessão apresenta caráter de interesse público e de interesse privado e que todo contrato administrativo, embora participe de um acordo de vontades com um particular, a administração pública sempre mantém alguns privilégios – as chamadas cláusulas exorbitantes, que lhe dão poderes unilaterais.

No entanto, segundo Baeza e Vassallo (2010), os contratos de concessão também são arriscados para o governo já garantias públicas são fornecidas, sendo vários os tipos de risco: de custo de capital (aquisição de terrenos, construção e aprovação de licença), risco de receita, manutenção e risco operacional.

É possível também, que haja a ameaça da adulteração do contrato, que ficou evidenciada com as investigações sobre a prática de crimes de corrupção, lavagem de dinheiro, sonegação fiscal, entre outros esquemas relacionados à administração das rodovias federais no Paraná, onde foram identificados esquemas paralelos de pagamento de propinas de algumas concessionárias a intermediadores e agentes públicos (MPF, 2018).

Sendo assim, as concessionárias Econorte, Ecovia, Ecocataratas, Rodo-Norte, Viapar e Caminhos do Paraná foram escolhidas para este estudo devido a representatividade que exercem, pelos escândalos em que foram/estão envolvidas, com objetivo de conhecer e apresentar a situação financeira das mesmas.

Metodologia

A pesquisa, classifica-se como descritiva por ter a finalidade de observar, analisar e registrar fenômenos (OLIVEIRA, 2002) com abordagem quali--quantitativa pois ela descreve a complexidade do problema e também busca entender o comportamento que a população possui (RAUPP; BEUREN, 2003).

Quanto ao delineamento foi realizado um estudo bibliográfico por fornecer meios de "colocar o pesquisador em contato direto com tudo aquilo que foi escrito sobre determinado assunto" (MARCONI; LAKATOS, 2011, p. 44).

Esta pesquisa se deu através de análise das Demonstrações Financeiras Padronizadas (DFPs) disponibilizadas no *site* da B3 (Brasil Bolsa Balcão) das concessionárias de rodovias no período de 2014 até 2018 para obter uma melhor visão do cenário durante o período de crise econômica brasileira e envolvimento das concessionárias em escândalos, esta análise procederá sob a ótica do modelo tradicional, que utiliza indicadores como índices de liquidez e capital circulante líquido e também pelo modelo dinâmico de Fleuriet, baseado na reorganização e reclassificação do Balanço Patrimonial, que utiliza os indicadores: Necessidade de Capital de Giro, Capital de Giro e Tesouraria, podendo assim, verificar a liquidez o e risco em ambos os modelos de análise.

A população utilizada nesta pesquisa foi as empresas do setor de exploração de rodovias listadas na B3 e a amostra é não probabilística por tipicidade e está delimitada às concessionárias investigadas na operação Lava Jato, pois seu suposto envolvimento com corrupção promove a diminuição dos investimentos que inicialmente seriam destinados à população. Segundo publicação da revista Valor Econômico, 2018 são 6 empresas que administram o Anel da Integração do Paraná: Econorte, Ecovia, Ecocataratas, Rodonorte, Viapar e Caminhos do Paraná.

Para esse estudo foram coletados os dados das empresas pelo *site* da B3 ou, quando não disponível, as informações foram colhidas no *site* da própria instituição.

Para demonstrar a análise dos indicadores financeiros pelo método Fleuriet foram utilizados indicadores propostos por Fleuriet, Kehdy e Blanc (2003), ou seja, Necessidade de Capital de Giro (NCG), Capital de Giro (CDG), Saldo de Tesouraria (ST); e por Marques e Braga (1995) – Situação Financeira (SF). As demonstrações financeiras utilizadas para cálculo destas variáveis foram os Balanços Patrimoniais dos anos de 2014 a 2018 que estavam disponíveis. Para análise pelo método tradicional escolheu-se os indicadores: Liquidez Imediata, Liquidez Seca, Liquidez Corrente, Liquidez Geral, além do Capital Circulante Líquido conforme o autor Assaf Neto, 2002. E para análise pelo método de Fleuriet os indicadores: Capital de Giro, Necessidade de Capital de Giro e Tesouraria, conforme Michel Fleuriet, 2003.

Os cálculos foram realizados no Microsoft *Excel* 2013, iniciando-se com a coleta dos dados relevantes à pesquisa e passando para a reclassificação do Balanço Patrimonial para adequação ao modelo de Fleuriet, diferenciando as contas cíclicas, não cíclicas e erráticas. Após a reclassificação procedeu-se os cálculos pelos dois modelos. Após os cálculos foi possível a comparação dos dois modelos e também a classificação conforme a proposta de Fleuriet.

Análise e discussão dos resultados

O modelo tradicional de análise de balanço classifica a estrutura financeira da empresa através dos índices de liquidez imediata (LI), liquidez geral (LG), liquidez corrente (LC), liquidez seca (LS) e capital circulante líquido (CCL). Nesta seção são apresentados os resultados referentes à esta análise do Balanço Patrimonial das concessionárias de rodovias aqui estudadas.

Tabela 1 – análise do balanço patrimonial: modelo tradicional

Empresa	Índices	31/12/2018	31/12/2017	31/12/2016	31/12/2015	31/12/2014
CCR (Rodonorte)	Liquidez Imediata (LI)	0,251	0,480	0,393	0,308	0,352
	Liquidez Geral (LG)	1,377	1,384	1,203	1,220	1,271
	Liquidez Seca (LS)	0,930	1,078	0,587	0,484	0,546
	Liquidez Corrente (LC)	0,938	1,083	0,591	0,496	0,561
	Capital Circulante Líquido (CCL) – Em milhares R$	-314902	492356	-2931666	-3762836	-1982985
Econorte	Liquidez Imediata (LI)	0,15	0,09	0,06	0,03	0,03
	Liquidez Geral (LG)	0,26	0,23	0,20	0,28	0,11
	Liquidez Seca (LS)	0,36	0,32	0,41	0,86	0,13
	Liquidez Corrente (LC)	0,15	0,09	0,06	0,03	0,03
	Capital Circulante Líquido (CCL) – Em milhares R$	-95797	-91383	-57067	-13166	-148426
Viapar	Liquidez Imediata (LI)	0,17	0,30	0,31	0,66	0,49
	Liquidez Geral (LG)	1,75	1,74	1,67	1,69	1,71
	Liquidez Seca (LS)	0,54	0,62	0,64	1,05	0,89
	Liquidez Corrente (LC)	0,57	0,66	0,70	1,10	0,92
	Capital Circulante Líquido (CCL) – Em milhares R$	-73545	-45892	-32746	6835	-4307
Caminhos do Paraná	Liquidez Imediata (LI)		0,37	0,11	0,05	0,05
	Liquidez Geral		1,30	1,23	1,25	1,26
	Liquidez Seca (LS)		1,45	1,40	0,41	0,28
	Liquidez Corrente (LC)		1,46	1,41	0,42	0,29
	Capital Circulante Líquido (CCL) – Em milhares R$		34634	32827	-35820	-43155

continua...

continuação

Empresa	Índices	31/12/2018	31/12/2017	31/12/2016	31/12/2015	31/12/2014
Ecovia	Liquidez Imediata (LI)	0,46	1,85		0,06	0,23
	Liquidez Geral (LG)	1,21	1,32		1,24	1,16
	Liquidez Seca (LS)	0,54	2,29		0,12	0,55
	Liquidez Corrente (LC)	0,54	2,29		0,12	0,58
	Capital Circulante Líquido (CCL) – Em milhares R$	-90899	35743		-159965	-11098
Ecocataratas	Liquidez Imediata (LI)	0,28	0,76	0,29	0,61	
	Liquidez Geral (LG)	1,30	1,36	1,38	1,38	
	Liquidez Seca (LS)	0,40	1,01	0,34	0,86	
	Liquidez Corrente (LC)	0,40	1,02	0,34	0,86	
	Capital Circulante Líquido (CCL) – Em milhares R$	-152987	1100	-188701	-8332	

Fonte: Elaborado pela autora.

A Tabela 1 revela a situação financeira das empresas durante o período de 2014 a 2018. Os índices obtidos demonstram que as empresas não teriam recursos suficientes para quitar suas obrigações de curto prazo, visto que a liquidez imediata das mesmas apresentaram valores inferiores a 1, com exceção da empresa Ecovia que no ano de 2017 apresentou índice 1,86 e do índice liquidez geral, que apresentou bons resultados em quase todas as empresas, exceto na Econorte.

No entanto, índice liquidez geral normalmente é baixo pois não é interessante para a empresa manter recursos monetários em caixa por não possuir rentabilidade, além de, por se tratarem de empresas prestadoras de serviços, o desempenho destes índices podem estar prejudicados visto que não possuem estoque ou duplicatas consideráveis. Assim sendo, as mesmas empresas foram analisadas sob outra ótica, conforme a Tabela 2 que classifica a estrutura financeira das empresas por meio do modelo dinâmico de análise financeira.

Não foi possível realizar o estudo nas empresas Caminhos do Paraná em 2018, Ecovia em 2016 e Ecocataratas em 2014, devido aos dados de Balanço Patrimonial não estarem disponíveis no momento em que foi feita a coleta dos dados.

Tabela 2 – análise de balanço patrimonial: modelo dinâmico (Fleuriet)

Empresa	Índices	31/12/2018	31/12/2017	31/12/2016	31/12/2015	31/12/2014
CCR (Rodonorte)	Capital de Giro (CDG) Em Milhares (R$)	-314.902	492.356	-2.931.666	-3.762.836	-1.982.985
	Necessidade de Capital de Giro (NCG) Em Milhares (R$)	-348.397	-807.640	-361.130	38.673	-135.359
	Tesouraria (T) Em Milhares (R$)	33.495	1.299.996	-2.570.536	-3.801.509	-1.847.626
Econorte	Capital de Giro (CDG) Em Milhares (R$)	-95.797	-91.383	-57.067	-13.166	-148.426
	Necessidade de Capital de Giro (NCG) Em Milhares (R$)	-182.109	-156.164	-93.720	-36.000	-174.894
	Tesouraria (T) Em Milhares (R$)	86.312	64.781	36.653	22.834	26.468
Viapar	Capital de Giro (CDG) Em Milhares (R$)	-73.545,00	-45.892	-32.746	6.835	-4.307
	Necessidade de Capital de Giro (NCG) Em Milhares (R$)	31.507,00	21.201	-194	1.676	-5.845
	Tesouraria (T) Em Milhares (R$)	-105.052,00	-67.093	-32.552	5.159	1.538
Caminhos do Paraná	Capital de Giro (CDG) Em Milhares (R$)		34.634	33.827	-35.820	-43.155
	Necessidade de Capital de Giro (NCG) Em Milhares (R$)		10.209	28.492	-36.361	-44.036
	Tesouraria (T) Em Milhares (R$)		24.425	5.335	541	881
Ecovia	Capital de Giro (CDG) Em Milhares (R$)	-90.899	35.743		-159.965	-11.098
	Necessidade de Capital de Giro (NCG) Em Milhares (R$)	-181.871	-15.322		-171.583	-17.146
	Tesouraria (T) Em Milhares (R$)	90.972	51.065		11.618	6.048
Ecocataratas	Capital de Giro (CDG) Em Milhares (R$)	-152.987	1.100	-188.701	-8.332	
	Necessidade de Capital de Giro (NCG) Em Milhares (R$)	-225.171	-43.199	-51.922	-36.827	
	Tesouraria (T) Em Milhares (R$)	72.184	44.299	-136.779	28.495	

Fonte: Elaborado pela autora.

Os índices apresentados na Tabela 2, assim como na Tabela 1 revelaram um desequilíbrio financeiro nas empresas analisadas.

A empresa CCR apresentou alta variação nos números durante os anos de 2017 e 2018 em relação à suas demonstrações financeiras, bem como a empresa Ecovia, que em 2017 podia ser considerada como excelente investimento na tomada de decisões por apresentar Capital de Giro e Saldo de Tesouraria positivos, enquanto sua Necessidade de Capital de giro era negativa, porém no ano de 2018 este cenário inverteu-se totalmente.

A única empresa que apresentou evolução ao longo do período analisado foi a Caminhos do Paraná, que depois das instabilidades nos anos de 2014 e 2015 passou a apresentar saldos positivos em relação aos índices estudados.

Devido ao fato da indisponibilidade dos dados das empresas: Caminhos do Paraná (2018), Ecovia (2016) e Ecocataratas (2014), não foi possível a análise no período específico.

O Quadro 5 exibe a estrutura econômica financeira das empresas analisadas conforme a metodologia de Fleuriet.

Quadro 5 – estrutura e situação financeiras das concessionárias

		2018	2017	2016	2015	2014
CCR	CDG	-	+	-	-	-
	NCG	-	-	-	+	-
	T	+	+	-	-	-
Econorte	CDG	-	-	-	-	-
	NCG	-	-	-	-	-
	T	+	+	+	+	+
Viapar	CDG	-	-	-	+	-
	NCG	+	+	-	+	-
	T	-	-	-	+	+
Caminhos do Paraná	CDG		+	+	-	-
	NCG		+	+	-	-
	T		+	+	+	+
Ecovia	CDG	-	+		-	-
	NCG	-	-		-	-
	T	+	+		+	+
Ecocataratas	CDG	-	+	-	-	
	NCG	-	-	-	-	
	T	+	+	-	+	

Fonte: Elaborado pela autora.

O Quadro 5 expõe a análise das empresas sob a ótica do modelo Fleuriet, que classifica as empresas em 6 níveis: excelente, sólida, insatisfatória, péssima, muito ruim e alto risco. Pode-se verificar que a empresa CCR oscilou do nível excelente – índices de capital de giro e tesouraria positivos e necessidade de capital de giro negativo – em 2017, a alto risco – capital de giro e necessidade de capital de giro negativos e saldo de tesouraria positivo, em 2018, assim como as empresas Ecovia e Ecocataratas que variaram de nível I (excelente), empresas com alto nível de liquidez e ciclo financeiro reduzido em 2017 a nível VI (alto risco), que indica uma gestão inadequada, porém com eficiente aplicações no curto prazo, situação esta que não pode ser sustentada por tempo prolongado, nos outros anos analisados. A única empresa que apresentou melhora na questão financeira foi a Caminhos do Paraná, que saiu de alto risco, ou seja, apresentava um capital de giro negativo e uma necessidade de capital de giro negativa enquanto o saldo de tesouraria demonstrava-se positivo em 2014 e 2015 para o *status* de sólida, ou seja, os três índices: necessidade de capital de giro, capital e giro e tesouraria, revelaram-se positivos em 2016 e 2017, indicando suscetibilidade de variação no nível operacional. Já a empresa Econorte foi classificada como alto risco durante todo período.

No Quadro 6 pode-se ter uma melhor comparação dos dois modelos de análise, utilizou-se o índice de liquidez corrente para este comparativo, visto que, para Iudícibus (2013), este é frequentemente considerado o melhor indicador de liquidez da empresa.

Quadro 6 – comparativo modelo tradicional x modelo de Fleuriet

		2018	2017	2016	2015	2014
CCR	Tradicional	0,94	1,08	0,59	0,50	0,56
	Fleuriet	Alto Risco	Excelente	Muito Ruim	Péssima	Muito Ruim
ECONORTE	Tradicional	0,15	0,09	0,06	0,03	0,03
	Fleuriet	Alto Risco	Alto Risco	Alto Risco	Alto Risco	Alto Risco
VIAPAR	Tradicional	0,57	0,66	0,70	1,10	0,92
	Fleuriet	Péssima	Péssima	Muito Ruim	Sólida	Alto Risco
CAMINHOS DO PARANÁ	Tradicional		1,46	1,41	0,42	0,29
	Fleuriet		Sólida	Sólida	Alto Risco	Alto Risco
ECOVIA	Tradicional	0,54	2,29		0,12	0,58
	Fleuriet	Alto Risco	Excelente		Alto Risco	Alto Risco
ECOCATARATAS	Tradicional	0,40	1,02	0,34	0,86	
	Fleuriet	Alto Risco	Excelente	Muito Ruim	Alto Risco	

Fonte: Elaborado pela autora.

O método Fleuriet classifica as empresas em 6 níveis: Excelente, Sólida, insatisfatória, péssima, muito ruim e alto risco e o método tradicional interpreta os índices de liquidez de forma diferenciada, cujos valores maiores que 1 consideram que a empresa tem condições de pagar suas dívidas no curto ou curtíssimo prazo (dependendo do índice).

O Quadro 6 demonstra que a empresa CCR em 2018, apresentou, pelo método tradicional, R$ 0,94 para cada R$ 1, nesta interpretação a empresa não atingiu o patamar, ou seja, não conseguiria saldar suas dívidas de curto prazo, mas está muito próximo, contudo, pelo método Fleuriet a empresa apresentou alto risco, ou seja, a CCR possui um alto risco de não pagar suas dívidas, sendo assim, os resultados foram incompatíveis nos 2 métodos, No ano de 2017 os resultados foram compatíveis nos dois métodos, assim como nos anos anteriores, onde apresentou índices insatisfatórios nos dois modelos analisados.

O estudo na empresa Econorte apresentou, através dos dois modelos, baixíssimos índices de liquidez que variam de 0,03 a 0,15 em todo o período analisado, corroborando com a análise de Fleuriet que demonstra alto risco financeiro, comprovando um importante indicativo de que a saúde financeira da organização não está boa.

Os resultados obtidos para as empresas Ecovia, Ecocataratas e Caminhos do Paraná através do modelo de Fleurie*t* também comprovam a análise do modelo tradicional, pois denotam a mesma situação financeira das empresas em todos os anos pesquisados.

Conclusão

Este estudo buscou apresentar, os aspectos de análise de liquidez das organizações, a comparabilidade entre o Modelo Tradicional de análise financeira e o Modelo Fleuriet tendo como base as demonstrações financeiras de uma amostra de seis concessionárias de rodovias investigadas na operação Lava Jato, segundo a Revista Valor Econômico de 2018.

Ressalta-se que o objetivo geral da pesquisa consistia em realizar a análise financeira das concessionárias de rodovias e foi atingido integralmente. Para atender os objetivos específicos, a revisão da literatura apresentou as principais vantagens e desvantagens do método Tradicional e de Fleuriet, além de explanar o segmento das companhias do sistema de concessão rodoviária.

A definição do modelo de análise eficaz assegura informações assertivas para tomada de decisão, portanto, conforme resultados deste estudo, ficou evidenciado que tanto o modelo de análise dinâmico quanto o tradicional apresentam relevância considerável para investigações e tomadas de decisões empresariais no concernente à concessionárias de rodovias, visto que apresentaram resultados muito parecidos, à exceção de uma única divergência ocorrida no ano de 2018 na análise da empresa CCR.

Os resultados da pesquisa revelaram que as concessionárias de rodovias, em geral, apresentaram resultados desfavoráveis ao longo do período analisado, apresentando, portanto, uma saúde financeira em risco, como demonstrado nos índices de liquidez e análise da estrutura financeira. Sendo assim, a confiabilidade de investimentos fica prejudicada.

Para pesquisas futuras sugere-se o estudo no concernente à influência da corrupção na oscilação de desempenho das concessionárias de rodovias.

Destaca-se limitações para a realização do estudo visto que não estavam disponíveis as demonstrações financeiras das empresas Caminhos do Paraná de 2018, Ecovia de 2016 e Ecocataratas de 2014, além de não existir uma medição mais específica em relação aos índices Tradicionais, sendo apenas classificável como empresa com liquidez ou sem liquidez, diferentemente do Modelo de Fleuriet, que tem 6 níveis de classificação.

REFERÊNCIAS

ABCR. Associação Brasileira de Concessionárias de Rodovias esclarece dúvidas sobre concessões. **ABCR**. Disponível em: http://www.abcr.org.br/Conteudo/Noticia/12223/abcr+esclarece+duvidas+sobre+concessoes.aspx. Acesso em: 26 abr. 2019.

ARAÚJO, Elisson Alberto T.; COSTA, Miguel Luiz O.; CAMARGOS, Marcos Antônio. Estudo da Produção Científica sobre o Modelo Fleuriet no Brasil entre 1995 e 2008. *In:* SEMEAD SEMINÁRIOS EM ADMINISTRAÇÃO, 13, 2010, São Paulo. **Anais** [...]. São Paulo, 2010. Disponível em: http://sistema.semead.com.br/13semead/resultado/trabalhosPDF/217.pdf. Acesso em: 12 maio 2019.

ASSAF NETO, A. **Estrutura e análise de balanços**. São Paulo: Atlas, 2002.

BAEZA, Maria de los Ángeles; VASSALLO, José Manuel. Private concession contracts for toll roads in Spa *In:* analysis and recommendations. **Public Money & Management**, v. 30, n. 5, p. 299-304, 2010.

BASTOS, Éder Cláudio; HOELTGBAUM Marianne; SILVEIRA, Amelia; AMAL, Mohamed. Análise dos indicadores econômico-financeiros relevantes para avaliação setorial. *In:* ENCONTRO DA ANPAD, 32, set. 2008, Rio de Janeiro. **Anais** [...]. Rio de Janeiro, 2008.

CÂMARA, Jacintho Arruda. **Tarifa nas concessões**. São Paulo: Malheiros Editores, 2009.

CAMPOS NETO, C. A. S.; MOREIRA, S. V.; MOTTA, L. V. **Modelos de Concessão de Rodovias no Brasil, no México, no Chile, na Colômbia e nos Estados Unidos**: Evolução histórica e avanços regulatórios. Brasília: Rio de Janeiro: Ipea, 2018.

CANCELIER, Camila. **Modelo tradicional versus modelo dinâmico de análise de capital de giro**: um estudo multicaso no setor moveleiro. Pato Branco: Universidade Tecnológica Federal do Paraná, 2015.

FLEURIET, Michel; KEHDY, Ricardo; BLANC, Georges. **A dinâmica financeira das empresas brasileiras**: um novo método de análise, orçamento e planejamento financeiro. 7. reimp. Rio de Janeiro: Elsevier, 2003.

FONSECA, Pedro; PESTRE, Maria Clara. Lava Jato investiga corrupção em concessão de rodovias no Paraná, em primeira fase de 2018. **Thomson

Reuters. Nacional, 22 fev. 2018. Disponível em: https://br.reuters.com/article/domestic News/idBRKCN1G616O-OBRDN. Acesso em: 25 jun. 2019.

HERRERA FREIRE, A.; BETANCOURT GONZAGA, V.; HERRERA FREIRE, A.; VEGA RODRÍGUEZ, S.; VIVANCO GRANDA, E. Razões financeiras para liquidez na gestão de empresas para tomar decisões. **Quipukamayoc**, v. 24, n. 46, p. 153-162, 2017.

HOPP, J. C.; LEITE, H. P. O mito da liquidez. **Revista de Administração de Empresas**, São Paulo, v. 29, n. 4, p. 63-69, out./dez. 1989.

JUNIOR, Felix Christiano T.; WILHELM, Pedro Paulo Hugo. Análise do capital de giro: modelo dinâmico versus modelo tradicional. **Revista de Negócios FURB**, Rio de Janeiro, v. 12, n. 1, p. 129-150, 2000.

MACHADO, Márcio A. V.; MACHADO, Márcia R.; CALLADO, Aldo L. C. Análise dinâmica e o financiamento das necessidades de capital de giro das pequenas e médias empresas localizadas na cidade de João Pessoa, PB: um estudo exploratório. **Revista de Administração e contabilidade da Unisinos**, v. 3, n. 2, p. 139-149, maio/ago. 2006.

MARCONI, Marina de Andrade; LAKATOS, Eva Maria. **Metodologia do trabalho científico**: procedimentos básicos, pesquisa bibliográfica, projeto e relatório, publicações e trabalhos científicos. 7. ed. 6. reimp. São Paulo: Atlas: 2011.

MARQUES, J. A. V. C.; BRAGA, R. Análise dinâmica do capital de giro: o modelo Fleuriet. **Revista de Administração de Empresas**, São Paulo, v. 35, n. 3, p. 49-63, maio/jun. 1995.

MEDEIROS, Otavio Ribeiro de. Questioning Fleuriet's Model of Working Capital Management on Empirical Grounds. **Social Science Electronic Publishing**, Rochester, USA: SSRN, abr. 2005. Disponível em: http://ssrn.com/abstract= 700802. Acesso em: 19 jun. 2019.

MEDEIROS, Otavio Ribeiro de; RODRIGUES, Fernanda Fernandes. Análise Avançada do Capital de Giro: testes empíricos. *In:* CONGRESSO VIRTUAL BRASILEIRO DE ADMINISTRAÇÃO, 2004, Convibra. **Anais** [...]. Brasil: Convibra, 2004.

MEDEIROS, Otávio Ribeiro; RODRIGUES, Fernanda Fernandes. Questionando empiricamente a validade do Modelo Fleuriet. **Base Revista de Administração e Contabilidade da Unisinos**, p. 25-32, set./dez. 2004.

MODRO, W. J.; FAMÁ, R.; PETROKAS, L. A. Modelo tradicional x modelo dinâmico de análise de capital de giro: Um estudo comparativo entre duas empresas do mesmo setor com diferentes performances financeiras. **Revista FACEF**, v. 15, n. 1, p. 90-106, maio 2012.

MPF. Ministério Público Federal. **Lava Jato**: 19 pessoas têm a prisão decretada na 55ª da operação. 26 de set. de 2018. Disponível em: http://www.mpf.mp.br/pr/sala-de-imprensa/noticias-pr/lava-jato-19-pessoas-tem-a-prisao-decretada-na-55a-fase-da-operacao. Acesso em: 2 jun. 2019.

MULLER, L. H.; CARDOSO, R. L.; LEONE, R. J. G.; SARAVIA, E. J. Conciliando modicidade tarifária e equilíbrio econômico financeiro nas concessões rodoviárias: TIR flutuante, uma proposta de regulação. **Revista Contabilidade Vista e Revista**, v. 23, n. 4, p. 129-155, out./dez. 2013.

NASCIMENTO, C.; ESPEJO, M. M. S. B.; VOESE, S. B.; PFITSCHER, E. D. Estrutura financeira de empresas nas perspectivas tradicional e dinâmica de análise de capital de giro em meio à crise de 2008. **Revista de Informação Contábil**, v. 10, n. 1, p. 59-77, jan./ mar. 2016.

OLIVEIRA, Elisângela Leitão de. **Administração de Capital de Giro**. Estudo de Caso. Empresa: Sociedade Fogás Ltda. 2002. 166 f. Dissertação (Mestrado em Engenharia de Produção) – Programa de Pós-Graduação em Engenharia da Produção, UFSC, Florianópolis, 2002.

PINHEIRO, E. M.; MICHALSKI FILHO, C. O capital de giro e sua dinâmica, sob enfoque do modelo Fleuriet: um estudo de caso na empresa OI S/A. *In:* CONGRESSO BRASILEIRO DE ENGENHARIA DE PRODUÇÃO, 7, 2017, Ponta Grossa. **Anais** [...]. Ponta Grossa, Paraná, 2017.

RAUPP, F. M.; BEUREN, I. M. Metodologia da pesquisa aplicável às ciências sociais. *In:* BEUREN, I. M. (org.). **Como elaborar trabalhos monográficos em contabilidade**: teoria e prática. São Paulo: Atlas, 2003.

REIS, Tiago. Liquidez geral: de olho na empresa em longo prazo. **Suno Research**, São Paulo, SP, 29 out. 2018. Disponível em: https://www.sunoresearch. com.br/artigos/liquidez-geral. Acesso em: 23 out. 2019

ZAGO, Carine; MELLO, Gilmar Ribeiro. A influência da liquidez na rentabilidade das empresas listadas no índice Bovespa. **Revista Contabilidade e Controladoria**, p. 27-40, 2015.

CERTIFICAÇÃO CEBAS – REGULAMENTAÇÕES DA PORTARIA DO MEC Nº 15/2017 NA CONCESSÃO DE BOLSAS ESTUDOS NA EDUCAÇÃO BÁSICA

Deolmira Oliveira Barboza[48]
Eduardo Joakinson[49]

Introdução

A Constituição Federal (CF/88) em seu Art. 6º concebeu a educação entre os direitos sociais, ao lado da saúde, do trabalho, do lazer, da segurança, da previdência social, da proteção à maternidade e à infância e da assistência aos desamparados. Entretanto, dada a incapacidade do Estado brasileiro em garantir o acesso a esses direitos, revelam diversas instituições sem fins lucrativos, cujos objetivos sociais trazem como razão o atendimento desta demanda da população.

Nas últimas décadas, verificou-se um crescimento expressivo de entidades sem fins lucrativos. Conforme dados extraídos do IPEA – Instituto de Pesquisas Econômicas Aplicadas o Brasil detinha em 2017 cerca de 820 mil entidades filantrópicas, das quais 86% eram associações civis, 12% instituições de cunho religioso, e 2% eram representadas por fundações (IPEA, 2018).

As entidades sem fins lucrativos desempenham um importante papel na sociedade, auxiliando o Estado na execução de suas obrigações nas áreas sociais, educacionais e da saúde. Como forma de compensar estas entidades, a Administração Pública utiliza-se de políticas fiscais, concedendo desonerações tributárias na forma de imunidades, isenções, ou transferindo recursos através de subvenções sociais.

A imunidade tributária está prevista na CF/88, enquanto a isenção está condicionada ao cumprimento de determinados requisitos legais para seu gozo. As entidades sem fins lucrativos, ocupadas com a educação básica para usufruírem do benefício, necessitam do CEBAS – Certificado de Entidade Beneficente de Assistência Social.

---

48 *Acadêmica Curso de Especialização em Gestão Empresarial, Contábil e Tributária, do Instituto Federal do Paraná.

49 **Orientador, Pesquisador e Professor do IFPR – Instituto Federal do Paraná. Mestre em Governança e Sustentabilidade. E-mail: eduardo.joakinson@ifpr.edu.br

O CEBAS está previsto na Lei 12.101/2009, e respectivas alterações, tendo sido regulamentada no Decreto nº 8.242/2014 e normatizado pela Portaria do Ministério da Educação (MEC) nº 15/2017. Entre as condicionantes para obtenção do certificado, encontram-se as ações de gratuidade na área de educação, com a concessão de bolsas de estudo.

O CEBAS garante a isenção da cota previdenciária patronal e demais contribuições sociais, incidentes sobre a folha de salários das entidades certificadas, que representam um encargo médio de 26% (vinte e seis por cento), sendo um custo representativo para as instituições educacionais.

A isenção previdenciária patronal e demais contribuições sociais, garantida para entidades com certificação CEBAS, está condicionada à concessão de bolsas de estudo, recentemente normatizada pela Portaria MEC nº 15/2017, a partir desta atualização, questiona-se: Quais os requisitos para concessão de bolsas de estudo integrais na educação básica de acordo com a Portaria Normativa MEC nº 15/2017, voltados à obtenção da certificação CEBAS?

O objetivo proposto neste trabalho é identificar os requisitos para concessão de bolsas de estudo a partir da análise da Portaria Normativa MEC nº 15/2017, necessária para a obtenção da certificação CEBAS. Para isso, será apresentada a certificação CEBAS voltada à educação básica, bem como a evolução legislativa desde a Lei Federal 12.101/2009. Por fim, analisar-se-á a recente Portaria Normativa MEC nº 15/2017, a fim de identificar os novos requisitos normatizados.

Este estudo demonstra sua relevância, em especial para instituições educacionais do terceiro setor, visto que a certificação CEBAS garante uma economia tributária, liberando recursos das entidades beneficentes para aplicação em seus objetivos sociais.

Este artigo está estruturado em cinco seções. Além deste momento introdutório, apresenta-se o referencial teórico, a metodologia de pesquisa, a análise e discussões de resultados, e por fim as considerações finais.

Entidade beneficente

A cartilha do MEC sobre o CEBAS (2018), estabelece que entidades beneficentes são pessoas jurídicas com atuação na área educacional, da saúde ou de assistência social que atendam determinados requisitos da lei. Ao tratar sobre beneficente o termo abrange as instituições comunitárias, confessionais e filantrópicas e elenca a ausência da finalidade lucro como característica básica dessas instituições.

Nas palavras de Oliveira (2019), entidade beneficente de assistência social é um tipo de instituição filantrópica, com atuação em serviços ou benefícios essenciais, nas áreas da educação, saúde ou assistência social com particularidades que lhe concedem imunidade de impostos sobre a renda, patrimônio e serviços e sobre as contribuições sociais.

Pelos conceitos apresentados, entidades beneficentes são instituições que por meio de seus objetivos fins efetuam ações de interesse público em favorecimento da coletividade. Sua atuação em conjunto com o Estado supre uma lacuna no atendimento dos direitos básicos essenciais, minimizando desta forma a carência de oferta, que pela sua estrutura o agente estatal não alcança ao mesmo tempo em que as mesmas cumprem seus propósitos sociais.

Ciente dessa importante contribuição oferecida pelas instituições na prestação de serviços essenciais, o Estado adota políticas tributárias, como forma de incentivar essas parcerias. A CF/88 em seu Art.150 concede imunidade tributária para as instituições de educação e de assistência social, sem fins lucrativos, atendidos os requisitos da lei. Outra modalidade de benefício fiscal concedida pela CF/88 em seu Art. 195 §7° foi a isenção tributária sobre as contribuições sociais, que para Oliveira (2019, p. 163).

> A rigor, isenção e imunidade são institutos distintos: um é estabelecido por norma infraconstitucional, o outro exclusivamente pela Carta Magna. O primeiro consiste em uma dispensa legal do lançamento e da cobrança do crédito tributário devidamente constituído, enquanto o segundo se trata de hipótese de não incidência fiscal em face de vedação ao poder de tributar.

As subvenções sociais, outra benesse que integra as políticas tributárias, de acordo com a Lei n° 4.320/64 Art. 12 "[...] § 3° Consideram-se subvenções, para os efeitos desta lei, as transferências destinadas a cobrir despesas de custeio das entidades beneficiadas".

Para que a instituição seja qualificada como Entidade Beneficente de Assistência social (EBAS) é necessário que seja certificada com o CEBAS pelo Ministério onde concentra suas atividades de atuação.

CEBAS educação

A Lei 12.101 de 27 de novembro 2009, também conhecida como Lei da Filantropia, que dispõe sobre a certificação das entidades beneficentes de assistência social e que regula os procedimentos de isenção de contribuições para a seguridade social, ficou conhecida como a Lei do CEBAS, em seu Art. 1° diz:

> "A certificação das entidades beneficentes de assistência social e a isenção de contribuições para a seguridade social serão concedidas às pessoas jurídicas de direito privado, sem fins lucrativos, reconhecidas como entidades beneficentes de assistência social com a finalidade de prestação de serviços nas áreas de assistência social, saúde ou educação, e que atendam ao disposto nesta Lei".

A norma deixa clara a necessidade da certificação para reconhecimento da instituição como entidade beneficente de assistência social na educação, saúde ou assistência social e a isenção das contribuições sociais. Verifica-se a importância do CEBAS para as instituições usufruírem das políticas fiscais, as quais permitem a redução dos custos na execução dos serviços prestados, bem como possibilita que recebam recursos do governo a título de subvenções sociais.

Dentre as contribuições sociais, encontram-se as incidentes sobre as receitas: o PIS e a COFINS, a sobre o lucro: a CSLL, e as incidentes sobre o empregador, que incluem a cota patronal de INSS incidentes sobre a remuneração paga ou creditada aos empregados e trabalhadores avulsos, o RAT e o INSS s/ Terceiros, segundo OLIVEIRA (2019). A isenção da cota patronal e as demais contribuições citadas acima são uma importante desoneração tributária para as entidades filantrópicas dispensando um encargo em média de 26% (vinte e seis por cento) a título de contribuições sociais.

Pelos dados divulgados pelo Fórum Nacional de Instituições Filantrópicas-FONIF em 2014a isenção a esse título foi de R$ 10 bilhões, e a contrapartida como retorno foi mais de R$ 60 bilhões, em valores tangíveis como empregados diretos, indiretos, materiais e estruturas e valores intangíveis como qualidade, conhecimento e desenvolvimento. Ainda, no período da pesquisa eram 1.755 escolas na educação básica com CEBAS, que disponibilizavam 204 mil bolsas de estudo aos 1 milhão de alunos atendidos (FONIF, 2014).

A área educacional conforme a Lei de Diretrizes e Bases da Educação (LDB – 9.394/96) é dividida em Educação Básica e Ensino Superior. A educação básica é composta pelas etapas da Educação Infantil, Ensino Fundamental obrigatório de nove anos e Ensino Médio.

Conhecida como o marco regulatório a Lei 12.101/2009, alterada mais tarde pela Lei 12.868 de 2013, institui o modelo de certificação descentralizada nos Ministérios da Educação, Saúde e Desenvolvimento Social, conforme a área de atuação da entidade.

No quadro 1, destacam-se as alterações promovidas na Lei 12.101/2009, no que atinge ao fornecimento de bolsas de estudo (gratuidades) para obtenção da certificação CEBAS Educação.

Quadro 1 – alterações nas gratuidades da lei 12.101/2009 promovidas pela lei 12.868/2013

REQUISITOS	ANTES DA LEI Nº 12.101/2009 (antes de 30/11/2009*)	A PARTIR DA LEI Nº 12.101/2009 (a partir de 30/11/2009*)	DEPOIS DA LEI Nº 12.868/2013, QUE ALTEROU A LEI Nº12.101/2009
Aplicar anualmente, 20% da receita bruta em gratuidade.	✓		
Aplicar 20% da receita anual efetivamente recebida.		✓	
Oferecer bolsas de estudo: no mínimo, uma bolsa de estudo integral para cada nove alunos pagantes da educação básica e/ou bolsas parciais (50%), quando necessário para o alcance do número mínimo exigido.		✓	
Conceder anualmente bolsas de estudo na proporção de 1 bolsa de estudo integral para cada 5 alunos pagantes.			✓

continua...

continuação

REQUISITOS	ANTES DA LEI Nº 12.101/2009 (antes de 30/11/2009*)	A PARTIR DA LEI Nº 12.101/2009 (a partir de 30/11/2009*)	DEPOIS DA LEI Nº 12.868/2013, QUE ALTEROU A LEI Nº12.101/2009
Oferecimento de bolsas parciais (50%), quando necessário para o alcance mínimo exigido, respeitando a proporção de 1 bolsa integral para cada 9 alunos pagantes.			✓
Bolsa concedida ao aluno com deficiência, equivalendo 1,2 do valor da bolsa de estudo integral.			✓
Bolsa concedida ao aluno matriculado na educação básica em tempo integral, equivalendo 1,4 do valor da bolsa de estudo integral.			✓
Pode-se substituir 25% das concessões de bolsa por programas de apoio ao aluno bolsista com renda familiar mensal per capita até 1½ salário mínimo		✓	✓

Fonte: FONIF (adaptado pela autora).

A partir das alterações da Lei 12.868/2013 foi extinta a obrigação das entidades aplicarem 20% da receita bruta em gratuidades. A quantidade de bolsas de estudo a serem concedidas será na proporção de uma bolsa de estudo integral a cada cinco alunos pagantes. Serão computados na base de cálculo além dos alunos pagantes os alunos matriculados nas unidades de educação 100% (cem por cento) gratuita, conforme regulamentado pelo Art.30 do Decreto nº 8.242/2014.

O Decreto estabeleceu os critérios que devem ser observados para a seleção dos bolsistas: a) renda familiar mensal per capita; b) moradia próxima a unidade educacional; c) sorteio; e d) outros critérios contidos no Plano de Atendimento da Entidade. Nas unidades de educação gratuita a entidade deverá garantir a matrícula de 1 aluno com renda per capita de 1,5 salários mínimos para cada 5 alunos matriculados.

Para compor a quantidade necessária de gratuidades, as entidades poderão conceder bolsas de estudos parciais de 50% para complementar as quantidades previstas de 1 bolsa estudo integral a cada 5 alunos pagantes, atendido primeiramente a exigência de 1 bolsa de estudo integral a cada 9 alunos pagantes.

Permitido a aplicação em gratuidades no percentual de até 25% das bolsas de estudos concedidas em benefícios vinculados a alunos bolsistas cuja renda familiar per capita não ultrapasse a 1,5 salários mínimos.

Por meio do Art. 3º regulamentou o MEC como responsável pela certificação das entidades beneficentes de assistência social que tenham atuação exclusiva ou preponderante na área da educação, devidamente instruídas do documental necessário, o qual concederá o CEBAS Educação.

Metodologia

A presente pesquisa é de natureza aplicada, que segundo Gil (2010), é voltada à aquisição de conhecimentos, foi realizada por intermédio de revisão da literatura, com levantamento de dados disponíveis em livros, legislação, artigos científicos e portais especializados no terceiro setor.

Caracteriza-se como pesquisa descritiva, que para Rudio (1986) analisa os fatos, descrevendo-os e interpretando-os, com a utilização de procedimento de revisão bibliográfica e documental, a partir da abordagem qualitativa.

A pesquisa foi realizada iniciando pela leitura da legislação pertinente que contempla a Lei 12.101/2009, as alterações efetuadas pela Lei 12.868/2013, as regulamentações do Decreto nº 8242/2014 e da Portaria do MEC nº 15/2017. Durante o período de desenvolvimento do trabalho, verificou-se o posicionamento dos órgãos representativos das entidades nos portais especializados frente às normatizações e esclarecimentos que a portaria trouxe. Os itens que não estavam regulamentados ou claros até o decreto, serão apresentados na próxima seção.

Análise dos resultados

O Decreto nº 8.242/2014 delegou ao Ministério da Educação a regulamentação das definições necessárias para cumprimento das proporções de bolsas de estudo, benefícios complementares, projetos e atividades da educação em tempo integral, previstas no Art. 13 da Lei 12.101/2009.

A regulamentação pelo Ministério da Educação ocorreu com a edição da Portaria Normativa MEC nº 15/2017. Foram estabelecidos quatro quadros esclarecedores para os requisitos de concessão de gratuidades na educação básica, serão apresentadas as normatizações trazidas e a interpretação a partir da análise efetuada.

Quadro 2 – normatização do CadÚnico

Regulamentações para o CEBAS	Dispositivo Legal Anterior à Portaria do MEC nº 15/2017	A Partir da Portaria do MEC nº 15/2017
Inscritos no CadÚnico ou em Programas de Transferência de Renda	Ausência na legislação	Os bolsistas e demais beneficiários das gratuidades deverão ser selecionados, prioritariamente, a partir do Cadastro Único para Programas Sociais do Governo Federal – CadÚnico. Ficam dispensados do processo de seleção de bolsistas e beneficiários candidatos oriundos de famílias incluídas no CadÚnico ou em programas de transferência de renda cujos critérios de seleção sejam comprovadamente compatíveis com os da Lei no12.101, de 2009

Fonte: Elaboração própria.

A portaria prioriza a seleção de candidatos oriundos de famílias inscritos no CadÚnico, dispensando os mesmos da análise socioeconômica, permite o acesso de maior número de candidatos a educação básica, pois amplia para as entidades um universo maior de captação de bolsistas. Favorece a inclusão social de estudante oriundo de famílias de baixa renda, com dificuldades de apresentação documental para comprovação de renda. A norma ao disciplinar prioridade aos candidatos inscritos no CadÚnico, não significa estabelecer critério de exclusividade ou preferência.

Quadro 3 – normatização dos benefícios complementares

Regulamentações para o CEBAS	Dispositivo Legal Anterior à Portaria do MEC nº 15/2017	A Partir da Portaria do MEC nº 15/2017
Benefícios complementares	Lei 12.101/2009 25% dos benefícios concedidos aos bolsistas Possibilidade de execução na garantia da educação integral	Consideram-se benefícios aqueles providos pela entidade a beneficiários cuja renda familiar mensal per capita não exceda o valor de 1,5 salários mínimo, que tenham por objetivo favorecer o acesso, a permanência ea aprendizagem do estudante na instituição de ensino, e estejam explicitamente orientados para o alcance das metas e estratégias do PNE Divide em 3 Tipos: • Exclusivo ao aluno bolsista, como transporte escolar, uniforme, material didático, moradia e alimentação; • Ações e serviços destinados a alunos e seu grupo familiar, para favorecer o acesso, a permanência e o aprendizado do estudante na instituição de ensino; • Projetos e atividades de educação em tempo integral destinados à ampliação da jornada escolar dos alunos da educação básica matriculados em escolas públicas que apresentam Índice de Nível Socioeconômico baixo ou muito baixo segundo a classificação do INEP e que, cumulativamente, apresentem desempenho inferior à meta projetada pelo Índice de Desenvolvimento da Educação Básica – IDEB

Fonte: Elaboração própria.

A norma regulamentou as gratuidades, especialmente os benefícios complementares em relação ao bolsista e ao seu grupo familiar, conceituando-os e categorizando-os em tipo I – exclusivo ao bolsista, tipo II – ao bolsista e seu grupo familiar e tipo III- projetos e atividades de educação integral, ampliando o público atendido. Ao trazer o regramento dos benefícios complementares como alimentação, uniformes, material didático contribui em promover a inclusão social e a manutenção do estudante dentro do ambiente escolar. Padronizou formulários para os benefícios através do Termo de Concessão de Benefícios Complementares.

Quadro 4 – normatização do cálculo dos benefícios complementares em gratuidades

Regulamentações para o CEBAS	Dispositivo Legal Anterior à Portaria do MEC nº 15/2017	A Partir da Portaria do MEC nº 15/2017
Cálculo conversão dos custos dos Benefícios complementares em bolsas de estudos	Ausência na legislação	Custos dos Benefícios complementares/ (receita bruta das mensalidades exercício anterior/Alunos matriculados – alunos inadimplentes) * * inadimplentes por período superior a 90 (noventa) dias, cujas matrículas tenham sido recusadas no período letivo imediatamente subsequente ao inadimplemento – Art.13 C L.12.101/2009

Fonte: Elaboração própria.

Trouxe de maneira clara o cálculo da transformação dos custos dos benefícios complementares em bolsas de estudos; ao definir que os custos despendidos com os benefícios deve ser divido pelo resultado já apurado da divisão do valor da receita bruta com mensalidades escolares pelo número de alunos matriculados excluindo-se os alunos inadimplentes. Importante esclarecimento ao disciplinar o cálculo dos benefícios complementares em conversão de bolsas de estudo, até então não disciplinado pela legislação, trouxe segurança jurídica, evita interpretações na conversão dos benefícios em bolsas de estudo.

Bolsas Integrais equivalentes em benefícios:

$$BC = \frac{\text{Valor custos Benefícios Complementares}}{VR}$$

VR = Receitas com Mensalidades

$$VR = \frac{\text{Receitas com Mensalidades}}{\text{Alunos pagantes - alunos inadimplentes*}}$$

*O Art. 13 C da Lei 12.101/20019, disciplina como inadimplentes por período superior a 90 (noventa) dias, cujas matrículas tenham sido recusadas no período letivo imediatamente subsequente ao inadimplemento.

Quadro 5 – normatização da definição de renda per capita

Regulamentações para o CEBAS	Dispositivo Legal Anterior à Portaria do MEC nº 15/2017	A Partir da Portaria do MEC nº 15/2017
Renda per capita	Ausência na legislação de critérios para a apuração da renda per capita	Entende-se como grupo familiar a unidade nuclear composta por uma ou mais pessoas, eventualmente ampliada por outras pessoas que contribuam para o rendimento ou tenham suas despesas atendidas por aquela unidade familiar, todas moradoras em um mesmo domicílio. Detalha renda familiar bruta mensal I. calcula-se a soma dos rendimentos brutos auferidos por todos os membros do grupo familiar a que pertence o estudante, levando-se em conta, no mínimo, os três meses anteriores ao comparecimento do estudante para aferição das informações pela instituição; II. calcula-se a média mensal dos rendimentos brutos apurados após a aplicação do disposto no inciso I; e III. divide-se o valor apurado após a aplicação do disposto no inciso II pelo número de membros do grupo familiar do estudante. Deverá ser excluído do cálculo os valores recebidos de: I. auxílio alimentação e transporte; diárias e reembolsos de despesas; adiantamentos e antecipações; estornos e compensações referentes a períodos anteriores; indenizações decorrentes de contratos de seguros; e indenizações por danos materiais e morais por força de decisão judicial; II. os rendimentos dos programas Programa de Erradicação do Trabalho Infantil; Programa Agente Jovem de Desenvolvimento Social e Humano; Programa Bolsa Família e os programas remanescentes nele unificados; Programa Nacional de Inclusão do Jovem – Pró-Jovem; Auxílio Emergencial Financeiro e outros programas de transferência de renda destinados à população atingida por desastres, residente em municípios em estado de calamidade pública ou situação de emergência; e demais programas de transferência condicionada de renda implementados pela União, Estados, Distrito Federal ou Municípios. III. o montante pago pelo alimentante a título de pensão alimentícia, exclusivamente no caso de decisão judicial, acordo homologado judicialmente ou escritura pública que assim o determine. Caso o grupo familiar informado se restrinja ao próprio estudante, este deverá comprovar percepção de renda própria que suporte seus gastos, condizente com seu padrão de vida e de consumo, sob pena de indeferimento do pedido. Será indeferido o pedido do estudante que informar grupo familiar com o qual não compartilhe o domicílio

Fonte: Elaboração própria.

A norma estabelece a forma de apuração da renda per capita, definiu grupo familiar, renda bruta, critérios da composição da renda familiar, critérios de rendimentos que podem ser excluídos da renda bruta. Ao estabelecer critérios, a portaria evita interpretações diversas pelas entidades. Deixa claro que será indeferido o pedido do estudante que informar grupo familiar com o qual não compartilhe o domicílio, bem como se o grupo familiar se restringir ao estudante sua renda deve ser compatível ao seu padrão de vida e consumo.

Considerações finais

As entidades beneficentes são relevantes para sociedade, agindo em parceria com a Administração Pública no cumprimento dos direitos garantidos pela CF/88. No âmbito da educação básica essas instituições através de seus objetivos sociais demonstram preocupação e comprometimento na construção de um mundo melhor.

O objetivo deste trabalho foi analisar os requisitos na concessão de bolsas de estudo gratuidades na educação básica, a partir da Portaria Normativa do MEC nº 15/2017, condicionante para obtenção do CEBAS Educação, uma importante certificação que garante economia tributária às entidades beneficentes.

Os resultados apresentados com a normatização do CadÚnico, definição de Benefícios complementares e tipificação, fórmula de conversão dos benefícios em número de bolsas e apuração da renda per capita demonstram que se amplia o universo de captação de candidatos a bolsistas, promove maior inclusão social, traz segurança jurídica na definição e conversão dos custos despendidos com benefícios complementares em gratuidades. A norma trouxe maior transparência e maior segurança para os órgãos que avaliam os programas do Governo ao estabelecer critérios claros para o processo de concessão de bolsas de estudo.

Além do requisito de concessão de bolsas de estudo, para obtenção da certificação CEBAS Educação na educação básica, também é necessário a entidade demonstrar adequação às metas e estratégias constantes do Plano Nacional de Educação – PNE, de acordo com Art.214 CF/88 bem como o atendimento dos padrões mínimos de qualidade nos processos de avaliação conduzidos pelo MEC. Sugere-se que futuras pesquisas de bolsas de estudo na certificação CEBAS Educação a bordem esses aspectos.

REFERÊNCIAS

ANEC se posiciona frente a Portaria Normativa nº 15/2017. 2017. Disponível em: http://anec.org.br. Acesso em: 15 set. 2019.

BRASIL. **Constituição Federal da República Federativa do Brasil de 1988**. Brasília, DF. 5 out. 1988. Disponível em: http://www.planalto.gov.br/ccivil_03/Constituicao/Constituicao.htm. Acesso em: 2 set. 2019

BRASIL. **Decreto nº 8.242 de 23 de maio de 2014**. Disponível em: http://www.planalto.gov.br/ccivil_03/_Ato2011-2014/2014/Decreto/D8242.htm. Acesso em: 22 ago. 2018.

BRASIL. **Lei nº 12.101 de 27 de novembro de 2009**. Disponível em: http://www.planalto.gov.br/ccivil_03/_Ato2007-2010/2009/Lei/L12101.htm. Acesso em: 22 ago. 2018

BRASIL. **Lei nº 12.868 de 15 de outubro de 2013**. Disponível em: http://www.planalto.gov.br/ccivil_03/_Ato2011-2014/2013/Lei/L12868.htm. Acesso em: 29 set. 2019.

BRASIL. **Lei nº 4.320 de 17 de março de 1964**. Disponível em: http://www.planalto.gov.br/ccivil_03/leis/l4320.html.htm. Acesso em: 28 set. 2019

CONSULTORES, Mega Auditores e (org.). **Regras para certificação das entidades beneficentes de assistência social lei 12.101/09 com as alterações da lei 12.868/13 comentada.** 2018. Disponível em: http://rce.com.br. Acesso em: 23 set. 2019.

DIA NACIONAL DA FILANTROPIA (ed.). **O Setor Filantrópico no Brasil.** 2019. Disponível em: dnf.org. br. Acesso em: 26 ago. 2019.

DOM STRATEGY PARTNERS (org.). **FONIF lança versão atualizada da pesquisa "A Contrapartida do Setor Filantrópico no Brasil".** 2019. Disponível em: https://www.filantropia.ong. Acesso em: 26 ago. 2019.

EVRARD, Henri Siro *et al*. **Análise do processo crítico de entidades beneficentes para a obtenção do certificado CEBAS.** 2017. Disponível em: http://viannasapiens.com.br/revista. Acesso em: 22 nov. 2018.

FERNANDES, Rubem César. **Privado, porém público – o terceiro setor na América Latina**. 2. ed. Rio de Janeiro: Relume Dumará, 1996.

GIL, A. C. **Como elaborar projetos de pesquisa**. 5. ed. São Paulo: Atlas, 2010.

IPEA – INSTITUTO DE PESQUISA ECONÔMICA APLICADA. **Afinal, o que os dados mostram sobre a atuação das ONGs análise de transferências federais e projetos executados pelas organizações da sociedade civil no Brasil**. Mapa das OSCs. Brasília: Ipea, 2019. Disponível em: https://mapaosc.ipea.gov.br/. Acesso em: 18 jun. 2019.

ISKANDAR, Jamil Ibrahim. **Normas da ABNT**. 4. ed. Curitiba: Juruá, 2009.

MEC. **Cartilha do CEBAS Educação**. Disponível em: http://cebas.mec.gov.brimagespdfcartilha_versao_23032018.pdf. Acesso em: 21 nov. 2018.

MEC. **Portaria nº 15, de 11 de agosto de 2017**. Disponível em: http://portal.mec.gov.br/index.php?option=com_docman&view=download&alias=-78751-port-norm-15-de-11-08-2017. Acesso em: 21 nov. 2018.

MINISTÉRIO da Educação. **Portaria detalha certificação de entidades de assistência**. ABMES, 2017. Disponível em: abmes.org.br. Acesso em: 15 set. 2019.

MONELLO, Ricardo; MELO, Eduardo; SILVA, Carlos E. C. **AUDISA. NOTA DE ORIENTAÇÃO SOBRE A PORTARIA NORMATIVA MEC N. 15/2017**. Disponível em: http://portalaudisa.com.br. Acesso em: 25 ago. 2017.

MONELLO, Sergio Roberto (ed.). **Bolsas de estudo com base na lei nº 12.101/2009**. 2010. Disponível em: https://www.filantropia.ong. Acesso em: 22 set. 2019.

OLAK, Paulo Arnaldo; NASCIMENTO, Diogo Toledo do. **Contabilidade para entidades sem fins lucrativos (Terceiro Setor)**. 3. ed. São Paulo: Atlas, 2010.

OLIVEIRA, Hugo Cysneiros. **O marco jurídico das organizações religiosas**. 1. ed. Brasília: CNBB, 2019.

PANANA. SECRETARIA DA EDUCAÇÃO. **Educação Básica.** 2019. Disponível em: educadores.diaadia.pr.gov.br. Acesso em: 30 ago. 2019.

PRESTAÇÃO DE CONTAS PARA O CEBAS (MEC/MS/MDS), AUDISA. 2017, 188. Disponível em: http://crcr.org.br eventos arquivos,2017788. Acesso em: 4 dez. 2018

RUDIO, F. V. **Introdução ao Projeto de Pesquisa Científica.** 28. ed. Petrópolis: Vozes, 1986.

VALUATION DE MICROEMPRESAS E EMPRESAS DE PEQUENO PORTE BRASILEIRAS: análise da produção científica no período 2009-2018

Luiz Antônio Ribeiro [50]
Cleverson Pereira Leal [51]

Introdução

Atualmente a administração das empresas, diante da globalização, da facilidade de acesso às informações, da evolução do conhecimento e da tecnologia, impõe aos gestores a aplicação de técnicas modernas e eficazes de administração financeira e operacional. A gestão baseada em valor está cada vez mais difundida e presente no ambiente empresarial. A *valuation* de empresas, por considerar que os resultados das decisões e ações estratégicas, administrativas, financeiras e operacionais, em última instância, resultam no fluxo de caixa gerador de riqueza, tem sido utilizada para medir a qualidade dos resultados das empresas e de seus gestores.

No campo de estudo da administração financeira, que objetiva, principalmente, garantir a mais eficiente captação e alocação dos recursos de capital das empresas, o valor de mercado da empresa representa o critério mais aceito para medição dos objetivos da empresa, tendo como base os fluxos de caixas livres descontados a valor presente mediante uma taxa mínima de atratividade. Essa taxa de desconto representa a remuneração mínima exigida pelos proprietários de capital, acionistas e credores, frente ao risco assumido. A geração de lucro não garante a remuneração do capital investido (ASSAF NETO, 2014).

A expectativa do proprietário, sócio ou acionista é que a empresa possibilite um retorno maior do que o custo do capital investido e que este retorno aumente o valor de mercado da empresa, criando, assim, riqueza. Desta forma a empresa estará cumprindo seu objetivo de criar valor para os acionistas, maximizando sua riqueza (ASSAF NETO, 2014).

---

50 MBA em Administração e Finanças, Especialista em Controladoria, Bacharel em Administração, Professor dos Cursos de Administração e de Contabilidade do Centro Universitário Unifacear, Campus Araucária, Aluno Orientando do Curso de Especialização em Gestão Empresarial, Contábil e Tributária do IFPR, Campus Curitiba – luizribeiro.fin@gmail.com

51 Mestre em Desenvolvimento e Tecnologia, Especialista em Gestão de Negócios, Bacharel em Ciências Contábeis, Professor Orientador do Curso de Especialização em Gestão Empresarial, Contábil e Tributária do IFPR, Campus Curitiba – cleverson.leal@ifpr.edu.br.

O modelo de valor, esquematizado na FIGURA 1, "prioriza essencialmente o longo prazo, a continuidade da empresa, sua capacidade de competir, ajustar-se aos mercados em transformação e agregar riqueza a seus proprietários" (ASSAF NETO, 2014).

Figura 1 – Visão esquemática de uma gestão baseada em valor

VALOR DE MERCADO - RIQUEZA
↑
CRIAÇÃO DE VALOR
↑
ESTRATÉGIAS FINANCEIRAS E CAPACIDADES DIFERENCIADORAS

Fonte:Assaf Neto (2004).

Na mesma linha de argumentação, Damodaran defende que a avaliação de empresas para a mensuração dos valores criados é uma ferramenta que contribui para a sustentabilidade e a perenidade das empresas, devendo ser considerada pelos gestores e empresas qualquer que seja o seu porte (DAMODARAN, 2007). Nesta perspectiva, a avaliação de empresas demonstra-se útil às microempresas e empresas de pequeno porte, tendo em vista sua elevada taxa de mortalidade.

O gráfico 1, baseado no estudo realizado pelo SEBRAE utilizando a base de dados cadastrais de CNPJ da Receita Federal, publicado em 2016, demonstra a taxa de mortalidade das microempresas (ME) e empresas de pequeno porte (EPP) de dois anos.

Gráfico 1 – Taxa de mortalidade de ME e EPP de 2 anos

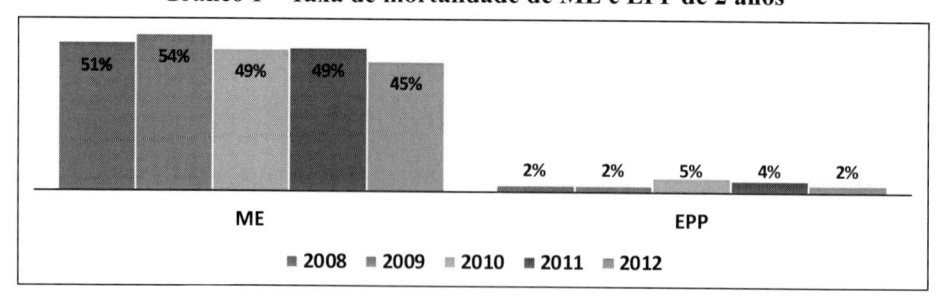

ME: 51% (2008), 54% (2009), 49% (2010), 49% (2011), 45% (2012)
EPP: 2% (2008), 2% (2009), 5% (2010), 4% (2011), 2% (2012)

Fonte: SEBRAE (2016).

Em 2011, conforme estudo publicado pelo SEBRAE, 8,9 milhões de micros e pequenas empresas (MPE) contribuíram com 27% do PIB, 52% dos empregos com carteira assinada e com 40% dos salários pagos. Neste estudo, as empresas foram classificadas pelo critério do número de pessoas ocupadas, seguindo a mesma organização das informações nas estatísticas do IBGE (SEBRAE, 2014).

Seguindo o mesmo critério de classificação de empresas, de acordo com dados do Anuário do Trabalho na Micro e Pequena Empresa SEBRAE-DIESE (2018, p. 28), dos 6,91 milhões de estabelecimentos registrados no Ministério do Trabalho e Emprego / Relação Anual de Informações Sociais – MTE/ RAIS 2016, 99,0% (6,84 milhões) são micro e pequenas empresas (MPE) e 1,0% (66 mil) são médias e grandes empresas (MGE).

O relatório especial Os Impactos do Simples Nacional (SEBRAE, 2017), demonstra que em 2016 o Brasil tinha aproximadamente 5,1 milhões de microempresas (ME) e empresas de pequeno porte (EPP) optantes pelo Simples Nacional, classificadas como ME e EPP pelo critério de faturamento definido pela Lei Complementar 123/2006.

O gráfico 2 apresenta as quantidades de microempresas e empresas de pequeno porte optantes pelo Simples Nacional nos anos de 2011 a 2016.

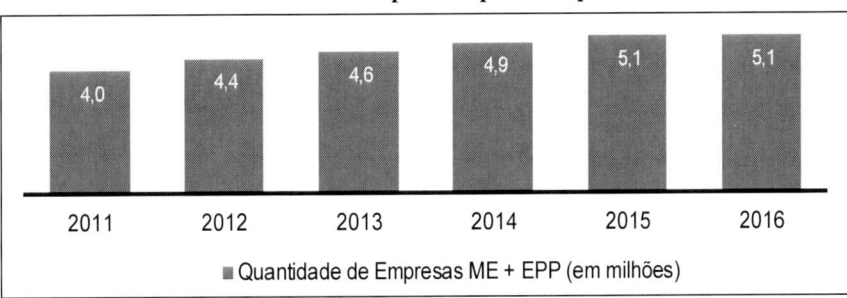

Gráfico 2 – ME e EPP optantes pelo Simples Nacional

Ano	Quantidade de Empresas ME + EPP (em milhões)
2011	4,0
2012	4,4
2013	4,6
2014	4,9
2015	5,1
2016	5,1

Fonte: SEBRAE (2017).

O Portal do Simples Nacional (2019) disponibiliza estatísticas da arrecadação do imposto Simples Nacional. O gráfico 3 apresenta a arrecadação do Simples Nacional nos anos de 2016 a 2018:

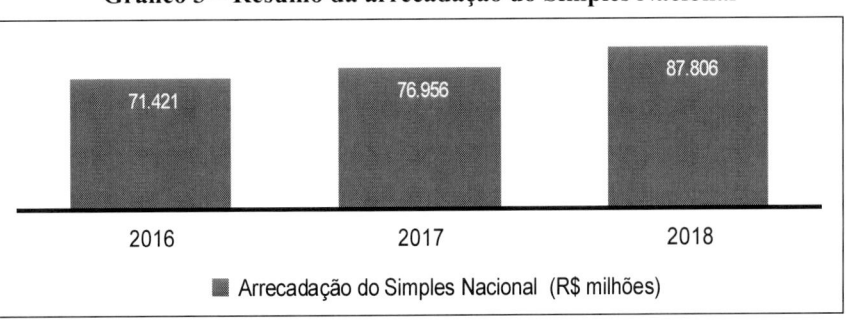

Gráfico 3 – Resumo da arrecadação do Simples Nacional

Ano	Arrecadação do Simples Nacional (R$ milhões)
2016	71.421
2017	76.956
2018	87.806

Fonte: Portal Simples Nacional (2018).

A produção acadêmica sobre *valuation* de empresas médias e grandes participantes do mercado de capitais é profícua. No entanto, foram observados poucos estudos que tratam da *valuation* de microempresas e empresas de pequeno porte brasileiras como um todo, considerando suas características e particularidades econômicas, contábeis, tributárias e de gestão. Do ponto de vista teórico, a *valuation* de microempresas e empresas de pequeno porte brasileiras tem recebido pesquisas restritas a estudos de casos, aplicados individualmente à empresa objeto de cada estudo. Conhecida a participação das microempresas e empresas de pequeno na economia brasileira e sua importância para o desenvolvimento do país, a observação de poucos estudos sobre o tema ensejou o interesse pela realização da pesquisa, sobretudo pelas contribuições acadêmicas e práticas que poderão advir. A hipótese da existência de uma lacuna de conhecimento específico deveria ser testada.

Assim, considerando ainda as contribuições da avaliação das microempresas e empresas de pequeno porte brasileiras para a continuidade destas empresas, evidencia-se relevante investigar e inventariar a produção científica relacionada ao tema. Neste contexto, a partir da pesquisa, pretende-se responder a seguinte questão-problema: qual é o perfil da produção acadêmica sobre avaliação de microempresas e empresas de pequeno porte brasileiras?

O objetivo geral da pesquisa consiste em identificar artigos disponíveis na literatura nacional que abordam avaliação de microempresas e empresas de pequeno porte brasileiras e, para esses artigos, realizar uma bibliometria. Para tanto, foram definidos os seguintes objetivos específicos: (i) selecionar os artigos alinhados com o tema da pesquisa, (ii) listar estes artigos e (iii) analisar quantitativa e qualitativamente os artigos listados.

Do ponto de vista prático, a perspectiva do micro e pequeno empresário tratar sua empresa como um investimento, sujeito a um custo de oportunidade e à uma taxa de risco, tendo seu retorno e valor avaliados, possibilita-lhe uma atuação mais eficaz, contribuindo para a redução da mortalidade das microempresas e empresas de pequeno porte brasileiras. O desenvolvimento de estudos voltados para a avaliação das microempresas e empresas de pequeno porte brasileiras pode contribuir para esta educação financeira e, consequentemente, para o desenvolvimento de situações mais favoráveis à economia do país.

A pesquisa, por meio de seus resultados descritivos, pretende estimular o desenvolvimento de estudos sobre avaliação de microempresas e empresas de pequeno porte brasileiras que sejam acessíveis e úteis aos gestores e proprietários destas empresas. Espera-se provocar a realização de estudos analíticos dos processos de avaliação de empresas de diferentes portes, que apresentam características de gestão, econômicas, contábeis e tributárias específicas.

Fundamentação teórica

Na revisão de literatura são contemplados aspectos de definição e de tratamento tributário-contábil diferenciado das microempresas e empresas de pequeno porte, conforme normatização estabelecida pela Lei Complementar no. 123, de 14/12/2006, alterada pela Lei Complementar no. 155, de 27/10/2016. Também foram inventariados estudos que tratam da avaliação de empresas e de sua importância, constituindo assim uma base de conhecimentos adequada à descrição dos dados e à sustentação das conclusões da pesquisa.

Definições de porte de empresa

Uma forma utilizada para definir e classificar as empresas por porte se dá pelo número de pessoas ocupadas. Essa metodologia de classificação é adota pelo IBGE. O porte da empresa é definido em função da quantidade de pessoas ocupadas e depende do setor de atividade econômica: (a) para os setores serviços e comércio, microempresa é o estabelecimento que apresenta até 9 (nove) pessoas ocupadas, sendo pequena empresa o estabelecimento que apresenta de 10 (dez) a 49 (quarenta e nove) pessoas ocupada; (b) para o setor indústria, microempresa é o estabelecimento que apresenta até 19 (dezenove) pessoas ocupadas, sendo pequena empresa o estabelecimento que apresenta de 20 (vinte) a 99 (noventa e nove) pessoas ocupadas.

Outra forma para definir e classificar as empresas se dá pela aplicação da Lei Complementar no. 123, de 14/12/2006, alterada pela Lei Complementar no. 155, de 27/10/2016. A Lei Complementar no. 123 instituiu o Estatuto Nacional da Microempresa e da Empresa de Pequeno Porte, no *caput* do artigo 3º e nos incisos I e II, define microempresa (ME) e empresa de pequeno porte (EPP):

> I – no caso da microempresa, aufira, em cada ano-calendário, receita bruta igual ou inferior a R$ 360.000,00 (trezentos e sessenta mil reais); e
> II – no caso de empresa de pequeno porte, aufira, em cada ano-calendário, receita bruta superior a R$ 360.000,00 (trezentos e sessenta mil reais) e igual ou inferior a R$ 4.800.000,00 (quatro milhões e oitocentos mil reais) (BRASIL, 2006, não paginado):

À luz da Lei 11.638, de 28 de dezembro de 2007, no seu artigo 3º, parágrafo único, "a sociedade ou conjunto de sociedades sob controle comum que tiver, no exercício social anterior, ativo total superior a R$ 240.000.000,00 (duzentos e quarenta milhões de reais) ou receita bruta anual superior a R$ 300.000.000,00 (trezentos milhões de reais)" é considerada sociedade de grande porte.

Aspectos tributários das microempresas e empresas de pequeno porte – optantes do simples nacional

De acordo com a na Lei Complementar nº 123, as microempresas (ME) e Empresas de Pequeno Porte (EPP) que não incorram em nenhuma das vedações previstas na própria lei, podem optar pelo Simples Nacional, que é um regime tributário diferenciado, simplificado e compartilhado de arrecadação, cobrança e fiscalização de tributos. O Simples Nacional possibilita às microempresas e empresas de pequeno porte fazerem o recolhimento mensal de diversos tributos, fazendo uso do documento único de arrecadação – DAS. Abrange os seguintes tributos: IRPJ, IPI, CSLL, PIS/PASEP, COFINS, IPI, ICMS, ISS e CPP.

O cálculo do imposto do Simples Nacional segue os procedimentos estabelecidos pela Lei Complementar no. 123, atualizada pela Lei Complementar 155. De acordo com Santiago (2013, p. 153), "o próprio legislador considerou que, de fato, ficaria praticamente impossível apurar os valores devidos sem um sistema eletrônico". De forma resumida, sem considerar os diversos critérios, opções e prazos definidos pela Lei Complementar no. 123 para qualificar os dados a serem utilizados no cálculo, os principais passos para o cálculo do imposto do Simples Nacional são: (i) identificar a alíquota nominal do imposto no Anexo em que a empresa se enquadra, na faixa da tabela de alíquotas e valores a deduzir que a receita bruta em 12 meses se encaixa; (ii) calcular a alíquota efetiva aplicando a fórmula: {[(receita bruta acumulada nos doze meses anteriores X alíquota nominal constante dos Anexos I a V) – parcela a deduzir constante dos Anexos I a V] / receita bruta acumulada nos doze meses anteriores};

No cálculo do imposto do Simples Nacional para as empresas com atividades empresariais sujeitas ao redutor "r", o enquadramento se dá pelo resultado do cálculo do redutor "r". O redutor "r" consiste na razão entre a folha de salários (pró-labore, salários, FGTS) dos últimos 12 meses e a receita bruta nos últimos 12 meses da empresa. Se o resultado do cálculo do redutor "r" for igual ou superior a 28%, a empresa se enquadra no Anexo III. Se o resultado do cálculo do redutor "r" for abaixo de 28%, a empresa se enquadra no Anexo V (SAGE, 2018, n. p.).

Diante da complexidade do cálculo do imposto do Simples Nacional, para permitir ao contribuinte calcular os tributos devidos mensalmente, declarar o valor devido e imprimir o documento de arrecadação (DAS), o Programa Gerador do Documento de Arrecadação do Simples Nacional – Declaratório (PGDAS-D) é disponibilizado pelo Portal do Simples Nacional.

Apesar dos diversos critérios qualificativos, de prazos, de regime (caixa ou competência) e da complexidade do cálculo do imposto do Simples Nacional, a utilização do PGDAS-D simplifica a operacionalização deste regime tributário. Associada à esta simplificação, a facilidade operacional deste regime compartilhado de arrecadação, cobrança e fiscalização de tributos municipais, estaduais e federais, a possibilidade de uma menor carga tributária e a menor necessidade de recursos para controle dos impostos, faz com que a quase totalidade das microempresas e empresas de pequeno porte (não vedadas) opte pelo Simples Nacional (SANTIAGO, 2013). Esta situação denota uma relação de identidade entre microempresas, empresas de pequeno porte e o Simples Nacional, conforme estudo intitulado Os impactos do Simples Nacional, publicado pelo SEBRAE em 2014.

Aspectos contábeis das microempresas e empresas de pequeno porte

Para os efeitos da Lei Complementar no. 123/2006, as microempresas ou empresas de pequeno porte não estão obrigadas à escrituração contábil, fiscal digital ou obrigação equivalente. Estão obrigadas a apresentar ao fisco tão somente o Livro-Caixa, em que será escriturada sua movimentação financeira e bancária. Opcionalmente, as microempresas e empresas de pequeno porte optantes poderão adotar contabilidade simplificada. No entanto, o Código Civil (Artigo 1179) dispõe que o empresário e a sociedade empresária são obrigados a seguir um sistema de contabilidade e a levantar anualmente o balanço patrimonial e o de resultado econômico. Há consenso entre as regulamentações do Conselho Gestor do Simples Nacional – CGSN e o do Conselho Federal de Contabilidade – CFC que a contabilidade simplificada é suficiente para os fins civis e societários, como também para atender às exigências da Lei Complementar 123/2006, suprindo a exigência fiscal do Livro-Caixa (SANTIAGO, 2013). Entretanto, no ambiente das microempresas e empresas de pequeno porte brasileiras, constata-se a realidade de poucas empresas adotarem contabilidade simplificada ou organizada.

Valor e avaliação de empresas

Os trabalhos de Franco Modigliani e Merton Miller, publicados entre 1958 e 1963, constituíram os fundamentos da Moderna Teoria de Finanças. Suas teorias foram premiadas com o Nobel em 1985 (Modigliari) e 1990 (Miller). No entendimento de Villamil (2008), o Teorema de Modigliani-Miller atualmente é entendido como a constituição das quatro proposições da série de artigos publicados entre 1958 a 1963. A primeira proposição afirma que o endividamento da empresa não afeta seu valor de mercado. A segunda, evidencia que o custo médio ponderado de capital de uma empresa não é afetado pela sua alavancagem. A terceira proposição define que o valor de mercado independe da política de dividendos. A quarta proposição, fundamenta que os acionistas são indiferentes à política financeira da empresa.

Para Assaf Neto (2014), a contribuição essencial de Modigliari e Miller é que o valor de uma empresa é determinado pela sua capacidade de geração de benefícios futuros esperados de caixa e não pela estrutura de financiamento das operações.

Publicação do Instituto Assaf (2018) destaca que é crescente o número de empresas no mundo que vêm se adaptando às exigências de elevar o valor para o acionista. Conforme a publicação do Instituto:

> O fundamento básico do objetivo de criação de valor, em qualquer economia, é a construção de empresas mais fortes e competitivas, capazes de promover padrões de vida mais elevados e melhores oportunidades de crescimento econômico para as nações. Os acionistas são os verdadeiros proprietários das empresas, e o objetivo de toda administração é o de maximizar o seu valor de mercado (INSTITUTO ASSAF, 2018, n. p.).

Santos (2019) destaca que a importância da avaliação de empresas é ainda mais evidente quando se considera o cenário brasileiro. Na sua visão, a conjugação dos eventos que compõem o cenário brasileiro, tais como, concorrência agressiva, dificuldades de acesso ao crédito, elevada carga tributária e a ocorrência de fatores sistêmicos adversos, faz com que muitas empresas deixem de existir ou são adquiridas por investidores/concorrentes por valores incompatíveis com sua capacidade de geração de receita.

As observações de Correia Neto e Brandão (2018) dão conta que a elevada quantidade de vendas, fusões e cisões de empresas não se limita as empresas de grande porte. São observadas, com certa frequência, operações envolvendo empresas de pequeno porte e *startups*.

Para Damodaran (2007), a avaliação tem um papel em cada ciclo de vida de uma empresa. Afirma que para pequenos negócios em fase de expansão, a avaliação tem papel fundamental na abordagem de investidores para captar capital. O autor também destaca a utilidade da avaliação quando da retirada de um antigo sócio, da entrada de um novo sócio, do falecimento, divórcio ou processos judiciais envolvendo sócios.

Copeland, Koller e Murrin (2002) destacam que a avaliação de uma empresa não se destina exclusivamente aos objetivos de aquisição ou de alienação. O objetivo de avaliar uma empresa é "o de ajudar na orientação de alguma decisão administrativa ou de investimento, seja ela ligada a aquisição, alienação ou adoção de iniciativas estratégicas internas".

Metodologia

Com base em seus objetivos, esta pesquisa tem caráter exploratório-descritivo. É exploratória por proporcionar maior conhecimento sobre um tema específico, buscando identificar o perfil da produção científica relacionada ao tema. É descritiva por caracterizar e detalhar determinada produção científica (GIL, 2002).

Quanto aos procedimentos, faz uso de técnicas de pesquisa bibliográfica. Descreve características de dados coletados nos repositórios científicos selecionados. Para fundamentar a pesquisa, faz uso de conhecimentos e estudos anteriores de autores consagrados, que fazem parte do referencial teórico anteriormente apresentado.

Quanto ao método, a pesquisa é indutiva, tendo em vista que a partir da observação e classificação dos artigos científicos relacionados ao tema, generaliza os resultados da própria pesquisa (LAKATOS; MARCONI, 2003).

Em relação ao procedimento técnico utilizado, a pesquisa é uma bibliometria. Chueke e Amatucci (2015) resumem a bibliometria como sendo o desenvolvimento de estudos que objetivam sistematizar a literatura acadêmica em uma determinada área de conhecimento:

> Particularmente, no campo das ciências sociais aplicadas os estudos bibliométricos se concentram em examinar a produção de artigos em um determinado campo de saber, mapear as comunidades acadêmicas e identificar as redes de pesquisadores e suas motivações (CHUEKE; AMATUCCI, 2015, p. 2).

Durante o planejamento metodológico e bibliométrico, previu-se a utilização do software CiteSpace para mapeamento da produção científica relacionada ao tema. Disponível em: http://cluster.ischool.drexel.edu/~cchen/citespace/download/., o software CiteSpace é gratuito. Para auxiliar na análise de relevância dos artigos, previu-se o uso do site https://wordcounter.net.

A primeira delimitação da amostra da pesquisa foi determinada pelos objetivos da pesquisa: das microempresas e empresas de pequeno porte brasileiras. A segunda delimitação refere-se ao período de 10 anos, de 2009 a 2018. A terceira delimitação se refere a coleta de artigos de fontes primárias, originários de próprios autores. Por último, foram selecionados os repositórios SPELL® Scientific Periodicals Electronic Library e SciELO Scientific Electronic Library Online para coleta e obtenção dos dados da pesquisa.

Para buscar e acessar todos os artigos sobre avaliação de microempresas e empresas de pequeno porte brasileiras disponíveis nos repositórios selecionados foi definido um rol de termos e expressões, de modo a abranger as diversas titulações possíveis dos artigos relacionados ao tema. O quadro 1 demonstra a lista dos termos e expressões utilizados na pesquisa.

Quadro 1 – Rol dos termos e expressões utilizados para busca dos artigos

avaliação de empresa	avaliação de pequena
avalação de empresa de pequeno porte	avaliação de pequena empresa
avaliação de empresas	avaliação de pequenas
avaliação de empresas de pequeno porte	avaliação de pequenas empresas

continua...

continuação

avaliação de micro	business valuation
avaliação de micro empresa	microempresas e empresas de pequeno
avaliação de micro empresas	valoração de empresa
avaliação de microempresa	valoração de empresas
avaliação de micro-empresa	valoração de micro
avaliação de microempresas	valoração de pequenas
avaliação de micro-empresas	valuation

Fonte: Elaborado pelo autor.

A definição dos termos e expressões de pesquisa dos artigos nos repositórios também considerou os indexadores resumo e palavra-chave. Todos os termos e expressões foram pesquisados individualmente. As pesquisas foram executadas em intervalos abertos, sem delimitações, exceto a delimitação referente ao período amostral. Cada um dos diversos artigos listados a cada busca de termo ou expressão de pesquisa teve seu título e resumo lidos e analisados pelo pesquisador. Desta forma se procedeu a identificação e a seleção dos artigos sobre avaliação de microempresas e empresas de pequeno porte brasileiras.

Análise e discussão dos resultados

O resultado obtido no levantamento da produção acadêmica sobre avaliação de microempresas e empresas de pequeno porte brasileiras nos repositórios selecionados e no período amostral evidenciou uma lacuna. Foram encontrados apenas 5 (cinco) artigos publicados nos últimos 10 (dez) anos, de 2009 a 2018: 2 (dois) artigos publicados em 2010, 1 (um) em 2011 e 2 (dois) em 2016. Diante da pequena quantidade de artigos encontrados, a utilização do software CiteSpace e do site https://wordcounter.net. se tornou desnecessária.

Excluídos alguns poucos estudos de casos realizados sobre uma única microempresa ou empresa de pequeno porte, as buscas realizadas nos repositórios selecionados resultaram na identificação de apenas 5 (cinco) artigos publicados sobre avaliação de microempresas (ME) e empresas de pequeno porte (EPP) brasileiras. Duas publicações ocorreram em 2010, uma em 2011 e duas em 2016. O quadro 2, a seguir, apresenta os autores, os artigos e os periódicos em que os artigos foram publicados.

Quadro 2 – Resultado das buscas de artigos sobre avaliação de ME e EPP

Autores	Título do artigo	Periódico	Ano da Publicação
LIMA, M. V. A.; LIMA, C. R. M.; DUTRA, A.; LOPES, A. L. M.	Avaliação de Micro e Pequenas Empresas utilizando a metodologia multicritério e o método do fluxo de caixa descontado	Revista de Ciências da Administração	2010

continua...

continuação

Autores	Título do artigo	Periódico	Ano da Publicação
SANTOS, D. F. L.; ZOTES, L. P.	Metodologias para variação de pequenas e médias empresas	RAUnP - Revista Eletrônica do Mestrado Profissional em Administração da Universidade Potiguar	2010
PEREIRA, M. F.	Valuation - uma contribuição multicritério às empresas de pequeno porte	Revista de Administração FACES Journal	2011
OLIVO, R. L. F.; MORILHAS, L. J.; NIELSEN, F. A. G.; CARVALHO, D. E.	Avaliação de Franquias Empresariais por meio de Múltiplos de Receita: um Sacrilégio Acadêmico Desculpável	Revista de Empreendedorismo e Gestão de Pequenas Empresas	2016
SILVA, M. J. F.; CUNHA, M. F.	Avaliação de micro e pequenas empresas: a percepção do micro e pequeno empresário no estado de Goiás sobre o valor da empresa	RACE: Revista de Administração, Contabilidade e Economia	2016

Fonte: Elaborado pelo autor.

Contribuições dos autores dos artigos encontrados para a avaliação das microempresas e empresas de pequeno porte

Os autores dos artigos encontrados nas buscas desta pesquisa são unânimes em destacar e justificar que a avaliação de micro e pequenas empresas exige a adoção de critérios e metodologias adaptados à realidade destas empresas.

Lima *et al.* (2010) apresentam uma contribuição ao método do fluxo de caixa descontado utilizando a metodologia multicritério de apoio à decisão na avaliação de micro e pequenas empresas. Para ilustrarem sua contribuição, aplicaram a metodologia proposta em três micro e pequenas empresas de três diferentes setores: químico, farmacêutico e turismo. Ao analisarem os resultados, consideraram que:

> A avaliação de empresas de grande porte, especialmente as de capital aberto, cujas informações estão prontamente disponíveis, pode ser considerada uma tarefa difícil e árdua. Em se tratando de MPE, as dificuldades parecem crescer de forma exponencial (LIMA et al., 2010, p. 67).

Santos e Zotes (2010) exploram duas ferramentas para valoração de empresas, o fluxo de caixa descontado e a teoria das opções reais, e apresentam uma aplicação prática no âmbito das pequenas e médias empresas.

A contribuição de Pereira (2011) consistiu em propor uma metodologia multicritério de apoio à decisão construtivista. Considerou que a metodologia proposta é a mais adequada, considerando aspectos objetivos e subjetivos, ao processo de avaliação de empresas de pequeno porte.

Olivo, Morilhas e Nielsen (2016) comparam os métodos de avaliação fluxo de caixa descontado e por múltiplos de receita. Defendem a utilização do método de avaliação por múltiplos de receita para a valorar as franquias empresariais enquadradas como micro e pequenas empresas.

Silva e Cunha (2016) analisaram as respostas de 33 micro e pequenos empresários da região metropolitana de Goiânia, no Estado de Goiás, sobre o valor da empresa. Concluíram que "ficou evidente a necessidade de maior empenho dos órgãos de apoio às micro e pequenas empresas em orientar os empresários sobre o valor da empresa, a fim de melhorar o seu desempenho, visando criar e maximizar valor".

Conclusão e considerações

Diante (I) dos resultados do levantamento da produção acadêmica sobre o tema, de 5 (cinco) artigos publicados em 10 (dez) anos, (II) dos dados anteriormente explicitados que denotam a importância das microempresas e empresas de pequeno porte na economia brasileira, tais como, (a) são mais de 5,1 milhões de empresas optantes pelo Simples Nacional – ME e EPP em 2016 (SEBRAE, 2017), (b) participaram da arrecadação de impostos com mais de R$ 87,8 bilhões em 2018 (PORTAL SIMPLES NACIONAL, 2018), (c) são mais de 8,9 milhões de empresas com menos de 100 empregados (MPE em 2011), (d) contribuíram com 27% do PIB (MPE em 2011), (e) representam mais de 52% dos empregos com carteira assinada (MPE em 2011) e (f) com 40% dos salários pagos (MPE em 2011), conforme dados publicados pelo SEBRAE em 2014, e considerando que (III) possuem características próprias de gestão, contabilidade e tributação, surgem evidências suficientes para concluir que o campo do saber relacionado à avaliação de microempresas e empresas de pequeno porte brasileiras está recebendo pouca atenção por parte da academia.

Esta pesquisa bibliométrica com a identificação, quantificação e análise da produção acadêmica sobre o tema durante o período amostral, possibilitou a identificação desta lacuna. Desta forma, a questão-problema foi respondida e os objetivos da pesquisa foram atingidos.

Como contribuição acadêmica e profissional, os resultados apresentados podem servir como ponto de partida para novos estudos. Considerando os benefícios da avaliação de microempresas e empresas de pequeno porte para a gestão e a continuidade destas empresas, e também para o crescimento da economia brasileira, recomenda-se que acadêmicos, pesquisadores e autores se interessem pelo tema, pesquisando e produzindo conhecimentos aplicáveis à realidade destas empresas.

REFERÊNCIAS

ASSAF NETO, A. **Finanças corporativas e valor**. 7. ed. São Paulo: Atlas, 2014.

BRASIL. **Lei 11.638, de 28 de dezembro de 2007**. Casa Civil. Subchefia para Assuntos Jurídicos. Brasília, DF. Disponível em:

http://www.planalto.gov.br/ccivil_03/_Ato2007-2010/2007/Lei/L11638.htm. Acesso em: 18 nov. 2019.

BRASIL. **Lei Complementar nº 123, de 14 de dezembro de 2006**. Casa Civil. Subchefia para Assuntos Jurídicos. Brasília, DF. Disponível em: http://www.planalto.gov.br/ccivil_03/leis/lcp/lcp123.htm. Acesso em: 2 set. 2019.

CHUEKE, G. V.; AMATUCCI, M. O que é bibliometria? Uma introdução ao Fórum. **Internext**, Brasil, v. 10, n. 2, p. 1-5, set. 2015. Disponível em: http://internext.espm.br/internext/article/view/330. Acesso em: 3 set. 2019. ISSN: 1980-4865.

COPELAND, T.; KOLLER, T.; MURRIN, J. **Avaliação de Empresas – Valuation**: calculando e gerenciando o valor das empresas. 3. ed. São Paulo: Pearson Education do Brasil, 2002.

CORREIRA NETO, J. F.; BRANDÃO, J. W. **Valuation Empresarial**: avaliação de empresas considerando o risco. Rio de Janeiro: Alta Books, 2018.

DAMODARAN, A. **Avaliação de empresas**. 2. ed. São Paulo. Pearson Prentice Hall, 2007.

GIL, A. C. **Como elaborar projetos de pesquisa**. 4. ed. São Paulo: Atlas, 2002

INSTITUTO ASSAF. **Empresas criadoras x destruidoras de valor**: um estudo do setor de Siderurgia e Metalurgia. São Paulo, SP. Disponível em: http://institutoassaf.com.br/wp-content/uploads/2019/07/Cria%C3%A7%-C3%A3oxDestrui%C3%A7%C3%A3odeValoAAFABIANOADRIANAe-MARIANA.pdf. Acesso em: 3 set.2019.

LAKATOS, E. M.; MARCONI, M. A. **Fundamentos de metodologia científica**. 5. ed. São Paulo: Atlas, 2003.

LIMA, M. V. A. e et al. Avaliação de micro e pequenas empresas utilizando a metodologia multicritério e o método do fluxo de caixa descontado. **Revista de Ciências da Administração**, Florianópolis, p. 48-71, jan. 2010. Disponível em: https://periodicos.ufsc.br/index.php/adm/article/view/2175-8077.2010v12n26p48. Acesso em: 29 set. 2019. ISSN: 2175-8077.

OLIVO, R. L. F.; MORILHAS, L. J.; NIELSEN, F. A. G.; CARVALHO, D. E. Avaliação de Franquias Empresariais por meio de Múltiplos de Receita: um Sacrilégio Acadêmico Desculpável. **Revista de Empreendedorismo e Gestão de Pequenas Empresas**, v. 5, n. 2, p. 1-21, 2016. Disponível em: http://www.spell.org.br/documentos/ver/42265/avaliacao-de-franquias-empresariais-por--meio-de-multiplos-de-receita--um-sacrilegio-academico-desculpavel/i/pt-br. Acesso em: 29 set. 2019.

PORTAL SIMPLES NACIONAL. Receita Federal. **Resumo da Arrecadação 2007 a 2018**. Brasília, DF. Disponível em: http://www8.receita.fazenda.gov.br/SimplesNacional/Arrecadacao/EstatisticasArrecadacao.aspx. Acesso em: 29 set. 2019

PEREIRA, M. F. Valuation – uma contribuição multicritério às empresas de pequeno porte. **Revista de Administração FACES Journal**, v. 10, n. 2, art. 134, p. 187-208, 2011. Disponível em: http://www.spell.org.br/documentos/ver/3144/valuation-----uma-contribuicao-multicriterio-as-empresas-de-pequeno-porte/i/pt-br. Acesso em: 29 set. 2019.

SAGE. São Paulo, 2013. Disponível em: https://blog.sage.com.br/o-que-e--fator-r-simples-nacional-2018/. Acesso em: 29 set. 2019.

SANTIAGO, S. **Simples Nacional**: o exemplo do federalismo fiscal brasileiro. 2. ed. São Paulo: Saraiva, 2013.

SANTOS, D. F. L.; ZOTES, L. P. Metodologias para valoração de pequenas e médias empresas. **RAUnP – Revista Eletrônica do Mestrado Profissional em Administração da Universidade Potiguar**, v. 3, n. 1, art. 2, p. 17-26, 2010. Disponível em: http://www.spell.org.br/documentos/ver/1173/metodologias-para-valoracao-de-pequenas-e-medias-empresas/i/pt-br. Acesso em: 29 set. 2019

SANTOS, J. O. **Valuation**: um guia prático. 2. ed. São Paulo: Saraiva Educação, 2019.

SEBRAE – Serviço Brasileiro de Apoio às Micro e Pequenas Empresas. Unidade de Gestão Estratégica – UGE. **Os impactos do Simples Nacional**. Brasília, DF. 2017. Disponível em: https://bibliotecas.sebrae.com.br/chronus/ARQUIVOS_CHRONUS/bds/bds.nsf/1513cca8cf40729aa779c2d-6d1885252/$File/7733.pdf. Acesso em: 29 set. 2019

SEBRAE – Serviço Brasileiro de Apoio às Micro e Pequenas Empresas. Unidade de Gestão Estratégica – UGE. **Participação das Micro e Pequenas Empresas na Economia Brasileira**. Brasília, DF. 2014. Disponível em: http://www.sebrae.com.br/Sebrae/Portal%20Sebrae/Estudos%20e%20Pesquisas/Participacao%20das%20micro%20e%20pequenas%20empresas.pdf. Acesso em: 29 set. 2019. Acesso em: 29 set. 2019

SEBRAE – Serviço Brasileiro de Apoio às Micro e Pequenas Empresas; DIESE – Departamento Intersindical de Estatística e Estudos Socioeconômicos. **Anuário do trabalho nos pequenos negócios 2016**. 9. ed. São Paulo, SP: DIEESE, 2018. Disponível em: https://m.sebrae.com.br/Sebrae/Portal%20Sebrae/Anexos/Anu%C3%A1rio%20do%20Trabalho%20nos%20Pequenos%20Neg%C3%B3cios%202016%20VF.pdf. Acesso em: 29 set. 2019.

SILVA, M. J. F.; CUNHA, M. F. Avaliação de micro e pequenas empresas: a percepção do micro e pequeno empresário no estado de Goiás sobre o valor da empresa. **RACE: Revista de Administração, Contabilidade e Economia**, v. 15, n. 1, p. 137-156, 2016. Disponível em: http://www.spell.org.br/documentos/ver/40400/avaliacao-de-micro-e-pequenas-empresas--a-percepcao-do--micro-e-pequeno-empresario-no-estado-de-goias-sobre-o-valor-da-empresa. Acesso em: 29 set. 2019.

VILLAMIL, A. P. The New Palgrave Dictionary of Economics. **The Modigliani-Miller Theorem.** University of Illinois, USA. Blume Published: 2008. Disponível em: https://pdfs.semanticscholar.org/3b3f/06315e1088a824370f-39873d3534c74c3808.pdf. Acesso em: 29 set. 2019.

A VOLATILIDADE DO PREÇO DA *COMMODITY* MILHO E A PRODUÇÃO NACIONAL: uma análise empírica entre 2013 a 2018

Fábio do Amaral Calegari[52]
Frederico Fonseca da Silva[53]

Introdução

A produção brasileira de milho é a terceira maior do mundo, e é colhido durante o ano no qual possuem 1ª e 2ª safra. O ciclo produtivo dessa cultura se inicia pela análise de mercado, onde é definida a área a ser plantada. Após a colheita, o milho em grão é armazenado até a comercialização, sendo destinado para o mercado interno e externo.

Segundo EMBRAPA (2003), o milho é a principal matéria prima para a avicultura e a suinocultura, dois mercados extremamente competitivos internacionalmente, porém, ainda apresenta baixa produtividade frente às outras culturas, dado pela dificuldade de acesso a financiamentos e problemas na comercialização (MIELE; WALQUI, 2007).

O plantio do milho é uma das mais importantes culturas do agronegócio brasileiro, pois apresenta uma demanda crescente do setor. Caldarelli e Bacchi (2012) reforçam isso ao afirmarem que o milho é o principal macroingrediente para a produção de rações. Dada a importância na competitividade do mercado brasileiro de carnes, a produção do grão tem aumentado gradativamente (CALDARELLI; BACCHI, 2012).

Conforme a SLC Agrícola (2018), nas últimas 10 safras houve um aumento médio na produtividade de 6,8% ao ano, elevando a produção brasileira de milho como a terceira maior do mundo.

Observa-se, no entanto que a produção brasileira de milho tem apresentado forte crescimento, devido ao fator microeconômico, tal como maior rentabilidade por aumento no preço recebido pelo produtor.

Segundo dados da Conab (2019), a safra 2018/2019 de milho deve ultrapassar 95 milhões de toneladas, registrando a segunda maior colheita,

---

52 Aluno concluinte do curso de pós-graduação *Lato sensu* em Gestão Empresarial, Contábil e Tributária pelo IFPR – Instituto Federal do Paraná – Campus Curitiba. E-mail: calegari1@gmail.com
53 Professor e Pesquisador do IFPR – Instituto Federal do Paraná, Doutor em Irrigação e Meio Ambiente. E-mail: frederico.silva@ifpr.edu.br

no qual a maior registrada foi à safra de 2016/2017 que chegou a 97 milhões de toneladas. Entre 2012 a 2018, o volume de milho produzido no Brasil (primeira e segunda safras) expandiu-se em 491 milhões de toneladas em relação à produção entre 2004 a 2011 que foi de 424 milhões de toneladas.

Apesar dos aumentos contínuos na produtividade do grão, a cadeia brasileira de milho ainda tem baixa expressão no mercado externo, uma vez que o Brasil não é um exportador tradicional do grão. Assim, a produção brasileira segue a tendência determinada pelas condições do mercado doméstico, apresentando pouca interação com o mercado internacional. Da mesma maneira, a formação dos preços do milho no Brasil é fortemente influenciada por fatores do próprio mercado, sendo pouco afetada por movimentos no mercado mundial do grão (CHIODI, 2006).

Desta forma, esta *commodity* é negociada no mercado BM&F[54](Bolsa de Valores da cidade de São Paulo – B3, 2019) e se caracteriza pela baixa volatilidade em seu preço. **O mercado futuro de Milho foi formado para atuar como uma garantia de estabilidade de preço, assegurando aos agricultores desta cultura** um preço que consiga ao menos cobrir os custos da produção, bem como assegurar aos compradores um preço justo.

Deste modo, o presente estudo a partir das informações apresentadas e analisadas, levando a seguinte questão: quais os determinantes diretos que influenciam na variação do preço da saca de milho e sua relação com a produção nacional?

Levando-se em conta as oportunidades de mercado, a formação dos preços do milho depende das condições regionais e da oferta e demanda de cada estado.

Assim, esta pesquisa teve como objetivo geral analisar a volatilidade do preço da *Commodity* milho com relação à produção nacional; e, ainda, apontar e discutir determinantes que influenciam no preço da saca negociadas no mercado BM&F.

Fundamentação teórica

O milho é o cereal de maior volume de produção mundial e o Brasil é um país de grande importância dentro deste cenário agrícola mundial, pois, é o terceiro maior produtor e o segundo maior exportador mundial de milho.

Conforme Galvão (2017), a balança comercial do Brasil em 2016 foi positiva puxada pelo agronegócio, que correspondeu próximo a 25% do PIB sendo o valor de R$ 1,566 trilhões, mesmo com a economia brasileira

---

54 BM&F – Bolsa de Mercadorias & Futuros. Também é chamada de "Bolsa de Valores" ou apenas de "a Bolsa".

estagnada, esse setor se manteve em constante crescimento. Esse desempenho pode estar associado ao comportamento econômico, o que pode ser resultado de programas focados no aumento da produtividade, investimentos em tecnologias agrícolas, eficiência na comercialização e políticas públicas voltada ao setor. É nesse contexto que o milho vem sendo umas das principais *commodities* do agronegócio brasileiro.

Segundo Figueiredo (2016), a demanda por produtos agrícolas é crescente já que a população mundial deve chegar a 9 bilhões até 2050, contra 7,3 bilhões em 2015, com um aumento na demanda estimado em 35%, porém, a produtividade deve crescer em média 1% nas próximas duas décadas sobre a produção mundial de 2016 que foi de 1,078 bilhão de toneladas. A mudança climática causará escassez de água e queda acentuada no desenvolvimento das culturas mais importantes dos países em desenvolvimento, bem como em grandes produtores como o Brasil levando a perda na agricultura que podem chegar a 40% na produção agrícola (FIGUEIREDO, 2016).

Uma das principais fontes alimentares para bovinos, aves e suínos, a produção nacional de milho se divide em agricultura familiar e comercial, e pode ser produzida em todo territorio nacional, ocorrendo variações nas safras devido a deficiêcia hidrica das regiões. Para o cenário futuro, essa cultura tende a ser mais prejudicada devido ao aquecimento global, que deve provocar uma redução em média de R$ 1,2 bilhão no valor da produção que teve como valor base R$ 9,9 bilhões. A capacidade de expandir a área utilizada dependerá da elevação dos preços pagos ao produtor agrícola (ASSAD; PINTO, 2008).

De acordo com Caldarelli e Bacchi (2010), a produção de grãos tem aumentado progressivamente devido a alta competividade e aumento da produção de carnes. Com uma posição mais competitiva, a produção nacional de milho, esta associada a fator microeconômico, tal como maior rentabilidade, devido ao aumento no preço recebido pelo agricultor e associados a fator macroeconômico, como políticas de incentivo ao produtor. Logo, com maior competitividade, os produtores nacionais buscaram maximizar continuamente a produtividade, o que ocasionou crescimento na produção nacional (CALDARELLI; BACCHI, 2010).

Conforme Araújo (2007) após observar o agronegócio do milho, identifica-se que a produção está inter-relacionada com a produção animal. Pelo lado do agricultor, a oferta da cultura milho é dependente das condições climáticas de cada região, e a produção apresenta períodos de safra e de entres safra, diferente do consumo que não apresenta variação ao longo do ano nas quantidades demandadas, desta forma permanece constantes. Logo, isso implica em variações nos preços, no qual é mais elevado na entres safra e mais baixo nos períodos de safra. Há influência também dos fatores biológicos, como após a colheita, o produto está sujeito a ataque de pragas diminuindo a quantidade ofertada (ARAÚJO, 2007).

O mercado futuro é utilizado como mecanismo para gerenciamento de risco para oscilações de preço de *commodities*. Deste modo, o agronegócio é uma atividade exposta a diversos elementos de risco, como fatores climáticos, intervenção do estado ou variações macroeconômicas, que pode influenciar no preço e produção de grãos. Exposto a esse horizonte, de um lado tem os produtores ofertando os produtos e na outra ponta, as indústrias demandantes de produto agrícola, bem como os atacadistas, varejistas e consumidores (HARZER *et al.*, 2012).

Amaral (2003) descreve de uma forma simplista, que os contratos futuros surgiram provenientes dos mercados agrícolas, pois as colheitas se concentravam em uma determinada época do ano. As operações com esse produto eram negociadas em um local específico, o que poderia ser um tipo de bolsa de mercadorias rudimentar. Logo a partir de 1730, surgiria no Japão, a Bolsa de Arroz de Osaka, no qual começava a negociar contratos futuros, desse modo, esse modelo se propagou para outras economias, até a criação da *Chicago Board of Trade* (CBOT), o que viriaa ser a Bolsa de Mercadorias e futuros. A primeira Bolsa de *commodities* agrícolas do Brasil foi criada em 1917 em São Paulo, porém não negociava contratos futuros, sendo negociado só a partir de 1983, com a constituição da Bolsa de Futuros na cidade do Rio de Janeiro (AMARAL, 2003).

Para Ribeiro, Sosnoski e Oliveira (2010), os produtores tomam decisões muito antes da colheita, e analisam as tendências e comportamentos dos preços de curto e médio prazo, adotando políticas e estratégias de *hedging* na bolsa de futuros como forma de se proteger da variação de preço das *commodities*, assim utiliza como instrumento para redução de risco de perdas monetárias.

Conforme Geman (2005), os preços de *commodities* agrícolas apresentam sazonalidade e possuem alta volatilidade, e destaca que a alta variação nos preços se deve a fatores relativos ao clima, deterioração dos produtos agrícolas e armazenamento. Com tudo, as estratégias de proteção e as barreiras alfandegárias em mercados internacionais e a própria evolução tecnológica são fatores que afetam o comportamento estocástico dos preços e dificultam a sua descrição e previsão (GEMAN, 2005).

As negociações com *commodities* podem ser realizadas de forma física, com a entrega do produto ou através de operações financeiras sem a entrega da mercadoria. Desta maneira, o grau de risco nestas operações pode ser reduzido através de inúmeras estratégias, e uma delas é a transação direta entre as partes, na qual os produtores e demandantes de matéria prima negociam em data anterior à entrega da mercadoria, a fim de se protegerem contra as oscilações de preço do mercado (GEMAN, 2005).

Metodologia

Neste trabalho, o gênero de pesquisa envolveu a fenomenologia como método de investigação. Desta forma, esta pesquisa compreendeu a investigação de aspectos teóricos e aplicados, com procedimento de coleta de dados e levantamento bibliográfico, sendo, portanto, uma pesquisa descritiva e qualitativa.

O trabalho utilizou uma técnica de investigação qualitativa, considerada mais adequada aos fenômenos organizacionais porque compreende a sua complexidade, os limites pouco claros entre o fenômeno e o contexto, e lida com o fato de haver mais variáveis de interesse do que observações (YIN, 2001).

Tratou-se, portanto, de uma pesquisa aplicada, motivada pela necessidade de se investigar a volatilidade do preço da *Commodity* Milho com relação à produção nacional e os determinantes que influenciam no preço da saca negociada no mercado BM&F.

A revisão teórica foi resgatada para o alcance dos objetivos propostos, utilizando bibliografias de diversos autores da área.

Assim, a partir da discussão teórica, tornou-se importante fazer uma análise empírica, para buscar os resultados esperados.

Dessa forma, a fundamentação metodológica deste trabalho foi à caracterização da pesquisa por discutir abordagem teórico-prático.

Desenvolvimento

Bolsa de valores e futuro do milho

Conforme informação coletada na BM&FBovespa (B3, 2019), a indústria utiliza o milho para produção de vários produtos, como óleo vegetal, farelo, farinha, dentre outros, para o setor alimentício. Essa cultura é cultivada em todas as regiões do país e garante a oferta desse produto em boa parte do ano, porém a maior parte das negociações ocorre na fase de safra e entressafra (B3, 2019).

O contrato futuro foi desenvolvido para proteger o produtor contra oscilações de preço, variação entre preço à vista do produto e preço futuro, sendo uma ferramenta de gestão de risco, utilizada pelos agentes de mercado, como produtores, indústrias e investidores (B3, 2019).

Desta forma, o milho é negociado na Bolsa de Futuros da B3 de forma a granel, em 1 (um) lote padrão composto de 450 sacas de 60 Kg no total de 27.000 Kg (1 caminhão aproximadamente).

No Gráfico 1 é evidenciado o preço médio, à vista, anual do milho negociado na bolsa de valores futuro entre os anos 2013 a 2018.

Gráfico 1 – Preço médio do milho (em saca de 60 kg) entre os anos de 2013 – 2018

	2013	2014	2015	2016	2017	2018
Preço médio	26,99	26,87	29,05	44,48	30,47	38,49

Fonte: Cepea (2019).

Como apresentado no Gráfico 1, nos anos de 2013, 2014 e 2015 houve pouca variação no preço[55], permanecendo praticamente quase constantes, próximo ou em torno de R$ 30,00/saca.

Já em 2016 teve uma alta no preço que apresentou uma variação de 53,12% de aumento, vindo a cair o preço em 31,50% em 2017, e em 2018 um aumento no preço negociado no importe de 26,32%, o que caracteriza um movimento cíclico ou oscilatório, flutuante em anos alternados, que sinaliza ou expressa uma maior atenção quanto às variáveis que interagem nesse evento.

Produção nacional do milho

Segundo informações da Embrapa (2015), a profissionalização dos produtores mostrou as grandes mudanças ocorridas nos sistemas de produção

---
55 Preço em BRL (Reais Brasileiros R$).

do milho no Brasil, isso aponta a variação no potencial produtivo e no rendimento por área plantada.

No Gráfico 2, retrata essa variação da área plantada no Brasil no período de 2013 a 2018.

Gráfico 2 – Área plantada do milho entre 2013 e 2018 (em mil ha)

Área Plantada	2013	2014	2015	2016	2017	2018
	15.829,3	15.828,9	15.692,9	15.922,5	17.591,7	16.616,4

Fonte: Conab (2019).

Observa-se que a pequena variação em área plantada entre os anos 2013 e 2015 (Gráfico 2), o que explica estabilização dos preços como verificado na Gráfico 1.

Contudo, já para o ano de 2017, apresentou um aumento significativo na área plantada, no qual expandiu em 10,49% em relação a 2016, observando-se a execução universal da lei da oferta e procura, quando nos debruçamos nos dois gráficos citados; e, já em 2018, teve uma queda de 5,54% em relação a 2017, cujos motivos e efeitos necessitam serem melhor analisados.

A produtividade do milho é dependente, dentre inúmeros outros fatores, da variável hídrica. Assim, a falta de água, principalmente nos estágios críticos de desenvolvimento da cultura (germinação, floração e enchimento de grãos) afeta diretamente a produtividade. Desta forma, no Gráfico 3, é apresentado a produtividade média, em Kg/ha[56], no período pesquisado.

---

56 Hectare é uma unidade de **medida agrária,** simbolizada por "ha". Portanto, um hectare é equivalente a: 10 000 000 000 mm²; 100 000 000 cm²; 10 000 m²; 0,01 km².

Gráfico 3 – Produtividade do milho (kg/ha) entre os anos 2013 e 2018

Produtividade	2013	2014	2015	2016	2017	2018
Em Kg/ha	5.149	5.057	5.396	4.178	5.562	4.857

Fonte: Conab (2019).

Logo verifica que ocorreu uma variação significativa na produtividade, ou seja, uma queda de 22,57%, no ano safra de 2015 para 2016, que veio a recuperar-se em 2017 seguido de uma queda em 2018 de 12,67%.

Ademais, observa-se que a produtividade média do milho no Brasil, ao longo do período estudado, tem se mantido em torno de 5.000 kg/ha. No *ranking* mundial o Brasil detém a 3º posição dos maiores produtores dessa cultura, perdendo somente para o EUA e China que detém, respectivamente, a 1º e 2º posição (Gráfico 4).

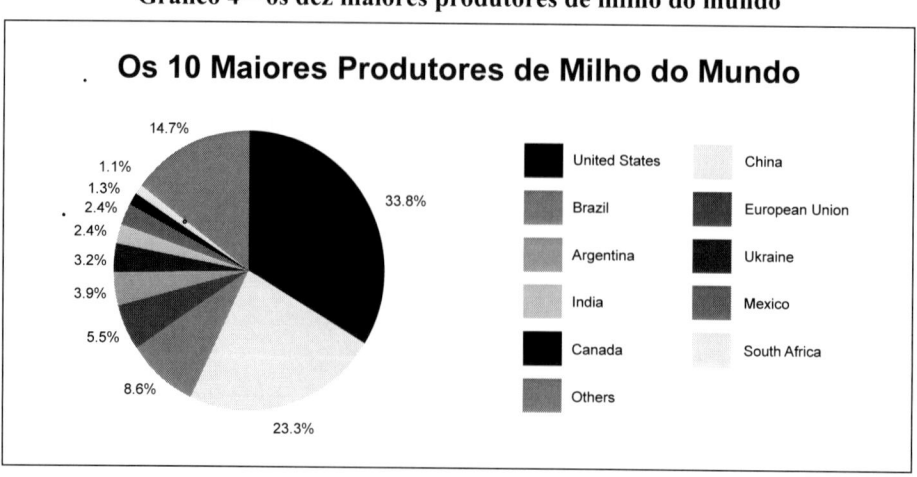

Gráfico 4 – os dez maiores produtores de milho do mundo

Os 10 Maiores Produtores de Milho do Mundo

- United States: 33,8%
- China: 23,3%
- Brasil: 8,6%
- European Union: 5,5%
- Argentina: 3,9%
- Ukraine: 3,2%
- India: 2,4%
- Mexico: 2,4%
- Canada: 1,3%
- South Africa: 1,1%
- Others: 14,7%

Fonte: USDA (2019).

Com novas variedades de milho ofertado no mercado, atrelado a produtores mais profissionais e investimento em novas tecnologias nas lavouras juntamente com a demanda crescente no mercado interno e externo, elevou-se a área plantada, o que resultou em aumento da produtividade do milho, como mostra o Gráfico 5.

Gráfico 5 – Produção nacional do milho, 1ª e 2ª safras (em mil ton.), entre os anos 2013 e 2018

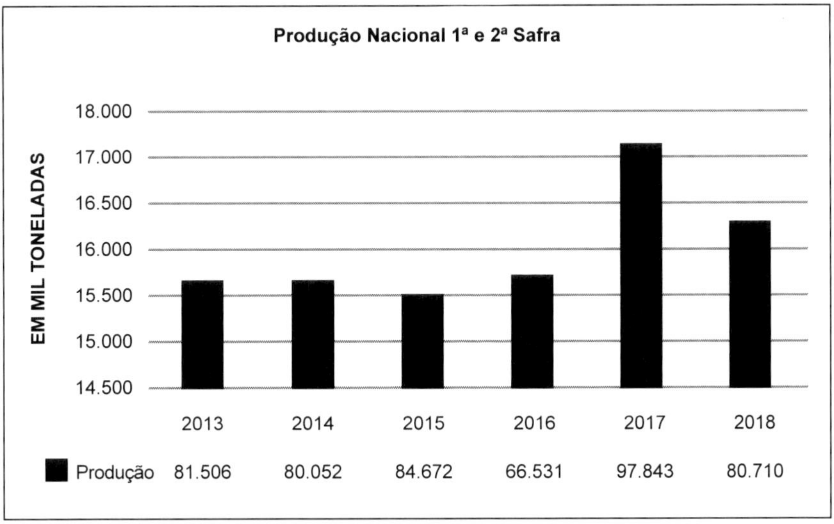

Produção Nacional 1ª e 2ª Safra	2013	2014	2015	2016	2017	2018
Produção	81.506	80.052	84.672	66.531	97.843	80.710

Fonte: Conab (2019).

Da análise inicial, no Gráfico 4 observa-se uma variação na produção nacional no ano de 2016 o qual teve uma queda intensa de 21,42587%.

Contudo, para o ano safra 2019/2019, a Conab liberou na segunda semana de junho o nono levantamento da safra brasileira de grãos 2018/2019. A atenção maior é para o milho de segunda safra, para o qual o relatório de junho revisou positivamente produção e produtividade (MERLADETE, 2019).

Quanto à produção, conforme Agrolink (2019), o aumento foi de 2,2% frente aos números divulgados em maio. São 70,67 milhões de toneladas do cereal, frente as 69,14 milhões de toneladas do último relatório. Na comparação com a safra 2017/2018 a alta é de 31,3%, o que representa 16,77 milhões de toneladas a mais no ciclo atual (AGROLINK, 2019).

Resultados e discussão

Analisando os Gráficos 3 e 5 identifica-se que em 2016 foi um ano de baixa produtividade, apesar de que neste mesmo ano houve um aumento na área plantada de 1,91% como apresentado no Gráfico 2.

Conforme Embrapa (2016) no ano de 2016 foi um ano de extremos para a produção da cultura milho, na safra do Centro-Oeste indicava problemas na produção, dentre eles plantios tardios e até mesmo decisão dos produtores de não plantio. Ainda, de acordo com a Embrapa (2016), o clima prejudicou as plantações em todo território nacional, levando a uma queda generalizada de norte a sul do Brasil.

Contudo a Embrapa (2016) informou que no Paraná, o aumento na área plantada, contribuiu para amortizar esse impacto negativo na produção, conforme segue:

> Os problemas da safra de soja 2015/16 no Centro-Oeste já prenunciavam problemas também da segunda safra de milho, com plantios tardios ou mesmo a desistência do plantio. Infelizmente, o pior ainda estava por vir. O clima no decorrer da segunda safra castigou as lavouras de milho de norte a sul do país, sem exceção. A produtividade despencou em todas as regiões do Brasil, com destaque para as quedas de 36,3% no Centro-Oeste, 45% no Sudeste e 54,8% no Nordeste. **A queda de 12,8% da produtividade no Paraná foi compensada, em termos de produção, pelo aumento de 14,8% na área plantada com milho no Estado.** A produção de milho no Centro-Oeste reduziu 11 milhões de toneladas em relação ao ano anterior e só não foi pior por causa do aumento de 9,1% na área plantada. A redução total da segunda safra de milho deverá chegar a 13,5 milhões de toneladas (EMBRAPA, 2016).

Isso também teve reflexo na bolsa de futuros, devido à venda antecipada negociado na B3. As *tradings* estavam preocupadas com o risco de não cumprimento dos contratos fechados, o que levaria a uma quebra de confiança nas negociações futuras (EMBRAPA, 2016).

Segundo a AgroLink (2016), mesmo com o aumento na área plantada no Estado do Paraná, houve queda na produção devido a redução da produtividade, tal problema está relacionado principalmente pelas condições climáticas e plantio atrasado da cultura milho.

Essa queda foi noticiada na Revista Eletrônica G1 (2016), no qual foi informada a tendência de baixa produção em todo território nacional pela razão das variações climáticas da temporada de 2016, pois houve redução nos volumes de chuvas em todo estado do Mato Grosso do Sul, refletindo negativamente em toda lavoura cultivada tardiamente neste estado. Ainda a referida revista destaca que, segundo a Conab (2016), as geadas agravaram a situação, castigando ainda mais a produção do milho.

No Gráfico 6 mostra uma dimensão da produção nacional dividida por região para o período estudado.

Gráfico 6 – Produção nacional do milho, por região, entre os anos 2013 e 2018

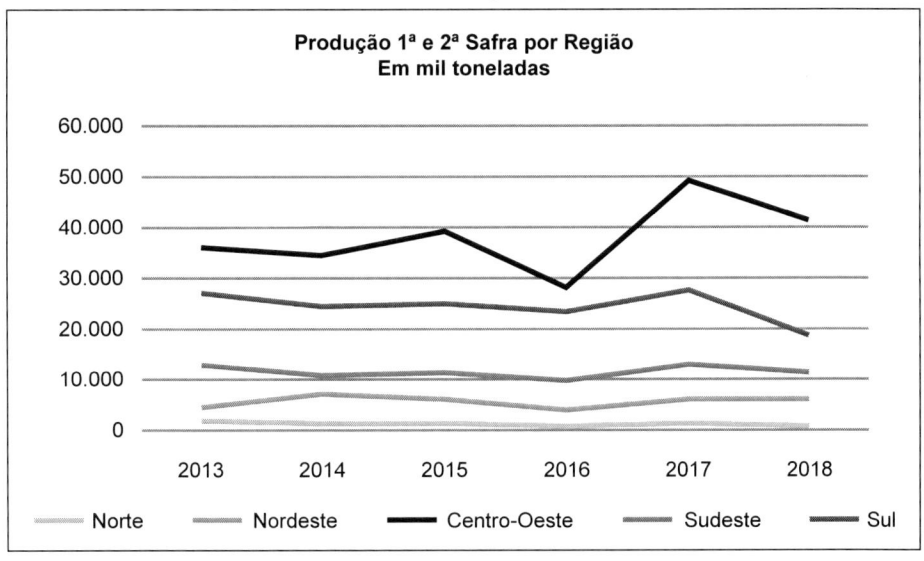

Produção 1ª e 2ª Safra por Região
Em mil toneladas

Fonte: Conab (2019).

Observa-se que no ano de 2016 todas as regiões tiveram impacto negativo na produção. Na região sul no estado do Paraná a queda da produção foi amortizada pelo aumento de 6,3% na área plantada, conforme anunciado pela Embrapa (2016): "A queda de 12,8% da produtividade no Paraná foi compensada, em termos de produção, pelo aumento de 14,8% na área plantada". Porém ainda teve um resultado negativo de 8,47% em relação ao ano anterior. Por conseguinte, na região Centro-Oeste, foi registrada a maior perda que chegou a 11 milhões de toneladas a menos que a produção de 2015, como mostra a Tabela 1.

Tabela 1 – produção nacional por região – em mil toneladas

REGIÃO	2013	2014	2015	2016	2017	2018
NORTE	1 672	1.821	2.561	1.967	2.702	2.447
NORDESTE	4.860	7.575	6.243	3.435	6.681	6.446
CENTRO-OESTE	35.911	35.054	39.582	28.244	48.874	41.451
SUDESTE	12.678	10.728	11.061	9.794	12.448	11.129
SUL	26.385	24.874	25.225	23.090	27.138	19.237
TOTAL	81.506	80.052	84.672	66.531	97.843	80.710

Fonte: Conab (2019).

Como demonstrado nos dados da Tabela 1 e gráfico 4, nos anos de 2013, 2014 e 2015 a produção ficava em torno de 81 a 84 milhões de toneladas e para esta oferta de produto, o preço de equilíbrio da saca de milho era de R$ 26,00 a R$ 29,00 conforme mostra o gráfico 1.

Desta forma, durante esses três anos (2013, 2014 e 2015) não houve variação significativa na produção/oferta e logo não houve instabilidade considerável no preço.

Por conseguinte, no ano de 2016, verifica-se uma anormalidade no preço médio, o qual disparou para R$ 44,48 por saca de 60 Kg, conforme indicado no gráfico 1. De exame verifica-se que neste mesmo ano a produção caiu drasticamente de 84 para 66 milhões de toneladas conforme tabela 1, ou seja, uma queda na oferta do produto/milho em 21,42587%, o que impactou diretamente no preço, de modo que houve um aumento de 53,12% no preço desta cultura.

Na tabela 2 mostra a produção da região sul consubstanciado pelo seguinte:

Tabela 2 – produção da região sul – em mil toneladas

SUL	2013	2014	2015	2016	2017	2018
PARANÁ	17.642	15.672	15.863	14.485	17.838	11.858
SANTA CATARINA	3.359	3.485	3.189	2.712	3.263	2.551
RIO GRANDE DO SUL	5.384	5.717	6.173	5.893	6.037	4.828
TOTAL	26.385	24.874	25.225	23.090	27.138	19.237

Fonte: Conab (2019).

Como já mencionado anteriormente, o aumento na área plantada no estado do Paraná, contribuiu para amortizar o impacto negativo na produção nacional (EMBRAPA, 2016). Tal afirmação está explícito na tabela 3 abaixo:

Tabela 3 – área plantada da região sul – em mil hectares

SUL	2013	2014	2015	2016	2017	2018
PARANÁ	3.047	2.566	2.457	2.612	2.917	2.431
SANTA CATARINA	489	472	412	370	400	319
RIO GRANDE DO SUL	1.033	1.031	941	823	805	728
TOTAL	4.570	4.069	3.809	3.805	4.122	3.478

Fonte: Conab (2019).

Conforme a tabela 3, de 2015 para 2016 os estados de Santa Catarina e Rio Grande do Sul apresentaram queda na área plantada, o que confirma a afirmação da Embrapa, que em 2016 o aumento na área plantada no estado do Paraná, amortizou o impacto negativo na produção nacional.

Logo a queda na oferta se deu pelo plantio tardio, fator clima e decisão de não plantio pelos produtores. Com a queda da produção e oferta de produtos, fez com que o preço médio dessa cultura disparasse, e o consumidor estaria disposto a pagar o preço em que estava sendo ofertado.

Deste modo, com o preço médio da saca em R$ 44,48 incentivou os produtores a investir nessa cultura, o que se verifica na safra do ano de 2017 o qual teve uma superprodução que chegou a 97 milhões de toneladas, por outro lado, com essa grande oferta de produto, fez com que o preço despencasse em 31,4973%, assim o valor médio da saca foi negociado a R$ 30,47.

Logo, com essa queda no preço, em 2018 a produção veio a cair 17,511% em relação ao ano anterior, ficando em 80 milhões de toneladas, voltando a média dos três primeiro anos estudados, como mostra no gráfico 4. Com essa queda na oferta elevou-se o preço médio para R$ 38,49, demonstrando um aumento de 26,321% em seu valor.

No Gráfico 7 é demonstrado a dimensão desta variação no preço com a oferta de milho:

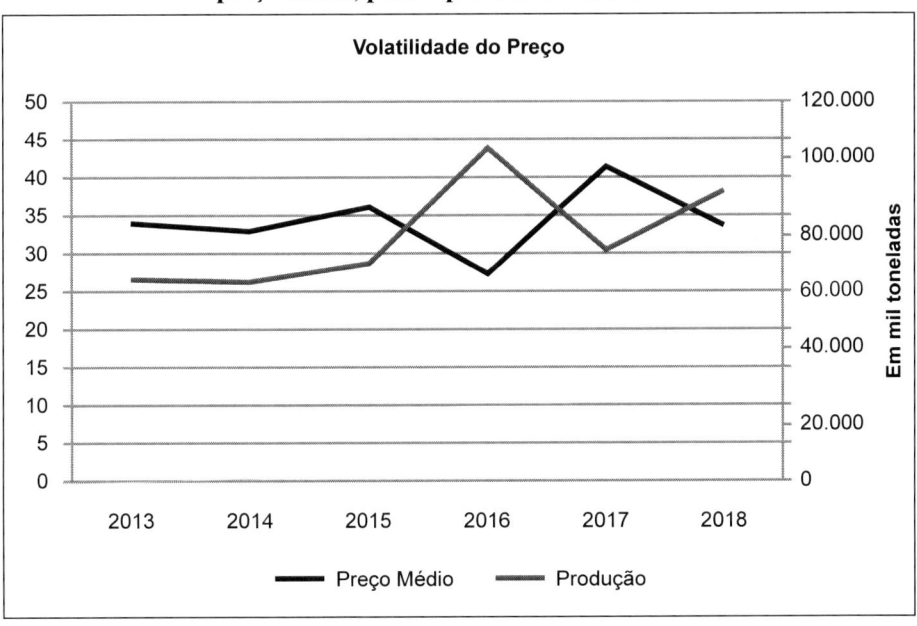

Gráfico 7 – Volatilidade do preço, entre produção e preço médio, para o período de 2013 a 2018

Fonte: Conab (2019).

O Gráfico 7 mostra a variação do preço da *commodity* milho frente à oferta desta cultura, ainda que a queda da produção tenha sido involuntária, mostra a volatilidade em que o preço tem em relação à oferta/produção.

Identifica-se no Gráfico 7, onde em 2013, 2014 e 2015 tanto a produção quanto o preço se mostram constantes, diferentemente de 2016 quando a curva de oferta diminui, a curva de preço se eleva, assim como o inverso que ocorre em 2017, no qual a oferta se expande e a curva de preço se retrai. Em 2018, a curva de produção se mostra decrescente, o que leva a curva de preço a ser crescente.

Assim, a volatilidade do preço desta cultura está relacionada diretamente à quantidade produzida e ofertada, demonstrando que uma maior produção derruba o preço e uma baixa produtividade eleva o preço desta *commodity*.

Considerações finais

O presente trabalho estabeleceu a existência da relação direta entre o preço da *commodity* milho e a produção nacional no período estudado de 2013 a 2018. Ficou evidenciado que um aumento na oferta do produto milho tende a derrubar significativamente os preços desta cultura no mercado interno, por conseguinte uma queda na produção leva a um aumento nos preços praticado no mercado.

As regiões Centro-Oeste e Sul, conforme gráfico 6 são as maiores produtoras de milho, somente elas em 2018 representavam 75% de toda a produção nacional. Desta forma, qualquer problema relativo à produtividade nessas regiões traz um resultado negativo muito grande, já que as demais regiões têm uma parcela muito pequena sobre toda a produção nacional.

Nos anos de 2013, 2014 e 2015 a produção se mostrou estável, logo o preço médio negociado se mostrou constante. Porém em 2016, com a baixa produtividade, consequentemente queda na oferta, fez o preço subir demasiadamente. Com isso, em 2017 houve uma super produção, o que resultou em queda no preço dessa *commodity*. Já em 2018, nova queda na produção em relação ao ano anterior, o que se verifica aumento no preço desta cultura.

Assim, conclui-se que a volatilidade no preço desta cultura está diretamente relacionada à produção e oferta deste produto. Apesar de o produtor não ter controle sobre o fator clima/tempo, caso esse seja o determinante que venha a prejudicar a produção, os compradores, os negociadores na bolsa de valores futuros devem se preparar para arcar com um custo maior por saca de milho. Desta forma, nesse desenlace, com a notícia de superprodução futura o qual está previsto para o ano de 2019, o comprador pode esperar um ganho a mais, sabendo que o aumento na oferta irá derrubar os preços médios negociados na BM&FBovespa.

REFERÊNCIAS

AGROLINK. **Conab revisa para cima produtividade do milho**. 2019. Disponível em: https://www.agrolink.com.br/noticias/conab-revisa-para-cima-produtividade-do-milho_421322.html. Acesso em: 24 maio 2019.

AGROLINK. **Queda na Produção da Segunda Safra do Milho 2015/2016**. 2016. Disponível em: https://www.agrolink.com.br/noticias/queda-na-producao-da-segunda-safra-do-milho-2015-2016_356592.html. Acesso em: 24 maio 2019.

AMARAL, C. A. L. V. Derivativos: o que são e a evolução quanto ao aspecto contábil. **Revista Contabilidade e Finanças**, São Paulo, v. 1, n. 32, p. 71-80, maio/ago. 2003.

ARAÚJO, M. J. **Fundamentos de agronegócios**. 2. ed. Editora Atlas: São Paulo, 2007.

ASSAD, E.; PINTO, H. S. **Aquecimento global e cenários futuros da agricultura brasileira**. São Paulo: Embrapa/Unicamp, 2008.

B3. **Futuro do milho com liquidação financeira**. 2019. Disponível em: http://www.b3.com.br/pt_br/produtos-e-servicos/negociacao/commodities/futuro-de-milho-com-liquidacao-financeira.htm. Acesso em: 18 maio 2019.

CALDARELLI, C. E.; BACCHI, M. R. P. Fatores de influência no preço do milho no Brasil. **Texto para Discussão 39**. Brasília, DF: Embrapa, 2010.

CEPEA – CENTRO DE ESTUDOS AVANÇADOS EM ECONOMIA APLICADA. **Consulta ao banco de dados do site**. Disponível em: https://www.cepea.esalq.usp.br/br/consultas-ao-banco-de-dados-do-site.aspx. Acesso em: 17 maio 2019.

CEPEA – CENTRO DE ESTUDOS AVANÇADOS EM ECONOMIA APLICADA. Fatores de influência no preço do milho no Brasil. **Nova econ.**, Belo Horizonte, v. 22, n. 1, jan./apr. 2012.

CHIODI, L. **Integração espacial no mercado brasileiro de milho**. 2006. 89 p. Dissertação (Mestrado em Economia Aplicada) – Escola Superior de Agricultura "Luiz de Queiroz", Universidade de São Paulo, Piracicaba, 2006.

CONAB – Companhia Nacional de Abastecimento. **ConabCast**. 2019. Disponível em: https://cast.conab.gov.br/?name=2019-05-09_graos_8_levantamento.mp3. Acesso em: 11 maio 2019.

CONAB – Companhia Nacional de Abastecimento. **Série Histórica das Safras**. 2019. Disponível em: https://www.conab.gov.br/info-agro/safras/serie-historica-das-safras?start=20. Acesso em: 11 maio 2019.

EMBRAPA – Empresa Brasileira de Pesquisas Agropecuárias. **Cultivo do Milho**. 2015. Disponível em: https://www.spo.cnptia.embrapa.br/conteudo?p_p_id=conteudoportlet_WAR_sistemasdeproducaolf6_1ga-1ceportlet&p_p_lifecycle=0&p_p_state=normal&p_p_mode=view&p_p_col_id=column-2&p_p_col_count=1&p_r_p_76293187_sistemaProducaoId=7905&p_r_p_-996514994_topicoId=8658. Acesso em: 21 maio 2019.

EMBRAPA – Empresa Brasileira de Pesquisas Agropecuárias. **Milho e Sorgo**. Artigo – 2016: um ano de extremos para a produção de milho. 2016. Disponível em: https://www.embrapa.br/milho-e-sorgo/busca-de-noticias/-/noticia/17979608/artigo---2016-um-ano-de-extremos-para-a-producao-de-milho. Acesso em: 24 maio 2019.

EMBRAPA – Empresa Brasileira de Pesquisas Agropecuárias. **Produção Suinos**. 2003. Disponível em: http://www.cnpsa.embrapa.br/SP/suinos/mercado.html. Acesso em: 2 maio 2019.

FIGUEIREDO, P. N. New challenges for public research organisations in agricultural innovation in developing economies: Evidence from Embrapa in Brazil's soybean industry. **The Quarterly Review of Economics and Finance**, 2016.

G1 – REVISTA GLOBO. **Mato Grosso do Sul**. 2016. Disponível em: http://g1.globo.com/mato-grosso-do-sul/noticia/2016/08/conab-aponta-queda-de--265-na-segunda-safra-de-milho-em-ms.html. Acesso em: 25 maio 2019.

GALVÃO, R. R. A. O biogás do agronegócio: Transformando o passivo ambiental em ativo energético e aumentando a competitividade do setor. **Boletim de Conjuntura FGV**, 2017.

GEMAN, H. **Commodities and commodity derivatives**: modeling and pricing for agriculturals, metals and energy. Wiley, 2005.

HARZER, J. H.; COSTA, C. T.; SOUZA, A.; SILVA, W. V. Eficiência dos Mercados Futuros de Commodities Agrícolas Aplicando-se o Teste de Cointegração. **Rev. Adm. UFSM**, Santa Maria, v. 5, n. 2, p. 336-353, maio/ago. 2012.

MERLADETE, A. Conab revisa para cima produtividade do milho. **Agrolink**. Disponível em: https://www.sucessonocampo.com.br/noticias/conab-revisa--para-cima-produtividade-do-milho/#.XQ_I272ucf8.whatsapp. Acesso em: 23 jun. 2019.

MIELE, M.; WAQUI, P. D. Estrutura e dinâmica dos contratos na suinocultura de Santa Catarina: um estudo de casos múltiplos. **Estud. Econ.**, São Paulo, v. 37, n. 4, oct./dec. 2007.

RIBEIRO, C. O.; SOSNOSKI, A. A. K.; OLIVEIRA, S. M. Um modelo hierárquico para previsão de preços de commodities agrícolas. **Revista Produção On-line**, v. 10, p. 719-733, 2010.

SLC AGRICOLA. **Milho**. 2018. Disponível em: https://www.slcagricola.com.br/produtos/milho/. Acesso em: 15 abr. 2019.

USDA – United States Department of Agriculture. Foreign Agricultural Service. **PS&D – Production, supply and Distribution**, 2019. Disponível em: https://apps.fas.usda.gov/psdonline/app/index.html#/app/compositeViz. Acesso em: 11 jun. 2019.

YIN, R. K. **Estudo de caso**: planejamento e métodos. 2. ed. Porto Alegre: Bookman, 2001. 205 p.

ÍNDICE REMISSIVO

A

Ações 22, 23, 25, 27, 28, 29, 30, 31, 32, 34, 35, 36, 38, 59, 62, 64, 71, 87, 89, 105, 112, 119, 200, 201, 205, 213

Administração 4, 9, 14, 17, 18, 43, 85, 92, 104, 105, 108, 109, 112, 116, 117, 118, 119, 121, 123, 130, 135, 136, 139, 140, 143, 177, 182, 186, 195, 196, 197, 199, 208, 213, 220, 222, 223, 226, 227

Alíquota 46, 50, 51, 54, 66, 68, 74, 82, 86, 87, 108, 110, 116, 117, 125, 128, 129, 130, 163, 218

Análise 7, 8, 33, 38, 48, 52, 57, 61, 62, 68, 70, 72, 74, 75, 82, 91, 93, 98, 113, 120, 126, 131, 132, 134, 139, 146, 147, 150, 151, 157, 170, 177, 178, 179, 180, 182, 184, 185, 186, 187, 189, 190, 191, 192, 193, 194, 195, 196, 197, 200, 204, 205, 210, 213, 221, 222, 224, 229, 233, 237

Aplicação 21, 24, 34, 35, 36, 38, 61, 62, 65, 68, 69, 71, 74, 83, 87, 88, 89, 134, 139, 145, 161, 183, 200, 204, 207, 213, 217, 224

Arrecadação 24, 41, 42, 46, 48, 50, 51, 52, 53, 54, 64, 75, 85, 86, 106, 118, 144, 216, 218, 219, 224, 226

Autônomo 130, 146, 157, 158, 159, 160, 161, 163, 164, 166, 167, 168, 169, 170

B

Bens 7, 43, 44, 46, 49, 50, 51, 53, 57, 58, 63, 66, 67, 73, 74, 75, 83, 99, 100, 103, 104, 105, 108, 110, 112, 114, 117, 130, 139, 140, 141, 142, 152, 162, 165, 184

Bolsa 7, 21, 22, 26, 27, 28, 30, 31, 33, 34, 35, 36, 37, 39, 186, 202, 203, 204, 207, 230, 232, 233, 234, 238, 243

Bruta 22, 23, 24, 25, 107, 114, 116, 117, 121, 129, 130, 131, 134, 137, 138, 139, 140, 142, 143, 144, 145, 146, 147, 148, 149, 150, 151, 153, 202, 203, 206, 207, 208, 217, 218

C

Cálculo 24, 43, 51, 65, 67, 81, 82, 83, 84, 85, 86, 87, 88, 89, 90, 91, 93, 94, 95, 96, 97, 98, 107, 108, 112, 113, 116, 145, 146, 163, 164, 183, 187, 203, 206, 207, 218, 219

Capital 21, 22, 24, 25, 27, 28, 29, 31, 32, 33, 34, 35, 36, 42, 46, 58, 104, 105, 107, 110, 111, 112, 115, 133, 140, 142, 152, 165, 177, 179, 180, 181, 182, 183, 184, 185, 186, 187, 188, 189, 190, 191, 192, 195, 196, 197, 213, 214, 219, 220, 223

Carga Tributária 42, 59, 65, 66, 83, 103, 104, 105, 106, 109, 110, 117, 120, 121, 133, 158, 170, 219, 220

Constituição 43, 45, 49, 52, 57, 58, 59, 62, 64, 65, 66, 67, 74, 76, 79, 81, 82, 83, 84, 85, 87, 99, 100, 104, 105, 109, 110, 111, 115, 117, 118, 161, 164, 173, 185, 199, 209, 219, 232

Consumo 25, 42, 44, 46, 52, 53, 56, 61, 62, 67, 68, 69, 70, 71, 72, 73, 75, 83, 85, 86, 87, 89, 94, 95, 97, 111, 127, 135, 207, 208, 232

Contábil 3, 4, 9, 11, 15, 17, 19, 21, 23, 31, 36, 41, 48, 59, 61, 90, 92, 94, 103, 106, 118, 123, 132, 137, 139, 141, 143, 145, 146, 147, 149, 150, 151, 153, 156, 157, 177, 178, 197, 199, 213, 217, 219, 229, 243

Contabilidade 7, 9, 11, 12, 14, 15, 16, 17, 18, 23, 31, 38, 57, 58, 59, 81, 82, 90, 92, 93, 96, 97, 98, 109, 118, 120, 135, 143, 151, 153, 155, 156, 179, 184, 196, 197, 199, 211, 213, 219, 223, 224, 227, 243

Contribuição 17, 24, 37, 44, 65, 66, 85, 100, 107, 108, 111, 119, 126, 127, 129, 130, 131, 134, 135, 136, 138, 146, 158, 162, 163, 164, 170, 201, 220, 223, 224, 226

Contribuinte 48, 51, 57, 65, 82, 84, 85, 86, 87, 89, 90, 95, 97, 99, 100, 106, 108, 109, 110, 112, 127, 131, 133, 141, 152, 163, 164, 218

Contribuintes 41, 43, 46, 48, 49, 51, 81, 82, 85, 86, 87, 90, 93, 95, 97, 98, 108, 157, 162, 163, 164

Custo 32, 41, 43, 49, 59, 66, 69, 71, 113, 123, 124, 125, 127, 128, 129, 131, 132, 133, 134, 135, 147, 148, 150, 157, 167, 168, 169, 170, 186, 200, 214, 216, 219, 243

D

Declaração 8, 89, 130, 137, 138, 139, 141, 142, 144, 145, 146, 148, 150, 151, 152, 154, 165

Direito 9, 13, 27, 28, 29, 31, 34, 41, 57, 61, 62, 64, 65, 74, 77, 78, 83, 84, 92, 99, 101, 106, 107, 109, 111, 118, 119, 120, 161, 167, 173, 174, 175, 185, 201

E

Economia 7, 9, 17, 18, 37, 38, 39, 59, 61, 66, 92, 103, 105, 106, 109, 115, 117, 118, 123, 124, 125, 126, 130, 131, 132, 133, 134, 135, 136, 175, 200, 208, 216, 220, 223, 224, 225, 227, 231, 243, 244

Economia Tributária 7, 103, 123, 124, 125, 126, 130, 131, 132, 133, 134, 200, 208

Econômico 9, 21, 22, 24, 56, 64, 66, 69, 74, 75, 100, 118, 120, 130, 133, 135, 143, 145, 147, 158, 160, 178, 179, 185, 187, 193, 195, 197, 219, 220, 231

Empresa 3, 4, 21, 22, 23, 24, 25, 26, 27, 28, 33, 34, 35, 36, 45, 103, 104, 105, 110, 111, 113, 121, 124, 129, 131, 135, 137, 141, 142, 144, 146, 147, 149, 151, 152, 158, 161, 162, 163, 164, 165, 170, 177, 178, 179, 180, 181, 182, 183, 184, 185, 187, 188, 189, 190, 191, 192, 193, 194, 195, 197, 199, 213, 214, 215, 216, 217, 218, 219, 220, 221, 222, 223, 224, 227, 229, 244

Empresarial 3, 4, 9, 10, 11, 15, 17, 18, 19, 21, 41, 42, 48, 56, 61, 103, 105, 121, 123, 131, 135, 136, 137, 157, 165, 166, 170, 177, 180, 199, 213, 225, 229

Escrituração 48, 49, 57, 58, 59, 139, 141, 143, 145, 146, 147, 148, 149, 150, 151, 153, 219

F

Financeira 4, 8, 13, 21, 34, 35, 36, 38, 64, 82, 92, 132, 135, 143, 148, 170, 177, 178, 179, 180, 181, 183, 184, 186, 187, 189, 190, 192, 193, 194, 196, 197, 213, 216, 219, 220, 243

Financeiro 10, 30, 88, 109, 110, 115, 121, 127, 132, 135, 147, 151, 177, 178, 179, 181,

183, 184, 191, 192, 193, 196, 197, 207
Fiscal 38, 42, 48, 49, 52, 56, 57, 61, 62, 63, 65, 66, 74, 77, 78, 79, 83, 85, 87, 101, 103, 106, 109, 110, 111, 113, 115, 117, 120, 131, 132, 133, 134, 136, 143, 144, 145, 148, 149, 153, 157, 186, 201, 219, 226

H

Holding 7, 103, 104, 105, 107, 108, 109, 110, 111, 112, 113, 114, 115, 116, 117, 118, 120, 121

I

Icms 7, 24, 44, 50, 51, 52, 53, 55, 65, 66, 67, 74, 81, 82, 83, 84, 85, 86, 87, 88, 89, 90, 91, 93, 94, 95, 96, 97, 98, 99, 100, 101, 124, 125, 127, 128, 130, 131, 134, 144, 164, 218

Imposto 7, 8, 37, 42, 44, 50, 51, 52, 53, 57, 61, 62, 65, 66, 67, 68, 69, 71, 72, 73, 74, 75, 81, 84, 85, 86, 87, 88, 89, 90, 97, 98, 100, 106, 107, 108, 110, 114, 115, 116, 118, 119, 120, 124, 127, 129, 130, 131, 137, 138, 139, 141, 142, 146, 148, 150, 151, 152, 154, 156, 216, 218, 219

Impostos 10, 43, 45, 61, 63, 65, 66, 67, 68, 69, 74, 78, 84, 87, 101, 103, 109, 111, 115, 117, 124, 125, 127, 133, 138, 146, 201, 219, 224

L

Legislação 10, 28, 41, 48, 51, 54, 56, 63, 65, 68, 89, 90, 93, 94, 95, 96, 98, 105, 106, 107, 109, 110, 112, 113, 118, 119, 123, 125, 131, 132, 133, 137, 146, 162, 186, 204, 205, 206, 207

Lei Complementar 21, 22, 24, 25, 36, 37, 67, 81, 84, 87, 97, 100, 130, 136, 137, 138, 139, 141, 143, 144, 145, 146, 151, 154, 163, 164, 165, 173, 215, 217, 218, 219, 225

Liquidez 32, 177, 179, 180, 181, 182, 183, 184, 187, 188, 189, 192, 193, 194, 195, 196, 197, 199

Lucro 29, 31, 59, 72, 104, 107, 108, 110, 111, 112, 113, 114, 116, 117, 118, 119, 129, 130, 134, 138, 139, 140, 141, 145, 146, 147, 148, 150, 151, 153, 156, 165, 167, 168, 177, 178, 200, 202, 213

Lucro Presumido 104, 107, 110, 114, 116, 117, 129, 130, 145, 147, 151, 165, 167, 168

M

Mei 8, 18, 137, 138, 139, 141, 142, 143, 144, 145, 146, 147, 148, 150, 151, 152, 153, 156, 157, 163, 164, 170, 177

Mercado 10, 22, 23, 26, 27, 28, 29, 30, 31, 34, 35, 36, 38, 39, 64, 72, 73, 105, 110, 112, 123, 126, 132, 134, 139, 157, 167, 168, 169, 170, 174, 213, 214, 216, 219, 220, 229, 230, 232, 233, 234, 237, 242, 244

Metodologia 37, 39, 47, 78, 90, 104, 112, 119, 120, 121, 126, 131, 145, 166, 186, 192, 196, 197, 200, 204, 217, 221, 222, 223, 224, 226, 233

Microempresas 8, 21, 22, 24, 25, 34, 36, 63, 139, 213, 214, 215, 216, 217, 218, 219, 221, 222, 223, 224, 225

O

Oficial 37, 38, 96, 97, 154, 155, 173, 174
Operações 26, 27, 30, 35, 36, 51, 52, 53, 63, 65, 66, 67, 68, 81, 82, 85, 86, 88, 89, 90, 93, 94, 95, 96, 97, 98, 99, 100, 111, 123, 124, 125, 128, 130, 133, 134, 135, 141, 142, 144, 148, 149, 181, 220, 232, 233

P

Patrimonial 13, 21, 35, 110, 114, 115, 118, 137, 139, 140, 141, 143, 147, 151, 152, 177, 179, 181, 182, 184, 187, 189, 191, 219
Pequenas Empresas 10, 21, 22, 38, 215, 221, 222, 223, 224, 226, 227
Pessoa Física 7, 8, 25, 57, 103, 104, 108, 110, 112, 114, 115, 116, 117, 118, 137, 139, 140, 142, 145, 146, 147, 148, 150, 151, 152, 153, 154, 159, 160
Pessoa Jurídica 8, 21, 22, 24, 25, 34, 35, 36, 84, 108, 110, 112, 117, 130, 133, 137, 138, 139, 141, 142, 144, 145, 146, 147, 150, 152, 165
Planejamento Tributário 7, 49, 103, 104, 105, 106, 108, 109, 110, 111, 112, 115, 117, 118, 119, 120, 123, 125, 129, 131, 132, 133, 136
Preço 8, 30, 31, 44, 69, 71, 72, 73, 75, 127, 134, 141, 229, 230, 231, 232, 233, 234, 235, 240, 241, 242, 243, 244

R

Receita 22, 23, 24, 25, 41, 50, 51, 52, 53, 59, 71, 107, 108, 112, 114, 116, 117, 120, 121, 129, 130, 131, 134, 135, 137, 138, 139, 140, 141, 142, 143, 144, 145, 146, 147, 148, 149, 150, 151, 152, 153, 162, 164, 186, 202, 203, 206, 214, 217, 218, 220, 223, 224, 226
Receita Bruta 22, 23, 24, 25, 107, 114, 116, 117, 129, 130, 131, 134, 137, 138, 139, 140, 142, 143, 144, 145, 146, 147, 148, 149, 150, 151, 153, 202, 203, 206, 217, 218
Reforma 7, 41, 42, 46, 47, 48, 50, 51, 53, 55, 56, 57, 58, 59, 61, 62, 66, 67, 68, 73, 74, 78, 79, 100, 157, 158, 160, 161, 167, 173, 174, 175
Reforma Tributária 7, 41, 42, 46, 47, 48, 51, 53, 55, 56, 57, 58, 59, 61, 62, 66, 68, 73, 74, 78, 79
Regime 22, 24, 27, 34, 36, 42, 52, 85, 89, 107, 113, 120, 129, 130, 131, 138, 151, 158, 167, 169, 185, 218, 219
Renda 8, 28, 37, 42, 46, 56, 57, 66, 70, 72, 74, 108, 110, 114, 115, 116, 118, 119, 120, 129, 130, 137, 138, 139, 141, 142, 146, 148, 150, 151, 152, 153, 154, 156, 201, 203, 204, 205, 206, 207, 208
Rendimentos 27, 34, 107, 108, 110, 139, 140, 141, 142, 145, 148, 149, 150, 151, 152, 153, 156, 207, 208

S

Simples 7, 18, 21, 22, 24, 25, 26, 33, 34, 35, 36, 38, 39, 51, 54, 64, 132, 138, 139, 141, 142, 144, 145, 151, 157, 163, 164, 165, 166, 167, 168, 169, 170, 215, 216, 218, 219, 224, 226, 227
Simples Nacional 7, 21, 22, 24, 25, 26, 33, 34, 35, 36, 38, 39, 138, 139, 142, 144, 145,

151, 157, 163, 164, 165, 166, 170, 215, 216, 218, 219, 224, 226, 227
Simplificação 24, 41, 42, 47, 48, 51, 52, 53, 54, 55, 56, 59, 67, 74, 219
Sistema 24, 27, 30, 41, 42, 43, 45, 46, 47, 48, 49, 50, 51, 52, 53, 54, 55, 56, 57, 58, 59, 65, 66, 67, 68, 70, 71, 73, 74, 75, 76, 77, 79, 83, 88, 99, 100, 110, 119, 129, 138, 143, 149, 162, 177, 178, 194, 195, 218, 219
Sistema Tributário 41, 42, 43, 45, 46, 47, 48, 49, 50, 51, 52, 53, 54, 55, 56, 57, 59, 65, 66, 67, 68, 73, 75, 76, 77, 79, 99, 100, 119
Substituição Tributária 82, 85, 86, 88, 89, 90, 93, 95, 96, 97, 98, 99, 101, 133

T

Tabela 45, 69, 91, 92, 93, 94, 95, 96, 97, 108, 110, 114, 115, 116, 117, 118, 128, 134, 140, 142, 144, 147, 148, 150, 151, 157, 189, 191, 218, 240, 241
Tributação 7, 22, 24, 36, 38, 42, 43, 44, 46, 48, 49, 50, 51, 52, 53, 56, 57, 58, 61, 63, 64, 65, 66, 67, 68, 73, 74, 78, 89, 99, 103, 104, 106, 107, 108, 110, 111, 114, 115, 116, 117, 118, 124, 126, 127, 128, 129, 132, 133, 134, 137, 138, 141, 152, 153, 154, 156, 165, 224
Tributária 3, 4, 7, 9, 10, 11, 15, 17, 19, 21, 24, 36, 41, 42, 46, 47, 48, 49, 50, 51, 53, 55, 56, 57, 58, 59, 61, 62, 63, 65, 66, 67, 68, 71, 73, 74, 77, 78, 79, 82, 83, 85, 86, 88, 89, 90, 92, 93, 94, 95, 96, 97, 98, 99, 101, 103, 104, 105, 106, 107, 109, 110, 111, 112, 117, 118, 119, 120, 121, 123, 124, 125, 126, 127, 130, 131, 132, 133, 134, 135, 137, 146, 157, 158, 170, 177, 199, 200, 201, 202, 208, 213, 219, 220, 229
Tributário 7, 21, 24, 41, 42, 43, 44, 45, 46, 47, 48, 49, 50, 51, 52, 53, 54, 55, 56, 57, 59, 63, 65, 66, 67, 68, 73, 75, 76, 77, 78, 79, 81, 82, 84, 92, 99, 100, 103, 104, 105, 106, 107, 108, 109, 110, 111, 112, 115, 117, 118, 119, 120, 123, 124, 125, 129, 131, 132, 133, 134, 136, 137, 138, 150, 151, 153, 158, 166, 201, 217, 218, 219
Tributário Nacional 41, 42, 43, 47, 55, 57, 59, 68, 76, 79, 81, 82, 84, 99, 100, 106, 119, 150
Tributários 38, 42, 66, 82, 83, 103, 106, 109, 111, 113, 124, 125, 126, 127, 131, 132, 133, 141, 150, 218
Tributo 43, 44, 46, 49, 50, 51, 54, 56, 61, 63, 65, 68, 69, 81, 82, 83, 84, 85, 86, 87, 106, 109, 111, 126, 131, 132, 152
Tributos 10, 24, 25, 41, 42, 43, 44, 45, 46, 48, 49, 50, 51, 53, 54, 55, 56, 57, 65, 66, 67, 74, 82, 83, 85, 104, 105, 106, 107, 109, 110, 111, 114, 115, 116, 117, 124, 125, 127, 128, 130, 131, 134, 135, 136, 138, 145, 218, 219

V

Valor 21, 27, 29, 30, 31, 32, 42, 43, 44, 53, 61, 67, 82, 86, 106, 109, 110, 112, 113, 114, 115, 116, 117, 126, 130, 131, 132, 135, 139, 140, 142, 144, 145, 147, 148, 150, 152, 185, 187, 193, 203, 205, 206, 207, 213, 214, 216, 218, 219, 220, 223, 224, 225, 226, 227, 229, 231, 241
Valores 7, 21, 22, 23, 25, 26, 27, 30, 31, 33, 34, 35, 36, 38, 41, 44, 49, 64, 70, 87, 108, 124, 138, 139, 142, 144, 145, 148, 151, 152, 164, 169, 178, 180, 181, 184, 189, 193, 202, 207, 214, 218, 220, 230, 233, 234, 243

SOBRE O LIVRO
Tiragem: 1000
Formato: 16 x 23 cm
Mancha: 12,3 X 19,3 cm
Tipologia: Times New Roman 11,5/12/16/18
Arial 7,5/8/9
Papel: Pólen 80 g (miolo)
Royal Supremo 250 g (capa)